1919

| 일러두기 |

1 단행본과 정기간행물, 신문에는 겹낫표(『 』), 논문과 신문기사 등은 낫표(「 」)로 표기했습니다.

2 본문에서 인용한 글은 이해를 돕기 위해 현대어 표현으로 고쳐 표기했습니다.

3 외국 인명과 지명은 외래어표기법을 따라 표기했습니다.

4 인명은 첫 등장 시에만 한자 또는 영어를 병기했습니다.

1919

대한민국의 첫 번째 봄

박찬승 지음

다산초당

대한민국의 첫 번째 봄을 생각하다

"대한 독립 만세!", "조선 독립 만세!"

지금으로부터 100년 전인 1919년 3월 1일, 전국 방방곡곡에 울려 퍼진 이 외침은 성별과 나이를 불문하고 어린 학생부터 농민, 노동자, 지식인에 이르기까지 이 땅에 살았던 모든 이를 하나로 모았습니다. 국권을 빼앗긴 지 햇수로 10년 만에 일어난 이날의 외침이 곧바로 독립으로 귀결되지는 않았지만, 1919년 4월 11일 대한민국 임시정부의 탄생으로 이어져 1945년 8월 15일 해방의 그날이 될 때까지 치열한 독립운동의 중요한 축이 됐습니다. 특히 '대한민국'이라는, 우리가 너무나도 잘 알고 있는 이름이 이때 태어났다는 점을 생각하면, 그야말로 대한민국의 첫 번째 봄을 부르는 함성이었던 셈이지요.

이처럼 1919년은 대한민국의 출발점이자 우리 역사에서 매우 중요한 1년이라고 말해도 지나치지 않습니다. 그런데 우리는 이 중요한 1년에 대해 잘 알지 못하고, 안타깝게도 파편적인 지식, 심지어는 왜곡된 지식을 가지고 있습니다. 그 단적인 사례가 하나 있습니다. 1989년, 대한민국 정부는 임시정부 수립기념일을 4월 13일로 지정합니다. 그런데 이 날짜는 일제강점기 상하이 일본총영사관 경찰이 편찬한 자료를 근거로 삼은 것으로 명백한 오류였습니다. 30년 동안 우리는 임시정부의 수립일조차 잘못 알고 있었던 것이지요.

게다가 하필 왜 1919년, 그 한 해 동안 중요한 역사적 사건이 많이 일어났는지, 그것이 누구에 의해 어떤 과정으로 전개됐는지, 또 그 역사적 의미는 무엇인지 제대로 이해하고 있는 사람도 많지 않습니다. 어떤 사람은 3·1운동을 이끈 민족대표들이 그저 낮술이나 마신 뒤 자수했으며, 훗날 대부분 변절했다고 사실과 다르게 왜곡하고 비하하는 잘못된 주장까지 해서 논란이 되기도 했지요. 독립이 된 지 70년이 넘도록, 대한민국의 출발점에 대해 제대로 알고 있는 사람이 많지 않고, 심지어 왜곡된 인식을 갖고 있는 사람이 많다는 것은 정말 안타까운 일입니다.

자주와 독립, 그리고 평화를 외치다

저는 대학에서 오랫동안 한국 근현대사를 연구하고 가르쳐왔습니다. 본업은 물론 학문 연구지만 역사에 담긴 의미를 알리는 일에도 의무감과 책임감을 늘 가지고 있었습니다. 특히 3·1운동이나 임시정부 수립 같은 우리 근현대사에서 더할 나위 없이 중요한 사건의 경우엔 더더욱 말이지요. 이 책 『1919』를 집필하게 된 가장 큰 동기가 바로 여기에 있습니다.

사실 우리 근현대사에서 3·1운동이 지닌 역사적 의의에 대해서는 백번 강조해도 부족할 것입니다. 식민지 시기라는 암울한 현실을 딛고 자주와 독립을 외친 대중적 시위일 뿐만 아니라, 1919년을 꿰뚫었던 시대정신 중 하나인 자유와 평화라는 메시지를 전 세계에 당당히 선포한 사건이기 때문입니다. 국사편찬위원회의 최근 조사에 따르면 3·1운동과 관련된 시위 횟수는 전국과 해외를 합산해 1,692회에 달하며 참여자도 연인원 100만 명이 넘습니다(국사편찬위원회 삼일운동 데이터베이스 2019년 2월 20일 기준 http://db.history.go.kr/samil). 지금 기준으로도 엄청난 규모의 시위지만, 놀랍게도 일본인 민간인에 대한 공격은 거의 없었고, 대부분의 만세 시위가 평화롭고 질서 있게 진행됐습니다.

이것이 가능했던 이유는 「3·1독립선언서(기미독립선언서)」를 살펴보면 알 수 있습니다. "우리는 지금 조선의 독립국임과 조선인의 자주민임을 선언한다"라는 선언서의 첫 문장이 가장 잘 알려져 있지만, 여기에는 독립과 자주뿐만 아니라 평화 역시 중요한 화두로 등장합니다. 정의와 인도의 가치를 내세우며, 단지 우리 민족의 해방만 말하는 것이 아닌 세계의 평화와 인류의 번영까지 촉구하고 있는 것이지요.

선언서 마지막 부분의 '공약 3장'은 이러한 메시지를 단적으로 보여줍니다. 대한의 독립은 "정의와 인도, 생존과 번영을 찾는 민족의 요구이니, 오직 자유의 정신을 발휘하고 결코 배타적 감정으로 치닫지 말라", "최후의 한 사람, 최후의 한순간까지 민족의 정당한 의사를 쾌히 발표하라", "모든 행동에서 질서를 존중해, 우리의 주장과 태도를 떳떳하고 정당하게 하라."

이러한 메시지는 이후 전국으로 번진 만세시위의 중요한 행동 지침이 됐습니다. 일부 지역에서 공세적인 시위나 군경의 가혹한 탄압에 맞서 싸운 경우가 있었지만, 3·1운동은 전체적으로 자유와 평화의 시위로 불러도 손색이 없었습니다. 우리에게는 2016~2017년의 '촛불 시위'를 떠올리게 하는 장면이기도 합니다.

이때 시위를 펼치다 체포된 이들은 법정에서도 "조선을 독립시키기 위해 만세를 불렀다", "죽을 때까지 기회가 닿는 대로 (독립)운동을 하겠다"라고 말합니다. 실제로 1919년 3월의 봄날, 만세를 외치고 또 그 함성을 들었던 무수한 이들은 일제의 긴 식민 지배와 끈질기고 혹독한 탄압 속에서도 독립에 대한 열망을 결코 꺾지 않았습니다. 3·1운동이 이후 26년간 이어질 독립운동의 굳건한 구심점이 자 전환점이 된 것이지요.

민주공화국 대한민국의 태동

또한 1919년은 해방되고 독립된 우리 민족의 '새로운 나라'가 태동하고, 그 나아갈 방향을 설정한 해이기도 합니다. 3·1운동 이후 상하이에 세워진 임시정부는 새로운 나라의 국호를 '대한민국'으로 정합니다. '주권이 국민에게 있는 대한의 나라'라는 뜻을 담고 있지요. 이러한 뜻은 우리가 너무도 잘 알고 있는 "대한민국은 민주공화국이다", "대한민국의 주권은 국민에게 있고, 모든 권력은 국민으로부터 나온다"라는 현행 헌법 제1조 1항과 2항의 조항으로 이어집니다.

그렇다면 대체 왜 1919년이었을까요? 1919년은 1914년부터 4년간 계속됐던 긴 전쟁인 제1차 세계대전이 끝나고, 마침내 평화가 이야기되던 시기입니다. 특히 미국의 28대 대통령인 토머스 우드로 윌슨(Thomas Woodrow Wilson)이 주창한 「14개조 평화원칙」과 '민족자결주의'는 강대국의 압제 아래 놓여 있던 전 세계 식민지 민중에게 큰 희망이 됐지요. 파리평화회의(파리강화회의)가 열리고 국제연맹 창설까지 논의되면서, 우리 민족 역시 식민 지배에서 벗어나 자주와 독립을 이룰 수 있다는, 아니 반드시 이루어내야 한다는 열망을 품게 됐습니다. 이에 따라 무수한 독립선언서가 나오게 된 것이지요.

그런데 이 선언문들, 즉 「2·8독립선언서」나 「3·1독립선언서」, 만주에서 발표된 「대한독립선언문」은 모두 한국의 독립이 우리 민족만을 위한 것이 아니라 '동아시아의 평화', '인류의 평화와 행복'을 위한 것이라고 말합니다. 나아가 새로이 건립될 나라는 민주, 자유, 평등의 원칙에 기초한 나라가 될 것이라고 말합니다.

즉, 1919년 4월 11일, 임시정부가 선포한 「임시헌장」의 이념은 안으로는 민주주의와 공화주의 그리고 평등과 자유이고, 밖으로는 인류 문화와 평화에 대한 공헌이었습니다. 이러한 이념은 당시까지도 사람들 머릿속에 강하게 남아 있던 신분제 의식을 뛰어넘어, 새로운 나라에는 모든 사람이 자유롭고 평등하며, 성별에 따른 차별이나 빈부의 계급에 따른 차별이 없어야 한다는 인식에서 나온 것입니다.

이러한 임시정부 창립자들의 생각은 1930년대 이후에는 정치, 경제, 교육에서의 균등을 표방하는 삼균주의로 발전합니다. 그들이 말하는 균등은 기본적으로는 기회의 균등이지만, 어느 정도는 결과에서의 균등도 뜻합니다. 「건국강령」은 공산주의의 사유재산 부정이나 무조건적 평등은 반대하지만, 공공성이 강한 대생산기관이나 기간산업은 국영으로 운영할 것을 주장했습니다. 본래 라틴어로 '공화국(res publica)'이란 '공공의 나라'를 뜻하는데, 임시정부 창립자들 역시 우리 민족의 새로운 나라를 공공성을 중시하는 나라로 만들고자 했던 것이지요.

100년 전 뜨거운 역사가 오늘의 우리에게 묻다

임시정부의 이념을 계승한 제헌헌법의 문장은 이후 여러 차례에 걸친 헌법 개정에도 살아남아, 지금의 헌법 전문에도 여전히 담겨 있습니다. "정의, 인도와 동포애로써 민족의 단결을 공고히 하고", "정치, 경제, 사회, 문화의 모든 영역에 있어서 각인의 기회를 균등히 하고, 능력을 최고도로 발휘하게 하며", "국민생활의 균등한 향상을 기하고"라는 대목들은 바로 이런 민주주의, 균등주의, 국제평화주의 같은 임시정부 헌법의 이념을 충실하게 계승하고 있는 것입니다. 그러나 안타깝게도 이러한 문장은 현실에서는 거의 힘을 쓰지 못하고 있는 것 같습니다.

매일 보도되는 뉴스를 살펴보면 우리 사회에서 정의와 공정성, 인도와 휴머니즘의 가치는 실종된 것 같습니다. 청년들은 우리나라를 '헬조선'이라 부르고, 사회 곳곳에는 여전히 차별과 폭력이 만연해 있습니다. 세월호 참사, 그리고 구의역 스크린도어 사고와 태안화력발전소 사고로 대표되는 무수한 산업 재해들은 우리 사회가 얼마나 인명을 경시하는 사회인지 잘 보여주고 있습니다. 이런 사건이 터질 때마다 정치권에서는 "균등한 기회가 보장되는 공정한 사회를 만들겠다", "사람이 먼저인 사회를 만들겠다"라고 말하지만, 정작 실제로 그런 정책과 제도를 만드는 데는 매우 게으르고 인색한 것이 현실입니다.

점점 심화되는 사회 양극화도 문제입니다. 이미 우리 사회는 권력과 돈을 가진 강자와 그렇지 못한 약자로 나뉘어 있고, 그 격차는 시간이 갈수록 커지고 있습니다. 공화국이 본래 지향하는 공공성과 공익을 우선시하는 사회가 아니라, 사익을 더 중시하는 사회로 굳어져가고 있는 것이지요.

2019년의 우리 사회는 비록 겉으로 볼 때에는 100년 전 선조들이 지향했던 가치들 가운데 민주주의와 자유를 제도적, 형식적으로는 어느 정도 실현한 것 같지만, 정의, 인도, 평등, 공공성과 같은 중요한 가치는 여전히 제대로 구현하지 못하고 있습니다. 이러한 현실을 생각하면, 과연 오늘날의 우리는 1919년 선조들의 함성에 과연 얼마나 잘 응답하고 있는지 자문하게 됩니다.

그렇다면 이러한 현실을 극복하기 위해서, 오늘의 우리는 무엇을 해야 할까요? 저는 먼저 역사를 잘 알아야 한다고 생각합니다. 흔히 역사를 거울에 비교합니다. 단순히 과거 사실에 대한 지식을 얻는 데 그치지 않고, 지난날을 돌아봄으로써 현재를 변화시켜 보다 나은 미래로 나아가는 계기로 삼아야 한다는 뜻이지요. 저 역시 이러한 '역사의 힘'을 믿기에, 오늘날 3·1운동과 대한민국 임시정부 수립이라는 기념비적 사건의 의미를 되새기는 일이 단순히 역사 지식을 쌓거나 '과거를 잊지 말자'는 식의 다짐을 넘어서야 한다고 믿습니다.

이 책 『1919』는 3·1운동과 임시정부 수립 100주년을 맞아 1919년 한 해 동안 있었던 사건의 흐름을 따라가고, 그 의미를 쉽게 이해할 수 있도록 정리했습니다. 여러 세계사적 사건과 상하이 신한청년당의 활약, 도쿄 유학생들의 2·8독립선언 같은 역사의 물줄기들이 모여 마침내 3·1운동이라는 거대한 파도를 낳고, 임시정부 수립을 통한 대한민국의 태동으로 이어지는 생생한 과정을 자세히 엮어내려 애썼습니다. 그들의 이야기가 그저 '옛날이야기'에 그치지 않고, 현실을 비추는 '거울'이 됐으면 좋겠다는 바람을 마음 한편에 가지고서요.

우리의 근현대사는 3·1운동과 임시정부 탄생을 출발점으로 식민지 지배, 자주 독립, 전쟁과 분단, 경제성장과 민주화, 자유와 평등이라는 현실의 과제를 끊임없이 극복하고 성취해온 역사입니다. 그 긴 여정은 결코 쉽지 않았고, 또 어떤 부분은 여전히 해결하지 못한 상태로 남아 있습니다. 이를 극복해나가기 위해서는 100년이라는 긴 시간을 뛰어넘어, 다시 한번 1919년 봄날의 함성에 귀 기울일 필요가 있습니다. '자유, 평화, 정의, 평등'을 외친 그 목소리에 제대로 응답할 수 있다면, 우리는 분명 더 나은 내일로 조금씩 나아갈 수 있으리라 믿습니다.

2019년 3월

박찬승

차례

들어가며

1919년의 진짜 주인공들

1918년 겨울은 매섭도록 추웠다. 연말에 접어들면서 계속 몰아닥치던 한파가 잠시 주춤하고 기온도 다소 올라갔지만, 여전히 서울의 기온은 영하 10도 안팎이었다. 노량진 쪽 한강 물은 진작 얼어붙어 그 얼음 두께만 45센티미터 이상이었다. 12월 31일은 특히 날씨가 좋지 않아서, 밤새 비바람이 몰아쳤다. 그해 마지막 날은 그렇게 저물어갔다.

1919년 1월 1일, 해가 바뀌고 날이 밝았다. 날씨는 여전히 좋지 않았지만 새해 첫날을 맞아 남산의 왜성대 조선총독부 앞길에는 마차와 인력거, 자동차가 줄지어 도착했다. 총독부의 신년 하례식에 참가하기 위해 모인 것이다. 차에서 내린 사람들은 하나같이 대례

복이나 연미복을 빼입고, 가슴팍엔 훈장을 주렁주렁 매달고 있었다. 그들은 한껏 거들먹거리며 총독부 건물로 들어갔다.

조선총독부의 신년 하례식

오전 9시가 되자, 천황의 사진이 봉안된 총독실에서 행사가 시작됐다. 고쿠분 산가이(國分三亥) 사법부 장관이 총독을 대신해 신년 인사를 받았다. 예년 같으면 하세가와 요시미치(長谷川好道) 총독이 자신의 총독 관저에서 신년 하례식을 열고 직접 인사를 받았을 것이다. 그러나 며칠 전 하세가와 총독의 친동생이 세상을 떠나는 바람에, 그는 상중이라며 따로 신년 하례를 받지 않았다. 게다가 총독부의 이인자인 야마가타 이사부로(山縣伊三郞) 정무총감도 12월 29일 부인과 함께 고향으로 떠나고 없었다. 그의 양부이자, 조슈번(長州藩) 출신으로 일본 육군 창설에 큰 공을 세우고 수상을 두 번이나 지낸 '원로 중의 원로' 야마가타 아리토모(山縣有朋)가 병환에 걸렸기 때문이다.

비록 날씨도 좋지 않았고 총독과 정무총감도 자리에 없었지만, 그 자리에는 총독부 관료와 귀족이 여러 명 참석해 있었다. 이들은 우선 총독실 중앙에 걸려 있는 천황의 사진을 향해 인사한 뒤, 고쿠분 장관의 신년 인사를 들었다. 이후에는 정무총감실로 자리를 옮겨

축하연을 가졌다. 그들은 '천황 폐하 만세!'를 세 번 외친 뒤, 이어 민병석(閔丙奭) 이왕직장관이 고종과 순종의 축하 인사를 전했다. 이날 신년 하례식에는 이완용(李完用) 백작과 이지용(李址鎔) 백작을 비롯해 여러 조선인 귀족들도 참석했다. 공식 행사는 낮 12시에 모두 끝났다.

이날 참석자들은 마치 자신이 조선 땅의 주인인 것처럼 우쭐한 마음을 가졌을 것이다. 그러나 적어도 1919년 기미년의 주인공은 그들이 아니었다. 그해 봄날의 주인공은 따로 있었다.

고종의 죽음과 민심의 변화

1919년에는 새해 벽두부터 큰일이 있었다. 1월 21일, 고종이 덕수궁 함녕전에서 승하한 것이다. 평소 건강한 편으로 특별한 지병도 없었던 그였으나, 이미 만 66세의 고령이었다. 그는 자신의 아들이자 왕세자인 이은(李垠: 영친왕)과 일본 황실가의 나시모토 마사코(梨本方子: 한국명 이방자)의 결혼식을 눈앞에 두고 세상을 떠났다. 총독부는 고종의 갑작스러운 죽음에 몹시 당황했다.

그들은 일단 하루 동안 고종이 뇌출혈로 위독한 상태에 빠져 있다고 거짓 공표한 뒤, 다음 날인 22일에야 그의 죽음을 알린다. 그러나 이러한 노력에도 시중에는 고종의 죽음을 둘러싸고 독살설 같은 여러 흉흉한 소문이 떠돌기 시작한다. 왕세자의 결혼식은 무기한 연기됐고, 국장일은 3월 3일로 정해졌다.

처음 고종의 죽음이 발표된 직후에는 제법 많은 사람이 대한문 앞에 모여 곡을 하기도 했지만, 그 인원은 점차 줄어들었다. 사람들에게 더 중요한 문제는 나날이 오르는 쌀값이었다. 1918년 여름부터 오르기 시작한 쌀값은 추수가 끝난 이후에도 내려가기는커녕, 계속해서 더 오르고 있었다. 일본의 쌀값이 시베리아 출병 등으로 고공 행진하고 있는 것에 영향을 받았기 때문이다.

문제는 쌀값만이 아니었다. 주 연료인 나무와 석유 가격도 1년 만에 몇 배가 올랐다. 총독부 기관지인 『매일신보』조차도 하층민들이 큰 곤경에 처했다고 보도할 정도였다. 이미 지난해인 1918년 7월 빈민들의 쌀폭동이 일어난 적이 있었기에, 총독부 당국은 민심을 예의 주시하고 있었다.

봄날을 준비한 사람들

그리고 1919년 2월 28일, 고종의 국장을 앞두고 예행연습이 떠들썩하게 열리는 가운데, 또 달리 분주하게 움직이는 사람들이 있었다. 그중에서도 가장 바빴던 사람은 천도교 간부 오세창(吳世昌)과 보성사 사장 이종일(李鍾一)이었을 것이다. 이들은 지난밤 인쇄한 문서를 28일 하루 사이에 모두 배분해야 하는 책임을 맡고 있었다. 그 문서는 바로 「독립선언서」다. 다음 날인 3월 1일 민족대표 33인은 이 선언서를 세상에 공표함으로써 한국의 독립을 선언할 예정이었다.

이종일은 오전부터 자신의 집에 차례로 찾아오는 천도교, 기독교, 불교, 학생단 인사들에게 선언서를 나누어주었다. 독립선언서는 500장씩을 한 묶음으로 만들어둔 상태였다. 어떤 이에게는 200~300장을 주었지만, 어떤 이에겐 3,000장을 건네기도 했다. 이들 중에는 목사 오화영(吳華英)과 세브란스병원의 제약 주임 이갑성(李甲成) 등 민족대표 33인도 있었다. 이들은 다시 지방에 내려갈 사람들에게 선언서를 전달했다. 기독교에서는 이계창(선천), 김병수(군산), 곽명리(원산), 익명의 인물(평양), 그리고 천도교에서는 인종익(전주·청주), 안상덕(평강·영흥), 김상열(평양·선천), 이경섭(서흥·수안)이 내려갔다.

그들이 선언서를 전달하는 일은 쉽지 않았다. 이경섭은 기차를 타고 서흥까지 가서 박동주에게 700장을 전달한 뒤, 다시 무려 50킬로미터가 넘는 산길을 10시간 동안 걸어 수안에 150장을 전달했다. 인종익은 대전, 이리(지금의 익산)에서 두 번이나 열차를 갈아타고 전주에 가서 1,600장을 천도교구에 전달한 뒤, 청주로 가서 나머지 400장을 전달하려다 경찰에 체포된다. 이들의 헌신이 있었기에 3·1운동은 전국적인 만세시위로 확산될 수 있었다.

이렇게 선언서를 들고 지방 곳곳으로 내려간 이들은 속으로 어떤 생각을 품고 있었을까? 3·1운동 이후 체포된 보성사 직원 인종익은 경찰이 "대체 왜 이러한 무모한 일을 시도했는가?"라고 묻자 이렇게 답한다. "우리는 전혀 무모한 일이라고 생각하지 않는다. 그저 좋은 때가 왔기에, 그에 맞는 적절한 시도를 한 것뿐이다. 처음부터 성공을 기대하고 벌인 일도 아니다. 이번에 우리가 좌절하면 그 뒤를 이어서 또 다른 사람들이 나올 것이고, 100명을 죽이면 또 다른 100명이 나올 것이다. 당신들이 아무리 막으려 해도 한번 터진 물길은 계속해서 흘러넘칠 것이다."

1919년 기미년 봄은 바로 이들이 흘릴 피땀과 우렁찬 함성으로 더없이 뜨겁고 찬란한 나날이 될 예정이었다.

1장

희망의 씨앗을 마련하다

1919

빼앗긴 조국

"오늘 오전 10시 궁내부대신 민병석과 시종원경 윤덕영(尹德榮)을 불러 협약의 부득이함과 궁중의 취급 방향에 대해 충고했다. 두 사람은 이를 수긍했다. 12시에 참여관에게 궁중의 일이 제안대로 잘 진행되고 있다는 보고를 받았다. …… 오후 4시에 병합조약의 조인을 통감관저에서 마쳤다. 참석자는 이완용, 조중응(趙重應), 부통감, 그리고 나였다. 오는 29일에 발표하기로 하고, 대의를 통지해두었다. 합병 문제는 이처럼 매우 쉽게 해결하고 조인을 마쳤다. 하하."[1]

1910년 당시 조선통감으로 와 있던 데라우치 마사타케(寺內正毅)는 8월 22일 자신의 일기에 이런 글을 남겼다. 그는 그해 7월 23일

통감으로 부임한 지 한 달 만에 병합을 성사시키고는 득의만만하여 일기에 '하하'라고까지 썼던 것이다. 데라우치가 일본을 떠나올 때만 해도 일본 정부 내에서조차 병합까지는 상당한 시간이 걸릴 것으로 생각하는 사람이 많았다. 그런데 데라우치는 교묘한 술수를 썼다. 부임 전부터 한국의 총리대신 이완용을 송병준(宋秉畯)으로 교체해 병합을 성사시키겠다는 소문을 서울 정가에 퍼뜨린 것이다. 이에 이완용은 총리대신 자리에서 쫓겨나지 않을까, 또 어차피 이루어질 병합의 공을 송병준에게 빼앗기지 않을까 노심초사했다. 데라우치가 부임한 9일 뒤인 7월 31일, 이완용은 북촌 취운정에 내부대신 박제순(朴齊純), 농상공부대신 조중응을 불러 대책을 논의한다.

나라를 팔기 위해 경쟁하다

친일단체인 일진회의 회장 송병준은 8월 4일 도쿄를 출발해 시모노세키로 향한다. 그는 1908년 1월 내부대신 자리에서 실각한 뒤, 도쿄로 가서 '일한합방운동'을 펴온 인물이었다. 송병준이 시모노세키까지 와 있다는 소식에 이완용 일파는 마음이 바빴다. 이완용은 일어에 능통한 조중응을 불러 자신의 뜻을 통감부에 전하고, 또 통감부의 뜻도 받들고자 했다. 박제순은 중추원의장 김윤식(金允植),

궁내부대신 민병석을 만나 병합에 관한 생각을 들었고, 이완용의 심복 조민희(趙民熙)는 고종이 있는 덕수궁 측과 접촉했다. 8월 16일, 이완용은 통감관저를 찾아가 데라우치 통감, 야마가타 이사부로(山縣伊三郎) 부통감과 3시간여 동안 밀담을 나눈다.

바로 이 자리에서 병합조약에 관한 대강의 합의가 이루어진다. 이후 며칠 동안 양측이 구체적인 사항을 논의하는 가운데, 18일 송병준이 서울에 들어왔고, 이완용 일파의 마음은 더욱 급해졌다. 19일에는 일본 정부의 내각회의에서 한국을 병합하는 문제가 논의됐고, 가쓰라 다로(桂太郎) 총리가 천황에게 이를 보고했다. 22일에는 한국의 정기 각료회의가 창덕궁에서 열렸고, 궁내부대신 민병석과 시종원경 윤덕영이 데라우치 통감을 방문했다.

그리고 오후 1시, 내각회의가 끝나자 각료들은 대조전에서 순종을 배알하고 일본과의 신조약 체결에 관한 어전회의를 연다. 이 자리에는 대원군의 장남인 황족대표 이재면(李載冕)과 중추원의장 김윤식도 참석했다. 이재면과 김윤식이 한목소리로 "병합조약은 부득이하다"라고 말하자, 순종은 그 자리에서 총리대신 이완용을 전권대신으로 임명한다. 이완용은 즉시 통감관저로 가서, 일본 측 전권대신 데라우치와 병합조약을 체결했다.[2] 데라우치는 이완용과 송병준에게 매국을 경쟁시키는 이이제이(以夷制夷) 공작으로 병합을 예상보다 빨리, 그리고 매우 쉽게 성공시킨 것이다.

데라우치는 한국이 일본에 병합된 사실을 일주일 뒤인 8월 29일

정식으로 공포하도록 지시했다. 조선총독부 관제 등 식민통치를 위한 각종 법률적 제도, 일본 천황의 조서, 순종 황제의 칙유, 통감의 유고와 훈령 등을 준비할 시간이 필요했기 때문이다.

이로써 대한제국은 일본의 식민지로 전락했다. 한국인은 나라를 잃게 된 것이다. 일본은 한국이 식민지가 아니라 일본 영토의 일부이며, 한국인도 식민지인이 아니라 일본 국민이라고 선전했다. 그러나 한국인은 이후 모든 정치적 권리를 박탈당하고, 사회경제적으로도 억압과 수탈을 당하는 노예와 같은 처지에 놓이게 된다.

조선총독부가 설치되다

일본은 한국을 병합한 뒤 통치 기구로 조선총독부를 설치했다. 그들은 이미 청일전쟁의 대가로 얻은 대만에 1895년 총독부를 설치한 경험이 있었다. 조선총독부의 최고 책임자인 조선총독은 일본 관제에서 가장 높은 친임관으로 임명된다. 총독은 천황에게 직속하고 본국의 총리대신, 각 부 대신 및 대심원(최고법원) 원장과 같은 위치에 있었다. 총독은 일본 정부의 통제를 받지 않고, 입법·사법·행정 및 군사에 관한 모든 권한을 갖고 있었다.

특히 주목할 것은 총독이 조선에서 시행할 법령, 즉 제령(制令)

○○○

데라우치 마사타케(1852~1919년)

데라우치는 제3대 조선통감으로 부임해 한일병합을 주도한 공으로 초대 조선총독(1910.10.1.~1916.10.14.)이 된다. 취임 이후, 무단통치를 통해 한국인을 억압했으며, 105인 사건을 일으켜 수많은 지식인, 종교인을 구금했다. (일본 국립국회도서관 소장)

의 제정권을 갖게 됐다는 점이다. 당시 대만총독도 대만에서 시행되는 율령 제정권을 갖고 있었는데, 조선총독도 같은 권한을 갖게 된 것이다. 그런데 대만에서의 율령 제정은 점차 제한되고 일본에서 시행되는 법률이 확장 실시된 반면, 조선에서는 마지막까지 제령 제정에 의한 입법이 원칙이었다.

조선총독은 육군대장으로 임명됐다. 1910년대의 초대 총독인

데라우치 마사타케와 제2대 총독 하세가와 요시미치는 모두 조슈 군벌 계열의 육군대장이었다. 1910년대 조선은 사실상 일본 육군의 주류인 조슈 군벌이 마음대로 통치할 수 있는 지역이었다. 그들은 조선을 러일전쟁 승전에 따른 전리품으로 여겼다.

무단통치가 시작되다

1910년대 총독부의 통치는 흔히 '무단통치'라 불린다. 이 시기의 통치 방식이 헌병경찰제도와 같은 무력과, 자유와 권리를 억압하는 각종 악법, 그리고 태형과 같은 야만적이고 차별적인 제도에 토대를 두고 있었기 때문이다. 이러한 무단통치는 3·1운동이 일어나기 전까지 10년 가까이 지속됐으며, 한국인들은 억압과 차별 속에서 무수한 고통을 받아야 했다.

무단통치의 핵심은 헌병경찰제도에 있었다. 보통경찰 외에도 군인인 헌병이 경찰 업무를 겸하고, 경찰 수뇌부도 모두 헌병 장교로 구성한 것이다. 일반적으로 군인은 적을 상대하고, 경찰은 시민을 보호하고 치안을 지킨다. 그런데 군인에게 경찰 업무까지 맡겼다는 것은 다시 말해, 한국인을 언제든 적으로 간주할 수 있다는 뜻이기도 했다.

이들의 임무는 첩보 수집, 의병 토벌, 검사 사무 대리, 범죄 즉결, 민사소송 조정, 산림 감시, 어업 단속, 징세 원조 등 광범위했다. 1918년 말 보통경찰의 수는 6,287명이었으며, 헌병경찰의 수는 8,054명으로, 헌병경찰의 수가 더 많았다.

한편, 무단통치의 또 하나의 상징으로는 관리와 교원들의 제복과 대검이 있다. 군인과 경찰만이 아니라 일반 관리와 학교 교원들까지 제복을 입고 칼을 차도록 한 것이다. 한국인들에게 위압감을 줌으로써 일제 지배에 복종케 하기 위함이었다.

폭력적인 악법들

총독부는 보다 수월한 통치를 위해 다양한 악법을 제정하고 활용했다. 우선 통감부 시기 제정된 보안법, 신문지법, 출판법 등은 병합 이후에도 그대로 유지됐다. 보안법은 집회 및 결사의 자유를 박탈하기 위해, 신문지법과 출판법은 신문 및 도서의 검열을 위해 제정된 법이었다. 또 총독부는 1910년 범죄즉결례를 제정했는데, 이는 경찰서장이나 헌병분대장이 경미한 범죄를 정식재판 없이 즉결로 처벌할 수 있게 한 법령이었다. 즉결처분 건수는 1911년에 1만 8100건, 1912년 2만 1400건이었다가, 1918년에는 8만 2100건으로 크게 늘어난다.

게다가 1912년에는 경찰범처벌규칙을 제정해, 무려 87개 항목을 경찰관서에서 구류 또는 과료로 처벌할 수 있게 했다. 그 항목 가운데에는 '함부로 다수가 모여 관공서에 청원 또는 진정하는 것', '불온한 연설을 하거나 불온한 문서, 그림 등을 게시, 반포, 낭독하는 것', '사람을 현혹하는 유언비어나 허위보도를 만들어내는 것' 등이 포함되어 있었다.

이러한 악법의 정점에는 1912년 제정된 조선태형령이 있다. 이는 오로지 한국인에게만 가해진 형벌로, 16~60세의 한국인 남자 중 3개월 이하 징역이나 구류자, 100원 이하 벌금 과료자가 해당됐다. 이들 가운데 주소 불명 내지 무산자는 형 1일, 벌금 1원을 태형 1대로 대신할 수 있게 한 것이다. 태형은 신체에 형벌을 가하는 야만적인 제도로, 갑오개혁 이후에도 미처 폐지되지 않았는데, 총독부가 일본에서는 이미 폐지된 이 제도를 한국에서는 법령으로 공식 채택한 것이다. 일제는 그 이유로 '민도의 차이'를 내세웠다. 감옥 시설의 미비라는 현실적인 문제를 해결하고, 다른 한편으로 공포심과 수치심을 유발시켜 범죄 감소 효과를 거두려 한 것이지만, 이른바 '조선인은 때려야 말을 듣는다'는 차별과 멸시가 짙게 깔린 지독한 악법이었다.

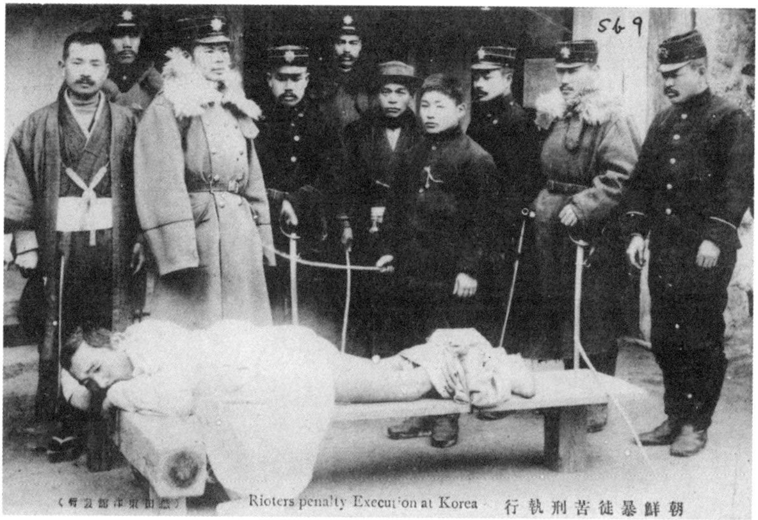

○○○

태형을 집행하는 모습

일본은 한국인의 수준이 낮기 때문에 태형으로 다스릴 필요가 있다고 주장했다. 태형은 육체적으로 고통스러울 뿐더러, 심리적으로도 매우 수치스러운 형벌이었다. 사진은 의병에게 태형을 가하는 모습. (서울역사박물관 제공)

1915년에만 즉결 및 정식재판에서 태형을 받은 이가 3만 5795명에 달했다. 이 숫자는 계속 늘어나 1916년에는 3만 9000여 명, 1917년에는 4만 4000여 명에 달했으며,[3] 1910년대에만 수십만 명이 태형을 받은 것으로 보인다. 태형은 한국인에게 수치감과 모욕감, 분노를 안겨주었고, 이는 3·1운동 당시 각 지역 주민들이 헌병과 순사 주재소를 습격한 주요 원인 중 하나가 된다.

차별적인 경제 정책

조선총독부의 경제 정책 역시 한국인들에게 큰 불만이었다. 지세(地稅)와 관세(關稅)는 물론, 통감부 때 도입된 가옥세(家屋稅), 주세(酒稅), 연초세(煙草稅)도 농민들의 원성을 샀다. 연초세의 경우, 당시 연초의 제조 및 소비량이 현저하게 증가하자, 1910년 이후 새로이 제조세와 소비세까지 부과했다.[4]

게다가 1910년 병합 직후, 일본 정부는 일본 농민들의 한국 이민까지 적극 권장했다. 이에 따라 한국에 거주하는 일본인 수는 1910년 17만 명에서 1919년 34만 명으로 급증한다. 특히 동양척식주식회사는 일본인의 농업 이민을 적극 추진해, 1910년대에만 4,400호의 일본인을 조선에 데려왔다. 동양척식주식회사는 1907년 일본 정부가 주도해 설립한 회사로 조선에서 농지를 대량으로 확보해 일본 농민을 지속적으로 이주시킨다는 원대한 계획을 갖고 있었다. 1919년 당시 동척은 7만 8520정보의 토지를 소유해 조선 최대의 지주로 군림했는데, 농업 이민의 결과 동척의 토지를 빌려 농사를 짓던 조선농민들은 일본 농민들에게 소작마저 빼앗기는 일들이 이어졌다.

그뿐만 아니라 1910년대에는 일본의 재벌, 농업 회사가 조선에 앞다퉈 몰려와 농지 집적에 나선다. 예를 들어 미쓰비시 계열의 동

○○○

동양척식주식회사 경성지점

1908년 일본의 강압에 의해 한일합작회사로 창립됐다. 설립 취지는 생산을 늘리고 산업을 일으켜 한국인에게 문명의 혜택을 주겠다는 것이었다. 그러나 이는 미사여구에 불과했고, 실제로는 일본인 농업 이민과 금융을 통한 수탈의 도구로 활용됐다. (국사편찬위원회 소장)

산농장은 수원, 인천, 전주, 나주(영산포) 등지에서 대규모 토지를 집적하고 농장을 경영했다. 불이흥업주식회사는 전북 익산에, 조선흥업주식회사는 황해도 황주에 대규모 농장을 개설했으며, 그 밖에도 여러 회사와 개인이 곳곳에 농장을 개설했다.

총독부는 개인적으로 이민 오는 일본인에게도 농공은행, 금융조합을 통해 자금을 빌려주었으며, 이 자금으로 일본인은 부를 축적할 수 있었고 일부는 중소 지주로까지 성장한다. 반면 한국 농민 중에는 일본인에게 고리대로 자금을 빌렸다가 갚지 못해 토지를 빼앗기는 경우가 비일비재했다.

일본인의 토지 집적과 농장 개설은, 곧 한국 농민의 토지 상실과 소작농으로의 몰락으로 이어졌다. 농지를 잃은 농민은 화전민으로 전락하거나 해외로 떠돌게 된다. 1916년 한국인 화전민의 수는 24만 5000명에 달했으며, 1910년부터 1920년까지 만주로 이주해 간 사람은 22만 7970명에 이르렀다. 1910년대 후반에는 노동으로 먹고살기 위해 일본으로 건너간 이들이 매년 1만 명 가까이 됐다. 그 밖에도 뽕나무 묘목을 강제 할당해 구입케 한 것, 도로를 개설할 때 토지를 강제 수용하고, 도로를 건설할 때 부역에 강제 동원한 것, 무주공산을 국유화한 뒤 땔나무를 채취하지 못하게 한 것은 농민들의 커다란 불만을 샀다. 이로 인해 농민들은 병합 이전보다 더 힘든 생활을 하게 된다.

또한 일본은 조선 경제를 장악하기 위해, 일찍이 통감부 시기부터 화폐정리사업을 통해 한국 상인을 몰락시키고, 일본 자본이 보다 원활하게 한국에 진출할 수 있게 했다. 그 결과 그동안 주로 개항장에 머무르던 일본 상인들이 내륙 철도의 주요 결절점이 되는 도시와 전통 도시에 진출해 곧바로 상권을 장악한다. 한국 상인들은 그들과 경쟁 자체가 되지 않았다. 1910년 이후에는 내륙 각지, 군청이나 면사무소 소재지까지 일본인이 진출해, 1919년 무렵이 되면 조선 땅 여기저기에 일본인 상점이 보이지 않는 곳이 없을 정도였다.

공업에서도 상황은 비슷했다. 당시 일본인들은 정련업, 제면업, 전기가스업, 연초 제조업, 양조업, 피혁 제조업 같은 비교적 근대적이며 큰 규모의 공업에 진출한 반면, 한국인들은 염직업, 제지업 등 영세한 공업 분야에 주로 종사했다.

교육을 억압하다

1910년대 총독부는 식민지 조선 지배의 기본 방침을 '차별적 동화주의'로 정한다. 그래서 이를 실현하기 위한 교육 문제를 매우 중요하게 생각했다. 식민지 교육정책을 통해 민족 교육을 말살하고 한국인을 우민화, 일본인화하려 한 것이다. 이를 위해 1908년 사립학교령을 공포해 사립학교 탄압에 나섰고, 그 결과 1908년 당시 3,000여 개에 달하던 사립학교는 1910년 병합 당시 2,000여 개로 준다.

1911년 8월 공포된 조선교육령은 이러한 식민지 교육 정책의 방향을 분명히 보여준다. 조선교육령은 교육의 목적을 이렇게 설명한다. "교육은 천황의 명에 기초해 충성스럽고 선량한 국민을 육성하는 것을 목표로 한다." 데라우치 총독 또한 이렇게 강조했다. "조선에서의 교육은 특히 덕성 함양과 국어(일본어) 보급에 둠으로써 제국 신민의 자질과 품성을 갖추도록 한다."

병합 이후에는 민족 교육의 근거지였던 사립학교에 대한 탄압이 더욱 심해졌다. 1914년 1,068개였던 사립학교의 수는 1919년 749개로 격감한다. 1919년 한국인 학령 아동의 보통학교 취학률은 3.7퍼센트에 지나지 않았다. 또 학제도 차별적으로 운영해 보통학교 4년제, 고등보통학교 4년제였는데, 이는 일본의 소학교 6년제, 중학교 5년제와 큰 차이가 있었다. 이와 같은 학제의 차별은 한국인 학생들의 커다란 불만 사항이 된다.

보통학교에서는 일본어 학습이 중시되어, 주 총 수업시간 26시간 가운데 무려 10시간이 일본어 수업 시간이었다. 보통학교와 고등보통학교의 교사도 일본인 교사를 대거 초빙했으며, 교장은 전원 일본인으로만 임명했다. 또 일본인 교사는 한국인 교사보다 곱절의 봉급을 받았다.

한국인의 중등 및 고등 교육 진학도 크게 제한됐다. 1910년대 총독부가 설립한 관립 고등보통학교가 3개, 관립 여자고등보통학교가 1개로 학생 수는 830명에 불과했다. 1916년에 3개의 전문학교(경성전수학교, 경성의학전문학교, 경성공업전문학교)가 설립되고, 1918년에는 수원농림학교도 설립됐지만, 이들 학교의 학생 가운데 한국인은 약 3분의 1 정도밖에 되지 않았다.

3·1운동의 원인이 된 무단통치

지금까지 살펴본 것처럼, 1910년대 무단통치는 한국인에게 정치·경제·사회·문화 등 모든 방면에서 억압과 차별, 그리고 생존권 위협으로 나타났다. 이것은 3·1운동의 직접적인 원인이 됐다. 당시 일본 언론조차도 이 점을 잘 알고 있었다.

『오사카아사히신문』은 3·1운동 직후인 1919년 6월 24일 기사에서 조선총독부의 정치를 이렇게 비판한다. "당국의 변명 중에는 폭동의 원인으로 윌슨 씨의 민족자결 선전과 러시아 과격파 사상의 유입 및 미국의 후원, 외국 선교사의 선동을 열거하고 있다. 만약 당국이 책임을 회피하기 위해 아전인수로 해석하는 것이라면 몰라도, 정말 이렇게 믿고 있다면 이보다 어리석은 일은 없다. 당국이 열거한 원인은 폭동을 일으키는 부수적인 이유일 뿐이다. 주된 원인은 어디까지나 그들의 '실정(失政)'에 있다."[5]

이 신문이 실정의 구체적인 양상으로 꼽은 것이 바로 무단통치 즉, 억압정치다. 신문은 억압정치가 합병 초기에는 불가피했다고 말하면서도 "그것은 영구한 정책으로 승인되는 것은 아니었다. 편의에서 나온 일시적인 정책"이라고 하면서, 이를 시간이 지나도 철폐하지 않고 "10년을 하루같이 계엄령을 펼치"는 바람에 화를 자초했다고 비판했다.[6]

또한 『오사카아사히신문』은 농민의 생존권 및 재산권 문제와 관련해 도로 개설과 부역 문제도 아래와 같이 지적한다.

> 총독부가 계획하는 도로는 너무나도 현실과 동떨어진다. 우선 도로 용지는 모두 기부에, 공사는 모두 조선인의 부역에 의존했다. 조선인은 대가 없이 토지를 약탈당한 데다가 부역까지 무상으로 강제당했다. 완성된 신도로는 내지에서도 흔하지 않은 훌륭한 것이나, 실제로 교통엔 도움이 되지 않아서 원성이 한층 심해졌다. 예를 들어, 대전에서 공주에 이르는 신도로를 보자. 평탄한 몇 리나 되는 대도로가 사람의 왕래가 없어 잡초만 무성하게 자라 있다. 조선인은 오히려 이 훌륭한 도로보다 좁은 도로로 다닌다. 그런데 조선인은 이 무용한 도로 때문에 매년 풀을 뽑는 부역을 감당하지 않으면 안 된다.[7]

이 기사는 당시 총독부 식민통치의 실상을 잘 보여준다. 이와 같은 실정과 폭정은 민심을 이반시켰고, 결국 1919년 3·1운동으로 폭발한다. 특히 3·1운동 시기, 농민들은 곳곳에서 '민란'과 유사한 형태로 봉기해 면사무소와 헌병주재소, 우편소 등을 파괴함으로써 총독부의 말단 권력을 무력화시킨다. 일본 통치에 대한 거부 의사를 분명하게 보여주려 한 것이다.

민족자결주의라는 새로운 희망

이처럼 억압과 차별에 시달리던 한국인은 강제 병합된 지 10년이 다 된 1919년 3월 1일, 마침내 거센 저항의 목소리를 낸다. 이 사건이 일어나게 된 직접적인 계기는 뭘까? 바로 민족자결주의의 대두다. 1918년 11월 11일, 제1차 세계대전이 끝나고 1919년 1월 파리평화회의가 개최된 가운데, 윌슨 대통령이 제창한 그 원칙이 한국에도 적용될지 모른다는 희망을 준 것이다.

윌슨이 민족자결주의를 처음 제창한 것은 1918년 1~2월이었다. 그는 제1차 세계대전이 민족 갈등에서 비롯된 것을 잘 알았고, 이를 해결하기 위해서는 민족자결의 원칙이 세워져야 한다고 생각했다. 그래서 그는 1918년 1월 8일 의회 상하 양원 합동회의에서 평화조약을 위한 '14개조 원칙'을 발표한다.

윌슨의 14개조 원칙

윌슨은 이 연설에서 '민족자결(self-determination)'이란 용어를 직접 사용하지는 않았으나, 내용적으로는 이에 기초한 원칙들을 담고 있었다. 특히 14개조 가운데 5조 이하가 그런 내용을 담고 있다. 그 대표적인 조항 몇 가지를 살펴보자.

5조. 자유롭고 편견 없이, 또 절대 공평하게 조정된 식민지 주민의 주장은, 앞으로 자격이 주어질 정부의 주장과 동등한 무게를 가져야 한다. 특히 주민들의 이해관계와 관련된 주권 문제 같은 것을 결정할 때에는 엄격히 이 원칙에 기초해야 한다.

11조. 루마니아, 세르비아, 몬테네그로에서 철군하고 그 점령 지역이 수복되어야 한다. 세르비아에 자유롭고 안전한 공해 통행을 허용해야 하며, 또 발칸 여러 나라의 상호 관계는 역사적으로 확립된 충성과 국경선에 따라 우호적인 협의로 결정되어야 한다. 그들의 정치·경제적 독립과 영토 보전에 대한 국제적 보장 협정을 체결해야 한다.

○○○

토머스 우드로 윌슨(1856~1924년)

1913년부터 1921년까지 미국의 28대 대통령을 역임했다. 그는 당시 국제 정치를 지배하던 힘의 논리에 맞서, 도덕주의와 이상주의를 기반으로 한 민족자결주의를 제창했으며 국제연맹의 창설도 제안했다. (미국 의회도서관 소장)

12조. 현 오토만제국(오스만제국)의 터키 지역은 확고한 주권을 보장해야 하나, 현재 터키의 통치를 받는 다른 민족에게는 의심의 여지가 없는 생활의 안정과 아무런 방해 없는 자치의 발전 기회를 보장해야 한다.

13조. 폴란드인이 거주하는 지역을 포괄하는 독립된 폴란드 국가가 설립되어야 한다. 그 국가에는 자유롭고 안정된 공해 접근이 보장되어야 하고, 또 정치·경제적 독립과 영토 보전을 국제

협정으로 보장해야 한다.

14조. 강대국과 약소국, 모두의 정치적 독립과 영토 보전을 상호 보장하기 위해, 국가들 사이에 전면적 제휴 체제를 특정 협약 아래 형성해야 한다.

14개조 내용 대부분은 유럽, 특히 동유럽과 발칸반도의 문제와 관련된 것이다. 그중 식민지 처리 문제와 관련한 조항은 5조다. 그런데 사실 5조의 문구는 매우 애매하다. '앞으로 자격이 주어질 정부'가 어떤 정부를 말하는지 알 수 없기 때문이다. 아마도 옛 독일 식민지에 성립될 위임통치 정부를 가리키는 것이 아닐까 생각되는데, 실제로 이 조항은 뒤에 그렇게 귀결된다.[8]

이 연설 이후 윌슨은 2월 11일 다시 상하 양원 합동회의 연설을 통해 '민족자결주의'를 공식적으로 언급한다. "한 민족(people)이 국제회의나 적대국 사이의 합의에 의해 한 통치자에서 다른 통치자로 양도될 수 없다. 민족적 열망(national aspiration)은 존중되어야 한다. 민족(people)은 그들 자신의 동의에 의해서만 통치될 수 있다. 자결(self-determination)은 단순한 관용구가 아니다. 그것은 절박한 행동 원리다."[9]

1918년 10월, 제1차 세계대전의 종전이 임박하자, 미국과 연합국 지도자들은 한자리에 모여 예비회담을 연다. 이 자리에서 윌슨의 14개조 조항이 논의되는데, 미국은 식민지의 민족자결 문제는 패전

국 식민지에만 적용된다는 점을 확인한다. 물론 대통령인 윌슨 역시 이를 승인했다.[10]

윌슨 대통령은 1918년 11월 파리평화회의에 갈 미국 대표 5명의 명단을 발표한다. 그러나 회의가 열리기도 전 민족자결주의 원칙은 공상에 그칠 것이라는 비관적인 시선이 많았다. 미국 대표 중 하나인 로버트 랜싱(Robert Lansing) 국무장관도 그 원칙이 현실에 적용되기 어려울 것이라 생각하고 있었다. 그는 자신의 일기에 이렇게 쓴다. "평화회의에서는 불가능한 요구가 될 것이며, 많은 곳에서 말썽이 일어날 것이다." 미국 대표단은 윌슨 대통령에게 신중할 것을 부탁했지만, 잘 받아들여지지 않았다.[11]

마침내 평화회의가 개막하다

1919년 1월, 마침내 프랑스 파리에서 평화회의가 개막됐다. 회의는 승전국인 미국, 영국, 프랑스, 이탈리아, 그리고 일본의 대표가 각 2명씩 참석해 모두 10명으로 구성된 10인 위원회를 중심으로 진행됐다. 윌슨 대통령이 의장직을 맡았다.

일본은 파리평화회의를 동아시아의 패권을 장악하는 계기로 삼고자 했다. 일본은 회의에 대비해 열강과 일련의 비밀 협약을 맺어 독일의 지배 아래 있던 중국의 산둥성을 일본이 승계하고 만주와 몽고에서의 특수권익을 인정받을 준비를 해두었다. 회의가 열린 뒤 미국이 제동을 걸고 나섰지만, 일본은 전혀 물러설 생각이 없었다. 산둥성에서의 권익이 인정되지 않으면 강화조약과 국제연맹에 참여하지 않겠다고 나섰다. 결국 미국은 일본의 요구를 수용할 수밖에 없었다.

이러한 결정은 결국 중국인의 거센 반발을 샀고, 이후 중국의 대표적인 항일운동인 5·4운동이 일어나는 결정적인 원인이 된다.[12] 결과적으로 민족자결주의는 파리평화회의에서 아무런 힘도 발휘하지 못했다. '민족자결'이라는 용어도 1919년 2월 중순 이후 파리평화회의에서 더 이상 거론되지 않는다.

약소민족들이 일어서다

이처럼 민족자결주의 원칙은 파리평화회의에서 유명무실하게 되어갔지만, 그 메시지를 받아들인 식민지 민족의 인식은 달랐다. 그들은 여전히 커다란 희망과 기대를 품고 있었다. 실제로 1918년 말부터 1919년 초 사이, 즉 종전에서 파리평화회의 개막 즈음까지 꽤 많은 일이 있었다. 폴란드의 독립이 확정됐고, 1918년 6월에는 오스트리아로부터 독립을 선언한 체코슬로바키아가 연합국의 승인을 받았으며, 헝가리도 오스트리아로부터 독립해 새 정부를 건설했다. 적어도 유럽 내에서는 민족자결의 원칙이 어느 정도 적용되는 것으로 보였다.[13]

이와 같은 분위기를 타고 1917년 10월 29일 뉴욕에서는 25개국 대표가 참가한 '약소민족동맹회의'가 열린다. 이 회의에는 대한인국민회 하와이지방총회의 대표 자격으로 박용만(朴容萬)이 참석해, 대회 첫날 다섯 번째로 연설까지 했다. 사흘간 열린 이 회의에서는 9개 항의 결의문을 채택한다. 그중 가장 중요한 것은 바로 다음 대목이다. "평화회의는 약소민족 대표자에게도 발언권을 주고, 이들의 문제를 공개 석상에서 논의해 결정하라. 이를 위해 세계 민주주의와 약소민족의 자유를 옹호하는 모든 국민에게 호소하며, 특히 약소민족의 완전한 발언권 확보를 위해 미국 대통령에게 호소한다." 즉, 파리평화회의에서 약소민족 대표자에게도 발언권을 달라고 요구한 것이다.[14]

비록 이 첫 번째 회의는 미국 사회에 큰 반향을 불러일으키지 못했지만, 이듬해 1918년 12월 다시 뉴욕에서 열린 제2차 회의의 분위기는 조금 달랐다. 종전이 이루어지고, 민족자결의 원칙이 다시 거론되는 상황에서 이번에는 재미 한인들도 상당히 큰 관심을 갖고 회의에 참석했다.

11월 25일, 대한인국민회 중앙총회는 샌프란시스코에서 회의를 열고 3가지 사항을 결정한다. 첫째, 평화회의와 약소민족동맹회의에 한인 대표자 3명을 파견할 것, 둘째, 한인 대표자는 이승만(李承晩), 민찬호(閔贊鎬), 정한경(鄭翰景) 3명으로 할 것, 셋째, 파리평화회의에 대표자를 파견할 경우 정한경을 파견할 것 등이다. 이에 따라 12월 14일부터 이틀간 뉴욕에서 열린 약소민족동맹회의에 민찬호와 정한경이 참석한다. 이승만은 하와이에서의 출발이 늦어져 참석하지 못했다.

이 회의에서는 앞선 제1차 회의와 마찬가지로 다가올 평화회의에서 민족자결의 원칙을 적용하고, 새로 창립할 국제연맹에도 약소국이 회원으로 참여할 수 있게 해달라는 내용의 결의안을 채택한다. 이때, 민찬호와 정한경은 미국의 윌슨 대통령과 미국 상원에 한국의 독립을 지원해달라는 청원서도 제출했다. 이승만이 합류한 뒤인 2월 25일에는 이승만과 정한경이 국민회 중앙총회장 안창호(安昌浩)의 동의를 얻어 윌슨 대통령에게 '한국의 위임통치'를 요청하는 청원서를 제출한다.[15] 이들은 일본의 식민통치보다는 국제연맹의 위임통치가 더 나을 것이라고 생각한 듯하다. 그러나 이 일은 훗날 임시정부 내에서 큰 논란거리가 된다.

약소민족동맹회의가 개최되고 이 회의에 한인 대표들이 참석했다는 사실은 일본에서 발간되는 영자 신문 『재팬 애드버타이저(Japan Advertiser)』에 소개된다. 12월 18일 자에 '약소국가들의 승인을 요구하다'라는 제목으로 기사가 실린 것이다. 비록 단신에 불과했지만, 한인 대표들이 세계 여러 약소민족의 대표와 함께 참석했다는 기사는 당시 일본 유학생들에게 큰 자극을 주었다. 또 『오사카아사히신문』은 1918년 12월 18일 자 '민족자결을 인정하라는 소국 및 예속국민 연맹의 결의'라는 기사와, 12월 25일 자 '희랍인 자유를 요청'이라는 기사에서도 한인의 참가 사실을 보도한다.

또한 교토제국대학 법과대학 교수 나카지마 다마키치(中島玉吉)는 미국을 시찰한 뒤 귀국해서 『오사카아사히신문』 1919년 1월 6일 자에, 1918년 11월 샌프란시스코의 한인들이 민족자결주의에 의거해 윌슨 대통령에게 도움을 요청했다는 글을 쓴다. 당시 일본 유학생들은 『재팬 애드버타이저』와 『오사카아사히신문』의 기사를 보았을 것이다. 또한 『오사카아사히신문』은 당시 국내에도 상당한 부수가 들어오고 있었다. 천도교의 손병희(孫秉熙), 최린(崔麟), 권동진(權東鎭), 오세창 등은 훗날 재판 과정에서 이런 기사를 보고 큰 자극을 받았다고 밝힌다.

독립의 씨앗을 뿌리기 위해

윌슨 대통령의 민족자결주의는 전 세계 약소민족들에게 커다란 희망을 주었다. 최린은 경성고등법원 예심 신문 과정에서 이렇게 말했다. “민족자결은 그 취지로 보면 세계적으로 적용되어야 하는 것이지, 직접 전쟁에 관여한 유럽 각국에만 한정 적용될 것이 아니다. 반드시 좋은 결과를 얻을 수 있을지 여부는 잘 모르겠다. 그러나 각국이 이처럼 소리 높여 평화를 제창하고 있을 때, 우리 조선 민족도 민족자결을 제창해야 한다고 생각했다.” 또한 그는 이렇게도 말했다. “윌슨 대통령의 교서 14개조 가운데 제5조 및 제14조의 취지에 따르면, 다른 나라의 지배를 받고 있는 국민이 민족자결을 발표하는 즉시 강화회의에서 그 문제를 의논한다는 것이었다. 우리 역시 그 방법을 통해 독립을 이루자는 생각이었다.”

실제로 파리평화회의에서 식민지 지배를 받는 약소민족 문제가 다루어질 가능성은 매우 낮았다. 그럼에도 한국인들은 약소민족동맹회의의 개최, 재미 한인들의 독립청원 움직임 등과 맞물려 이번 기회에 반드시 독립의 의지를 세계만방에 보여야 한다는 생각을 가졌던 것이다.

민족대표 48인 중 하나인 현상윤(玄相允)은 훗날 회고록에서 이렇게 밝힌다. “당초 우리가 독립운동을 계획할 때, 꼭 그때에 민족자결의 원칙이 우리에게 적용되리라곤 물론 믿지 않았다. 파리평화회의가 우리 문제까지 토의하지 않을 것을 잘 알았기 때문이다. 그러나 우리가 파리회의의 각국 대표에게 서한을 보내고 만세운동까지 일으킨 것은, 독립운동에도 단계가 있다는 것을 알았기 때문이다. 3·1운동이 당시에는 성공을 하지 못한다 할지라도, 그것은 분명 독립을 위한 중대한 단계가 될 것이고, 토대가 될 것을 확신했기 때문이다."[16]

민족대표 33인 중 하나인 권동진 역시 고등법원 예심에서 이렇게 말했다. "이처럼 우리들이 씨앗을 뿌려두면, 언젠가는 반드시 싹이 트고, 누군가 독립의 뜻을 이루어줄 것이라고 생각했을 따름이다. 곧바로 그 결과까지 보려 한 것은 아니다."[17]

이처럼 3·1운동을 준비한 이들 대부분은 민족자결주의가 한국에 곧바로 적용될 가능성이 높지 않다는 것을 잘 알고 있었다. 그럼에도 이들은 1919년 봄의 시점에 독립의 의지를 분명히 보일 필요가 있다고 생각했다. 당장 그 목적을 달성하지는 못할지라도, 비록 자신들이 큰 희생을 치른다고 할지라도, 훗날 독립이란 열매를 얻기 위해서는 반드시 필요한 과정이라고 생각한 것이다. 지금부터 살펴볼 장면은 바로 그렇게 온몸을 던져 희망의 씨앗을 뿌린 사람들의 이야기다.

2장

상하이와 도쿄에서 만세운동을 준비하다

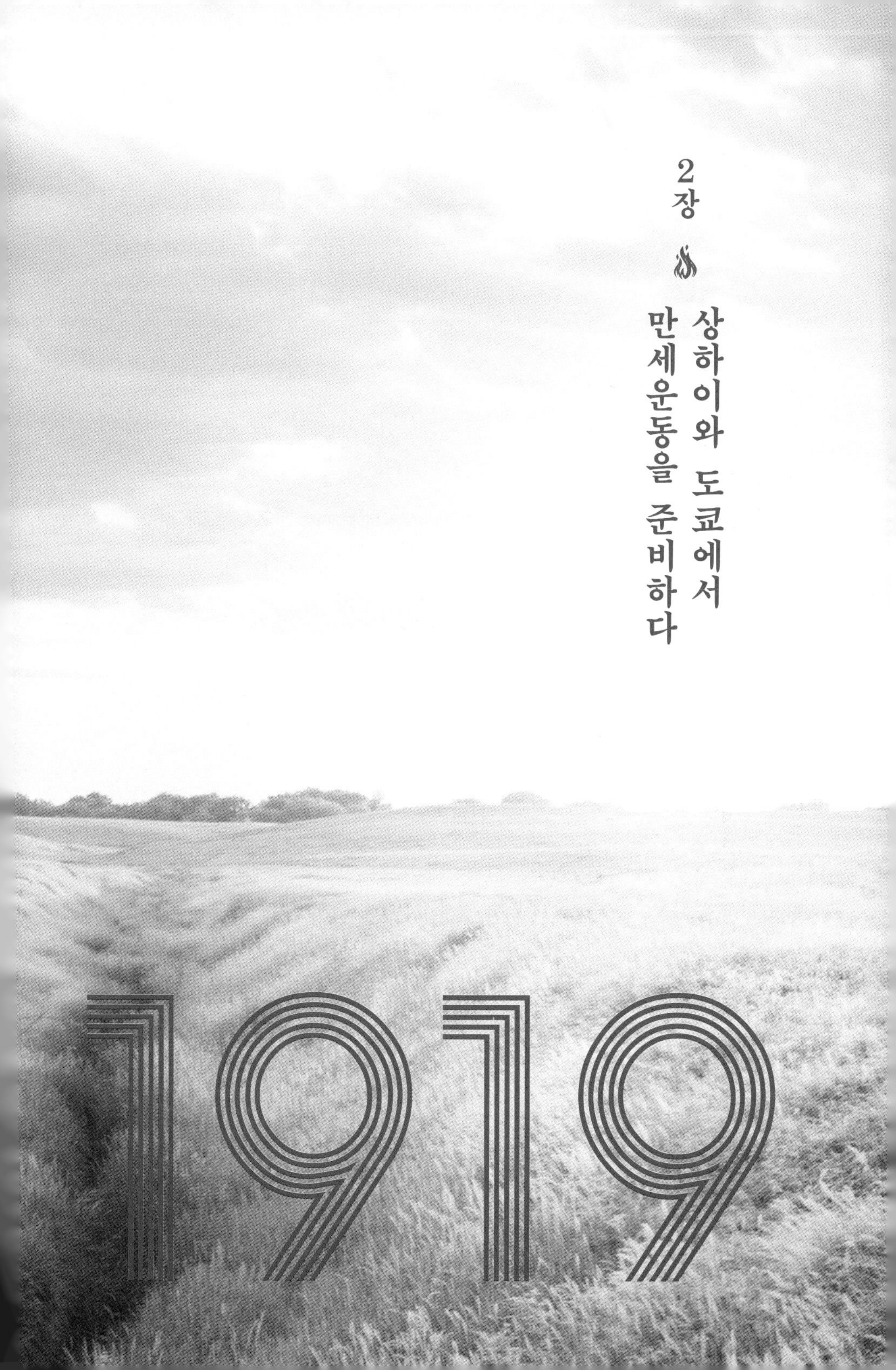

상하이의 '터키청년'과 신한청년당

3월의 봄은 맨 처음 어떻게 시작됐을까? 우리는 보통 그 첫머리에 '민족대표 33인'을 두고는 한다. 하지만 그들보다 먼저 움직인 건 바로 '신한청년당'을 만든 상하이의 한인 청년들이다. 주요 인물은 여운형(呂運亨), 장덕수(張德秀), 조동호(趙東祜), 김철(金澈), 선우혁(鮮于爀), 한진교(韓鎭教) 등으로, 그중에서도 당 결성의 중심이 된 인물은 좋은 풍채에 늘 멋들어진 콧수염을 기르고 다녀 '터키청년'이라는 별명을 가지고 있던 여운형이다.

그는 난징의 진링대학(金陵大學)에서 3년간 공부한 후, 1916년 상하이로 옮겨와 약 2년간 미국인 조지 필드 피치(George Field Fitch)가 경영하는 서적 위탁판매소 협화서국에서 일하고 있었다. 그러다

1918년 11월 무렵 그는 동료들과 함께 신한청년당의 조직에 착수했고, 이듬해 1월 간부 구성을 마침으로써 신한청년당을 통한 본격적인 독립운동에 돌입하게 된다. 신한청년당은 터키의 개혁가이자 초대 대통령인 케말 파샤(Kemal Pasha)의 '터키청년당(또는 청년터키당)'을 모방해 만든 것으로 상하이에 거주하는 40세 이하의 한국인 청년을 당원으로 했다. 표면적으로는 구폐를 타파하고 자치 역량을 기른다는 취지를 내걸었지만, 사실은 처음부터 독립운동을 추진하기 위해 결성된 단체였다.[1]

미국 대통령의 특사를 만나다

1918년 11월 27일, 여운형은 당시 중국을 방문한 윌슨 대통령의 비공식 특사 찰스 크레인(Charles Crane)을 만난다. 크레인은 윌슨의 전후 정책인 이른바 '14개조'를 설명하고 또 선전하기 위해 일본과 조선, 그리고 중국을 연이어 방문 중이었다. 27일 상하이의 칼튼 카페에서 열린 환영 오찬에 여운형이 참석할 수 있었던 것은 그가 근무하던 협화서국의 운영자 조지 필드 피치와 그의 아들 조지 애시모어 피치(George Ashmore Fitch)의 도움 덕분이었다. 이날 크레인은 다음과 같은 취지의 연설을 한다. "파리에서 개최될 평화회의에서는 각국 사이의 감정과 오해를 제거해 진정한 세계 평화를 가져올 것입니다. 또 피압박민족의 해방을 강조할 것이므로 독립을 도모할 최적의 기회가 될 것입니다. 중국에서도 대표를 파견해 피압박 상황에서 벗어나기 위해 노력해야 합니다."

연설이 끝난 뒤 여운형은 중국의 정치가이자 외교관인 왕정팅(王正廷)의 소개로 별실에서 크레인을 만날 수 있었다. 여운형에 따르면, 크레인은 여운형에게 자신이 말한 피압박민족이란 특정 국가를 가리키는 것이 아니라 추상적인 일반론이며, 파리평화회의에서 한국 문제가 정식 의제로 토론에 부쳐질지는 알 수 없으나, 그곳에 한국 대표를 파견해 청원하는 것 자체는 문제가 없고, 한국 대표가 파견되면 자신이 돕겠다는 취지의 말을 한다.[2]

크레인의 말에 여운형은 크게 고무됐다. 여운형은 우선 장덕수를 찾아갔다. 장덕수는 와세다대학 정경학부를 졸업하고, 1918년 5월 이후 상하이에 와서 머무르고 있었다. 여운형은 그에게 크레인과 대화한 내용을 전하고, 파리평화회의에 한국 대표를 파견하는 한편, 파견이 어려울 경우를 대비해 파리평화회의 측에 한국 문제를 제기하는 문서도 보내자고 제안한다.

장덕수는 흔쾌히 찬성했다. 그리고 조선의 사정을 설명하고 지원을 요청하는 취지의 청원서 두 통을 영문으로 작성해 한 통은 미 대통령 윌슨에게, 다른 한 통은 파리평화회의에 보내기로 한다. 청원서는 신한청년당 총무 여운형의 이름으로 제출하기로 했다. 윌슨

○○○

몽양 여운형(1886~1947년)

상하이에서 신한청년당을 창립해 2·8독립선언과 3·1운동을 지원했으며, 임시의정원에도 참여했다. 3·1운동을 잔혹하게 진압해 국제 여론의 비판을 받은 일본은 자신들에게 유리한 상황을 만들기 위해 임시정부의 여운형을 도쿄로 초빙했으나, 오히려 그는 외신 기자들이 가득한 도쿄제국호텔 기자회견 연설에서 한국 독립의 당위성을 주장해버린다. 사진은 1930년대 『조선중앙일보』 사장 시절의 모습(좌)과 1934년 백두산 천지를 탐방할 때의 모습(우). (몽양여운형선생기념사업회 소장)

에게 보내는 청원서는 크레인에게, 파리평화회의에 보내는 청원서는 취재차 그곳을 방문할 예정인 상하이의 영문 잡지 『밀러드 리뷰(Millard's Review)』의 주필인 토머스 밀러드(Thomas F. F. Millard)에게 부탁하기로 했다.[3]

그러나 두 사람이 가지고 간 청원서가 윌슨이나 파리평화회의에 전달된 흔적은 없다. 현재 미국 의회도서관에 윌슨 대통령의 문서가 소장되어 있지만, 거기에 여운형의 청원서는 없다. 또 파리평화회의의 미국대표단 문서에도 여운형의 청원서는 없다. 두 사람 모두 회고록을 냈지만, 청원서를 받거나 전달했다는 내용은 없다.[4]

2·8독립선언서의 초안이 되다

청원서의 내용은 컬럼비아대학교 버틀러도서관에 보관된 크레인의 문서, 1919년 12월 국한문으로 발간된 신한청년당의 기관지 『신한청년』, 그리고 일본외무성 외교사료관에 일본어로 번역된 판본 등지에 남아 있다.[5] 중요한 내용을 담고 있기 때문에, 그 내용을 간단히 살펴보자.

우선 서론 부분에서는 "제1차 세계대전은 미국의 참전으로 정의, 인도, 자유에 기초한 승리가 됐다. 파리평화회의에서 윌슨 대통령이 주창한 국제연맹이 세계 평화의 유지 기관으로 제시됐는데, 한국과 일본 문제는 동양 평화 및 세계 평화와 긴밀한 관계가 있다. 일본은 전제주의, 군벌주의, 관료주의, 제국주의 국가로서, 자유주의, 인도주의, 평화주의, 국제연맹을 이해하지 못하는 아시아의 스파르타다"라며, 미국에 찬사를 보내고 일본을 비판한다.

여기서 주목할 것은 제1차 세계대전을 정의, 인도, 자유가 승리한 전쟁으로 바라보고 있다는 점이다. 이와 같은 표현은 이후 도쿄에서 발표된 「2·8독립선언서」나 서울에서 발표된 「3·1독립선언서」의 내용과 매우 비슷하다. 또 한편으로 "일본은 대륙 확장 정책으로 만주와 몽고, 중국에서 우선권을 확보하고, 조선과 대만에서처럼 다른 외세를 축출하려 한다. 일본은 세계 평화의 장애물이다. 일본의 대륙 확장 정책은 한국 점령에서 시작됐고, 한반도는 아시아의 발칸반도로 일본 육해군의 거점이 됐다"라는 점을 지적하며, 일본의 대륙 확장 정책에 한국이 희생된 점을 강조한다.[6]

이어서 본론 부분에서는 당시 한국의 상황을 정신적, 정치적, 경제적 방면으로 나누어 설명한다. 이 가운데 가장 많은 분량을 차지한 것은 정신적 방면이다. '105인 사건(데라우치 총독 암살 미수 사건)'을 기독교 탄압의 관점에서 서술하는 한편, 한글 신문과 잡지를 발간하지 못하게 막고, 공개 연설을 금지한 점 등을 들어 언론 탄압 문제를 거론한다. 또 전문학교만 4개 있을 뿐 대학은 전무하고, 일본어 교육이 중심이 되는 등 교육에서의 차별 상황도 지적한다.

정치적 방면에서는 한국인에게 납세의 의무만 있고 권리는 없는 점, 중앙이나 지방에 의회가 전혀 없고, 한국인의 행정 참여가 불가능한 상황 등을 언급했다. 경제적 방면에서는 조선인의 회사 설립 금지, 일본인의 농지 침탈, 조선인의 광산 채굴 금지 등을 언급했다.[7]

결론적으로 이 청원서는 "한국은 일본에 정복된 것이 아니라 일본의 교활한 사기에 빠진 것이며, 한국은 반드시 독립되어야 하고, 아시아에도 반드시 민주주의가 존재해야 한다"라는 점을 강조한다.

또한 1882년의 조미수호통상조약을 거론하며 "30년 전 미국이 한국의 독립을 지켜주겠다고 했으니, 미국은 한국의 독립을 위해 원조를 아끼지 말아 달라"라고 당부한다.[8] 앞에서 언급했듯이, 이 청원서의 본론과 결론 부분은 2·8독립선언의 내용과 매우 유사하다. 이는 「2·8독립선언서」의 초안을 쓴 이광수(李光洙)가 여운형, 장덕수가 작성한 청원서를 참고했을 가능성을 시사한다.

신한청년당의 맹활약

여운형과 장덕수 등은 독립청원서 두 통을 작성해 보낸 다음 곧바로 신한청년당의 조직을 확충해나갔다. 1919년 1월에는 당시 베이징에 있던 김규식(金奎植)을 상하이로 불렀다. 2월 1일, 여운형, 김철, 김규식, 선우혁, 한진교, 장덕수, 신석우, 조동우 등 신한청년당 당원들은 모임을 갖고 김규식을 파리평화회의에 보내기로 결정하는 한편, 선우혁을 조선으로, 장덕수를 일본과 조선으로, 그리고 여운형을 블라디보스토크로 파견하기로 결정한다.[9] 아울러 신한청년당의 조직 정비를 마치는데, 이사장은 김규식, 총무는 여운형이 맡았다.[10] 여기서 선우혁과 장덕수가 조선과 일본에 각각 파견된 것은 국내와 일본에서의 독립운동을 촉발시키기 위해서였는데, 바로 앞서 여운형

○○○

파리평화회의에 파견된 임시정부 대표단

1919년 3월 13일 파리에 도착한 김규식은 파리 시내 샤토당가 38호에 한국 대표관을 설치한다. 사진은 조소앙이 파리에 도착한 1919년 6월 말 이후에 촬영한 것으로, 앞줄 맨 오른쪽이 김규식, 왼쪽 끝이 여운홍, 뒷줄 왼쪽에서 두 번째가 이관용, 세 번째가 조소앙, 맨 오른쪽이 서기장 황기환이다. (국사편찬위원회 소장)

이 만난 크레인의 권고를 따른 것이었다.[11]

여운형이 블라디보스토크에 간 것은 그곳이 1910년대 이후 러시아 연해주와 간도 지방 독립운동의 중심지 역할을 해왔기 때문이다. 1910년대 후반 제1차 세계대전 시기에는 러시아의 탄압으로 모두 도피할 수밖에 없었지만, 1917년 러시아혁명이 일어나고 1918년 제1차 세계대전이 끝나면서 이 지역의 독립운동은 다시 활발해졌다. 1919년 1월에는 니콜스크(지금의 우수리스크)와 블라디보스토크에서 러시아령, 간도 한인 지도자들의 모임이 열려 파리평화회의에 대표를 파견하는 일이 논의됐고, 2월 5일에는 윤해(尹海)와 고창일(高昌一)이 파리를 향해 니콜스크를 출발하고 있는 형편이었다. 곧 이어 2월 25일에는 니콜스크에서 전로한족회 중앙총회를 중심으로 러시아령, 간도 및 국내 대표들을 소집해 전로국내조선인회의도 개최한다.[12]

여운형이 니콜스크에 도착한 것은 바로 이때였다. 그는 니콜스크에서 이동녕(李東寧), 박은식(朴殷植), 문창범(文昌範), 조완구(趙琬九), 원세훈(元世勳), 이승복(李昇馥)을, 블라디보스토크에서 채성하(蔡成河), 강우규(姜宇奎), 이발(李發: 이동휘의 부친), 김치보(金致甫), 정재관(鄭在寬), 강한택(姜漢澤), 오영선(吳永善), 김하구(金河球), 이강(李剛) 등을 만나 파리평화회의에 대표자를 파견하는 문제를 비롯한 독립운동 전반에 관해 의견을 나눈다.[13] 2월 25일 열린 전로국내조선인회의는 독립운동 추진 주체로서 대한국민의회의 조직을 논의하기 시작한다. 이들과 논의를 마친 여운형은 3월 6~7일 무렵 블라디보스토크를 출발해 하얼빈에 도착해 국내에서 만세 시위가 발발했다는 소식을 듣는다.[14]

한편, 장덕수는 1월 16~17일 당시 광저우를 여행 중이던 신규식(申圭植)에게 다음과 같은 내용의 편지를 받는다.

세계의 기운이 점차 움직이고 있다. 이번 강화회의로 세계는 실로 새로운 시대로 접어들 것이다. 특히 약소민족 및 압박을 받고 있는 민족의 장래에 광명을 가져다줄 것이다. 조선 민족도 이 기회에 깨어나 권리와 정의를 주장하고 세계의 공론에 호소해야 한다. 우리 당의 활동 내용은 당략상 그 상세한 내용을 귀하에게 말하기는 어렵지만, 각지에서 우리 동포는 독립을 선언하고 운동을 개시할 계획이다. 일본 관헌은 반드시 이 운동의 진상을 해외에 보도하는 것을 막으려 할 것이다. 그러므로 귀하는 일본인으로 가장해 도쿄 및 경성에 가서 운동 정황을 상하이 『중화신보』 기자인 동지 조동호(趙東祜)에게 통신해주기 바란다. 또 도쿄에는 조용운(趙墉雲)을 파견했으므로, 도쿄에 도착하는 대로 와세다대학 대기실에서 동인과 통신하고 상세하게 협의해주기 바란다. 도쿄의 운동은 2월 초순, 경성의 운동은 3월 초순에 실행할 예정이므로 도쿄의 정황 통신을 마친 뒤에는 곧 경성으로 가서 정황을 통신해주기 바란다. 또 귀하가 만일 일본 관헌에 체포되어도 당의 행동 및 나의 씨명은 절대로 비밀을 엄수해주기 바란다.[15]

장덕수는 2월 20일 서울에서 체포된 이후 위와 같이 진술한다. 그러나 이 내용은 신규식이 개인적으로 지시했다기보다는 신한청년당에서 결정한 것일 가능성이 높다. 장덕수는 신한청년당 또는 신규식의 지시에 따라 1월 27~28일 무렵 중국인 도쿄 유학생 '유(劉)모'로 가장하고 상하이를 출발, 나가사키를 경유해 2월 3일 무렵에는 도쿄에 도착한다. 그는 간다구(神田區)에 여관을 정하고, 우리에게 조소앙(趙素昻)이라는 이름으로 더 잘 알려진 조용운(일명 조용은)에게 연락을 취해 2월 5일 시바공원 정문 앞에서 만난다.

"이미 도쿄 유학생들에게 권유해, 오는 8일에 독립선언을 하기로 결정됐습니다. 저는 임무를 다했으므로 상하이로 물러날 계획입니다." 장덕수를 만난 자리에서 조용운은 이렇게 말했다. 그리고 2월 8일 도쿄 유학생들이 독립을 선언한 후인 2월 17일, 장덕수는 도쿄를 떠나 조선으로 향한다. 이때 그는 큰돈을 소지하는 것은 위험할 수 있다고 보고, 요코하마에서 상하이의 조동호에게 상당액을 송금한다. 이후 그는 경성에 잠입했다가, 2월 20일 인천에서 체포되고 만다.[16]

그런데 실제로 장덕수가 도쿄에서 만난 인물은 조용운, 즉 조소앙이 아니었다. 조소앙은 자서전에 "1919년 초, 길림성성(吉林省城)에 있었다"라고 기록했다.[17] 장덕수가 도쿄에서 만난 인물은 게이오대학에 재학 중이던 유학생 김도연(金度演)이었다. 그는 회고록『나의 인생백서』에서 당시 정황을 다음과 같이 밝힌다. "어느 날 상해에 있던 장덕수씨가 일본인으로 변장하고 일본으로 들어왔다. 그는 나를 찾아와서 이번 독립운동은 국내외가 다 같이 호응해야 할 것이라고 말하면서 당시 상하이에 조직되어 있던 대한독립청년단(신한청년단을 말하는 듯-인용자)과 연결관계를 가지고 해내, 해외가 일치하여 거사함이 좋을 것이라고 말했다. 나는 이 자리에서 우리 유학생들의 독립운동에 대한 계획을 자세히 설명했더니, 그는 나에게 국내외의 동태를 구체적으로 이야기하면서 일본 유학생들이 이처럼 조급히 서두르다가 혹시라도 사전에 누설되어 실패하지 않을까 하여 매우 걱정하는 눈치였다."[18]

장덕수는 도쿄 유학생들의 2·8독립선언과 상하이의 신한청년단이 연락했다는 사실을 숨기기 위해, 실제로 만난 김도연 대신 당시 만날 수도 없었던 조소앙의 이름을 댄 것으로 보인다.

유학생들의 움직임

이 시기에 독립에 대한 열망이 사람들 마음속에 점점 무르익어 간다는 것은 3 · 1운동이 일어나기 한 달 전, 일본을 발칵 뒤집어놓은 이 사건을 통해서 분명히 드러난다. 일본의 수도인 도쿄 한복판에서 한국인이 독립을 선포한 것이다. 바로 2·8독립선언으로, 이를 주도한 이들은 당시 와세다대학, 게이오대학 등에서 유학 중이던 한국 학생들이었다.

그런데 1910년대 중반까지만 해도 도쿄 유학생들은 대부분 독립운동보다는 우선 개인적, 민족적으로 실력을 양성하는 것이 더 중요하다고 생각했다. 또 일부 학생은 졸업 이후에 조선으로 돌아가 총독부의 관리가 되는 꿈을 갖고 있었다.[19] 그런데 제1차 세계대전의 종전이 다가오면서 이러한 유학생 사회의 분위기가 달라지기 시작한다.

유학생 사회의 분위기가 달라지다

당시 도쿄 유학생들의 회고담에 따르면, 그들이 맨 처음 독립운동을 기획하게 된 것은 1918년 12월 1일 자 『재팬 애드버타이저』에서 "이승만과 정한경 등이 파리강화회의에 참석하기로 했다"라는 기사를 보게 되면서부터였다. 또한 『도쿄아사히신문』 12월 15일 자에 실린 "미국 샌프란시스코에 거류하는 한국인들이 독립운동 자금으로 30만 원의 거액을 모았다"라는 기사를 본 것도 중요한 계기가 됐다.[20]

그러나 『재팬 애드버타이저』 12월 1일 자에는 사실 그런 기사가 없었다. 『도쿄아사히신문』 12월 15일 자에도 마찬가지다.[21] 다만 『재팬 애드버타이저』 12월 18일 자에 「약소민족들 발언 인정을 요구」라는 기사가 실린 것이 주목된다. 이 기사의 내용은 12월 15일 미국 뉴욕에서 세계약소민족동맹회의가 열렸으며, 그 자리에 모인 이들은 앞으로 파리평화회의에서 구성될 국제연맹에서 민족자결주의 원칙을 완전히 인정해야 하며, 약소민족도 국제연맹에 정회원으로 가입할 수 있어야 한다고 결의했다는 것이다. 게다가 이 회의에는 한국 대표도 참석했다.[22] 유학생들은 바로 이 기사를 보고 큰 자극을 받았을 것으로 추정된다.[23]

그런데 3월에 서울에서 체포된 도쿄 유학생 양주흡의 일기에 따르면, 당시 유학생들은 미주에서 발행된 『신한민보』를 보았다고 한다. 양주흡은 1월 9일 일기에 "신한민보를 보니 안창호가 미주에서 활동하고" 운운하는 내용을 남겼다.[24]

또한 『신한민보』 1918년 12월 26일 자에는 안창호가 국민회 중앙총회장에 다시 당선됐으며, 시국에 관해 의논 중이라는 내용이 있다.[25] 그리고 다시 1919년 1월 16일 자에는 국민회 중앙총회에서 이승만과 정한경을 파리평화회의에 대표로 파견한 일과 관련한 기사가 실려 있다.[26] 도쿄 유학생들이 이런 내용의 기사가 실린 『신한민보』를 봤다면 상당히 자극을 받았을 것이다.

그런데 그들은 어떻게 멀리 미국에서 발행되는 『신한민보』를 구해서 볼 수 있었을까? 1917년 일본 내무성 경보국에서 만든 비밀자료인 「조선인 개황」에 따르면, 미주에서 발간된 『신한민보』가 조선에도 수입되고 있었다.[27] 반일 기사가 실린 경우에는 수입 금지 처분이 내려졌지만, 이처럼 조선에도 일부 수입되고 있던 것을 감안하면 일본 유학생들 역시 이를 수입해서 읽었을 가능성이 있다.

독립선언이 논의되다

어떤 경로를 통해 정보를 접했든 1918년 하반기가 되면, 앞서 이야기한 것처럼 유학생 사회의 분위기가 완전히 달라진다. 1918년 10월 5일 기독교청년회관에서 열린 웅변회에서는 최근우(崔謹愚), 전영택(田榮澤) 등이 과격하고 불온한 말을 해 경찰에 소환되는 일이 있었다. 또 11월 초순 세계대전이 휴전 상태로 들어갔다는 뉴스가 전해지고, 미국 대통령 윌슨이 자유, 평등, 민족자결 등을 선언했다는 뉴스까지도 전해지면서 유학생 사회는 크게 고무된다.

12월 29일 도쿄 간다구의 조선기독교청년회관에서 열린 조선유학생학우회 주최의 망년회와 다음 날 열린 유학생 200여 명이 참석한 동서연합웅변대회에서는 이런 주장까지 나왔다. "이번 기회에 조선은 독립해야만 한다. 우리는 생명을 걸고 이 목적을 달성해야 한다."[28]

이어서 1월 6일에도 역시 청년회관에서 유학생 200여 명이 참석한 웅변대회가 열린다. 여기서 윤창석(尹昌錫), 서춘(徐椿), 이종근(李鐘根), 박정식(朴正植), 최근우, 김상덕(金尙德), 안승택(安承澤), 전영택 등이 차례로 일어나 "지금의 정세는 우리 조선 민족이 독립운동을 하기에 가장 적당한 시기입니다. 해외의 동포들은 이미 실행운동에 착수했으니, 우리도 마땅히 구체적 운동을 개시해야 합니다"

라고 연설한다.

그들은 그 자리에서 독립의 의사를 내각 및 각국 공사에게 청원하는 운동에 착수하기로 결정하고, 이를 위해 10명의 임시위원을 선정했다. 위원으로 선정된 이는 와세다대학의 최팔용(崔八鏞), 송계백(宋繼白), 게이오대학의 김도연(金度演), 세이소쿠영어학교의 백관수(白寬洙), 도요대학의 이종근, 고교생 최근우, 전 고등사범학교의 서춘, 아오야마가쿠인의 전영택과 윤창석, 그리고 무직이었던 김상덕 등이다. 선정된 위원들은 그날 밤늦게까지 그 방법을 협의한다. 그리고 그들은 독립선언서(또는 진정서)를 일본 정부 및 각국 공사, 귀족원과 중의원 의원 들에게 보내기로 결정한다.[29]

이들은 다음 날인 7일 오후, 청년회관에서 열린 회의에서 위원들의 협의 결과를 보고하고 동의를 구한다. 참석자들은 모두 동의했다. 일부 회원들이 감격에 겨워 격한 연설을 하자, 경찰은 참석자들을 해산시키고 회의에서 적극적으로 발언한 12명을 경시청에 소환해 조사했다.[30] 그다음 날인 8일에도 학생 약 200명이 청년회관에 모여 토의를 계속하고자 했으나, 경찰은 그들을 강제 해산시키고 윤창석과 서춘을 소환해 조사했다.

그러나 위원 9명과 추가된 위원 이광수와 김철수(金喆壽)까지 모두 11명은 비밀리에 모임을 갖고 선언서 초안을 논의한다. 또한 최근우와 송계백을 조선에 파견하는데, 특히 최근우는 러시아 연해주까지 간다. 그는 그곳의 운동가들과 독립운동 방법을 논의하고자

했으나, 일본 경찰의 감시가 엄중해 뜻을 이루지 못한 채 도쿄로 돌아온다.[31]

도쿄 한복판에서
독립을 외치다

1919년 1월 초, 도쿄 유학생들은 임시위원을 선정해 독립운동을 전개하기로 결의한다. 세부적인 내용을 보다 구체적으로 논의하기 위한 1월 7일의 유학생 모임은 경찰의 강제 해산으로 중도에 좌절됐지만, 임시위원들은 비밀리에 논의를 더욱 진척시켜 나갔다. 이들은 곧바로 '조선청년독립단'의 이름으로 「민족대회소집청원서」와 「독립선언서」 및 「결의문」의 초안을 마련한다. 선언서의 작성 책임은 백관수가 맡았는데, 마침 일본에 와 있던 이광수에게 부탁해 이광수가 초안을 짓고 백관수 등이 검토했다.[32] 「민족대회소집청원서」는 일본어로 작성했고, 「독립선언서」와 「결의문」은 한국어, 일본어, 영어로 작성했다.

청원서는 2월 6일 최팔용이 도쿄 시내 시바구(芝區) 오야마정(小山町)에 있는 이토 인쇄소에 의뢰해 다음 날까지 1,000장을 인쇄했다. 선언서와 결의문의 한국어본은 당초 송계백이 한국에서 구해 온 한국어 활자로 인쇄하려 했으나 인쇄할 만한 곳을 구하지 못한 것 같다. 결국 한국어본과 일본어본은 등사판으로 약 600장을 등사했고, 영어본은 타이프라이터로 찍었다. 그리고 선언서와 결의문은 비단에도 필사해두었다.[33] 선언서의 등사는 최원순, 정광호가 책임지고 광주에서 온 유학생 10여 명과 함께 밤낮으로 작업했다. 또 정광호는 선언서를 가지고 서울에 들어가 학생들을 만나, 2월 8일 도쿄 유학생들과 동시에 선언서를 발표할 수 있도록 하는 책임을 맡았다.[34]

거사일

이러한 유학생들의 움직임에 당시 일본 경찰 당국도 촉각을 세우고 있었다. 학생들이 독립운동 자금을 모으고 있다는 소문도 있었고, 독립청원서를 작성해 의회에 제출한다는 소문도 있었기 때문이다. 2월 6일, 경찰은 아오야마가쿠인의 한국인 학생 9명과 도쿄의 조선여자유학생친목회의 대표 김마리아를 연행해 조사한다. 그 결과 학생들이 임시위원들에게 운동자금을 건네주었다는 사실을 확인

○○○

조선청년독립단

일본 유학생들의 모임으로 2·8독립선언을 주도했다. 이들은 윌슨의 민족자결주의에 고무되어, 일본의 수도인 도쿄 한복판에서 독립을 외쳤다. (국사편찬위원회 소장)

했고, 이에 위원 중 하나인 윤창석을 소환해 취조했다.[35] 당시 운동자금은 최팔용, 나용균(羅容均), 윤창석 등이 책임지고 모으고 있었다.[36]

거사일은 2월 8일로 잡혔다. 위원들은 이날 유학생 학우회의 임원 선거를 위한 총회를 연다고 공지했다. 이날 오전 10시 무렵 위원들은 시내 여러 곳에서 독립청원서를 각국 대사 및 공사, 내각의 각 대신, 귀족원과 중의원 의원, 조선총독부, 각 신문 및 잡지사, 그리고 여러 학자에게 우편으로 발송했다.

오후 3시, 조선기독교청년회관에서 200여 명의 학생들이 참석한 가운데 총회가 열렸다. 윤창석의 사회로 회의가 시작되자 백관수는 단 위에 올라 독립선언서를 낭독했다. "우리는 이천만 민족을 대표해 세계 만국 앞에 독립을 선언한다!"

이어 비단에 쓴 선언서가 단상에 내걸렸다. 학생들은 열광하며 열렬한 박수를 보냈다. 경찰은 오후 3시 50분 무렵 회의의 중지를 명령하고, 선언서 낭독을 막으려 했다. 곧 학생과 경찰 사이에 충돌이 일어났고, 회의장은 이내 아수라장으로 변했다.

소란 속에서 선언서 낭독이 끝나자, 임시위원들은 회원들에게 작별을 고하고 경찰에 모두 연행된다. 이때 연행된 위원들은 송계백, 최팔용, 김철수, 김도연, 최근우, 백관수, 서춘, 윤창석, 김상덕, 이종근 등이다. 그 밖에도 현장에서 경찰과 싸우다가 연행되고 검속된 학생들도 많았다. 경찰은 검속된 학생 27명의 학교에 이들을 모두 퇴학 처분할 것을 요청했다.[37]

검속된 학생들 가운데 임시위원 10명은 출판법 위반으로 2월 10일 도쿄 지방재판소 검사국에 송치되고, 나머지는 석방됐다. 다만 임시위원 중에서 최근우는 선언서 등을 작성할 때 조선에 가 있었다는 이유로 석방되고, 9명만 기소됐다. 기소된 9명에 대한 제1심 판결이 2월 15일에 있었는데, 학생들은 이에 불복해 공소를 제기했고, 3월 21일에 제2심 판결이 있었다. 1심과 2심의 판결 내용은 다음과 같다.

최팔용 제1심 금고 1년, 제2심 금고 9개월

서춘 제1심 금고 1년, 제2심 금고 9개월

김도연 제1심 금고 9개월, 제2심 금고 9개월(항소기각)

김철수 제1심 금고 9개월, 제2심 금고 9개월(항소기각)

백관수 제1심 금고 9개월, 제2심 금고 9개월(전심 취소하고 항소기각)

윤창석 제1심 금고 9개월, 제2심 금고 9개월(항소기각)

김상덕 제1심 금고 7개월 15일, 제2심 금고 7개월 15일(항소기각)

송계백 제1심 금고 7개월 15일, 제2심 금고 7개월 15일(항소기각)

이종근 제1심 금고 7개월 15일, 제2심 금고 7개월 15일(항소기각)[38]

독립운동을 위해 고국으로 돌아가다

2월 8일 이후에도 유학생들의 움직임은 이어졌다. 2월 12일 유학생 100여 명은 히비야공원 음악당에서 모임을 갖고, 이달(李達)을 학우회 회장으로 뽑아 제국의회에 독립을 청원하는 문제를 논의한다. 현장에 들이닥친 경찰은 해산을 명령하고 이달과 12명을 히비야경찰서로 연행했다. 2월 15일, 조선총독부에서 도쿄에 파견한 유학생감독부는 2·8독립선언에 참여한 유학생 3명을 기숙사에서 나가도록 처분했고, 유학생감독부의 기숙사에 있던 학생 51명은 이에

불복해 동맹퇴사를 선언하고 17일까지 돌아오지 않았다.[39]

2월 23일에는 변희용(卞熙瑢), 최재우(崔在宇), 강종섭(姜宗燮), 최승만(崔承萬), 장인환(張仁煥) 등이 이미 「독립선언서」와 「국민대회 청원서」를 일본 의회에 보냈음에도 아무런 대답이 없는 것이 부당하다면서 「조선청년독립단 민족대회촉진부 취지서」를 인쇄해 히비야공원에서 유학생들을 모아놓고 집회를 가지려 했다. 이들은 한국어로 된 인쇄물 약 200장, 일본어로 된 인쇄물 약 100장을 준비했다. 신주쿠경찰서는 미리 정보를 입수하고 김근술의 집을 습격했으나 인쇄물을 발견하지는 못했고, 대신 최재우를 제외한 4명을 체포해 경찰서로 연행했다.

그리고 23일 오후 2시, 히비야공원에 유학생 약 150명이 모였다. 그때 갑자기 행방이 묘연하던 최재우가 나타나 학생들에게 인쇄물을 배포했다. 경찰은 급히 최재우를 체포하고 그가 갖고 있던 비단에 쓴 취지서와 학생들에게 배포한 인쇄물을 압수했다.[40]

그로부터 6일 뒤, 마침내 서울에서 3 · 1운동이 일어난다. 잠시 위축됐던 유학생들의 사기는 다시 충천했다. 3월 9일에는 이름을 밝히지 않은 학생들이 '재동경조선청년독립단 동맹휴교 촉진부'의 이름으로 "애국심을 가진 자는 동맹휴교하고 고국으로 돌아가 조선의 형제자매를 돕지 않으면 안 된다"라는 내용을 담은 격문을 학생들에게 우편으로 보냈다. 실제로 이 시기에는 한국으로 돌아간 유학생들이 상당히 많았다. 2월 8일부터 5월 15일 사이에 한국으로 돌아간 학생은 무려 359명으로 파악된다.[41] 이들은 곳곳에서 3·1운동을 이끄는 불씨가 된다.

한편 도쿄에 남아 있던 유학생들 가운데 혼고구(本鄕區)에 거주하던 변치덕(卞致德), 정근모(鄭根模), 이재훈(李載勳) 등은 3월 10일과 11일 태극기 30개를 제작해, 2·8독립선언으로 재판에 부쳐진 10명의 공판일에 재판소 앞이나 히비야공원에서 일제히 '한국 만세'를 외칠 계획을 세운다. 하지만 경찰은 이 정보를 미리 탐지하고, 12일 이들의 거주지에서 태극기를 모두 압수한다. 또 간다구에 거주하던 정태성은 고향의 청년들을 선동하기 위한 유인물을 제작해 우편으로 보낼 계획을 세우고 3월 16일에 실제로 이를 제작했으나, 역시 경찰에 발각되어 17일에 모두 압수당했다.[42]

2·8독립선언,
민족자결을 요구하다

1919년 2월 8일, 도쿄 유학생들이 발표한 「2·8독립선언서」는 국내에서 발표된 「3·1독립선언서(기미독립선언서)」, 만주 지린에서 발표된 「대한독립선언서」와 함께 3대 독립선언서로 불린다.(「2·8독립선언서」와 「3·1독립선언서」 전문은 이 책 부록에 실려 있다.) 일반적으로 이광수가 쓴 것으로 알려져 있는데, 백관수에 따르면 "독립선언서는 백관수가 담당해 이광수로 하여금 비밀리에 기초케 한 다음 재차 삼차 수정 완고했다"라고 한다. 학자들은 백관수 등 임시위원들이 견해를 모아 이광수에게 문장을 기초하도록 하고, 이후 위원들이 몇 차례 수정했을 것으로 보고 있다.[43]

한국 병합은 사기와 폭력이다!

선언서의 내용을 분석하면, 우선 일본의 한국 병합이 러일전쟁 이후 "일본의 한국에 대한 사기와 폭력에서 비롯된 것"이라고 지적한다. 병합이 우리 의사에서 나온 것이 아니며, 일본의 군국주의적 야심의 사기 폭력 아래 우리 민족의 의사에 반하는 운명을 당한 것이라면서, "정의로 세계를 개조하는 이때에 당연히 이를 바로잡을 것을 세계에 요구할 권리가 있다"라고 주장했다. 또 "세계 개조의 주인 역할을 하는 미국과 영국은 보호와 합병을 앞장서 승인했기 때문에 이러한 구악(舊惡)을 갚을 의무가 있다"라고도 주장했다.

이어서 선언서는 일본이 한국을 병합한 이래, 정복자가 피정복자를 대하는 비인도적 정책을 답습했다고 비판한다. 한국인에게 참정권, 집회와 결사의 자유, 언론·출판의 자유를 허용하지 않고, 심지어 종교와 기업의 자유까지 억압했으며, 한국인과 일본인 사이에 우열을 두어 한국인에게는 일본인에 비해 열등한 교육을 실시했다는 것이다.

소수의 관리 외에는 정부의 모든 기관과 교통, 통신, 군사 등의 기관에 대부분 일본인을 고용하는 등 차별을 서슴지 않았다는 점과 일본인 농업 이민 문제, 한국인 상공업자에 대한 차별도 지적한다. 총독정치의 억압과 차별을 꼬집은 것으로, 이러한 이유들로 "우리

宣言書
全朝鮮青年獨立團은我二千萬朝鮮民族을代表하야
正義와自由의勝利를得한世界萬國의前에獨立을期
成하기를宣言하노라
四千三百年의長久한歷史를有하는吾族은實로世界最
古文明民族의一이라비록有時乎支那의正朔을奉한事
는有하엿으나此는朝鮮皇室과支那皇室과의形式的外交
的關係에不過하엿고朝鮮은恒常吾族의朝鮮이오一次도
統一한國家를失하고異族의實質的支配를受한事無하다
日本은朝鮮이日本과唇齒의關係가有함을自覺함이라하
야一千八百九十五年日淸戰爭의結果로日本이韓國의獨
立을率先承認하엿고英、米、法、德、俄等諸國도獨立을
承認할뿐더러此를保全하기를約束하엿도다韓國은그恩
義를感하야銳意로諸般改革과國力의充實을圖하엿도다當
時俄國의勢力이南下하야東洋의平和와韓國의安寧을
威脅할새日本은韓國과攻守同盟을締結하야日俄戰爭을開하
니東洋의平和와韓國의獨立保全은實로此同盟의主旨와韓國
은더욱그好誼에感하야陸海軍의作戰上援助는不能하엿으나
主權의威嚴까지犧牲하야可能한온갓義務를다하야써東洋平
和와韓國獨立의兩大目的을追求하얏도다及其戰爭이終
結되고當時米國大統領루쓰벨트氏의仲裁로日俄間에講和

○○○

2·8독립선언서

조선청년독립단의 이름으로 도쿄 유학생들이 발표한 선언문이다. 일본어와 영어로도 작성됐다. 활자로 인쇄하지 못하고 등사판으로 만들었다. (국가기록원 소장)

민족은 결코 이와 같은 무단통치, 부정하고 불평등한 정치 아래에서는 생존과 발전을 향유하는 것이 불가능하다"라고 주장했다. 한국인과 일본인의 이해가 상충되고, 이때 한국인은 일방적으로 피해만 입고 있으니, 생존의 권리를 위해 독립을 주장한다고 선언한 것이다.

독립 아니면,
영원한 혈전뿐

또한 국제적으로 볼 때에도 러시아나 중국은 이제 더 이상 한국에 위협이 되지 못하며, 오히려 한국이 일본의 지배 아래 있는 것이 동아시아 평화를 해치는 화근이 된다고 지적한다. 선언서는 이제 한국이 독립하게 된다면 정의와 자유를 기초로 한 민주주의 국가를 건설할 것이며, 문화와 정의와 평화를 애호하는 한국인들은 세계 평화와 인류의 문화 번영에 공헌할 것이라고 포부를 밝힌다.

따라서 일본과 세계 각국에 한국에도 민족자결의 기회를 공평하게 줄 것을 요구하면서, 만약 이를 거부한다면 한국인들은 목숨을 걸고 자유를 위한 행동을 취할 것이고, 특히 일본에 대해서는 영원히 혈전을 선포하겠다고 선언한다. 위와 같은 내용은 1918년 12월 무렵 여운형과 장덕수가 상하이에서 작성해 미국 윌슨 대통령에게 보낸 청원서의 내용과 상당히 유사하다.

선언서 마지막에 위치한 '결의문'은 대체로 본문을 요약하고 있다. 특히 주목할 것은 제2항의 "본단은 일본 의회 및 정부에 조선민족대회를 소집해 대회의 결의로 우리 민족의 운명을 결정할 기회를 주기를 요구"하며, 제3항에서 "본단은 만국평화회의에 민족자결주의를 우리 민족에게 적용하기를 요구"한다는 부분이다. 당시 세계적으로 큰 화두였던 민족자결주의에 기초해 한국의 독립을 요구한 것임을 알 수 있다.

유학생들은 또한 일본 의회에 「민족대회소집청원서」도 제출한다. 그 내용은 「독립선언서」와 대동소이하지만, 형식이 청원서였기 때문에 선언서보다는 표현이 부드럽고 온건했다.[44]

3장

서울의 움직임, 민족대표와 학생단

1919

천도교가 독립운동 논의를 시작하다

상하이와 도쿄에서 분주한 움직임이 있었을 때, 서울에서도 천도교와 기독교, 그리고 지식인 사이에서 독립운동 문제가 논의되고 있었다. 1918년 가을 즈음부터 중앙학교의 교주(校主) 김성수(金性洙), 교장 송진우(宋鎭禹), 그리고 교사 현상윤은 자주 모여 시국을 논의하면서, 지금이 바로 독립운동이 필요한 시점이라는 데 인식을 같이하고 있었다. 현상윤은 보성고등보통학교 졸업생으로, 당시 보성고보 교장인 최린을 자주 찾아가 교류하고 있었다.

1918년 11월 이후 송진우와 현상윤은 최린과 함께 시국에 대한 의견을 나누며 독립을 위한 거사를 실행하기로 의견을 모은다. 이들은 최남선과 천도교의 오세창, 권동진, 나아가 교주(敎主) 손병희까

○○○

김성수, 최두선, 송진우, 그리고 현상윤(왼쪽부터)

이들은 비슷한 연배로 서로 친분이 깊었다. 최두선은 최남선의 동생이다. (동아일보 소장)

지 끌어들이고자 했다. 그러나 처음에는 최남선과 손병희가 쉽게 움직이지 않았다.[1]

세 동지

사실 천도교 내부에서도 1918년 11월 무렵부터 독립운동을 모색하는 논의가 있었다. 권동진은 11월 중에 『오사카마이니치신문』에서 미국 대통령이 평화회의에 제창한 14개조 중에 민족자결 조항이 있다는 기사와, 이와 관련해 조선과 폴란드 등 식민지가 된 13개국 국민이 '동맹회의'(12월 뉴욕에서 열린 세계약소민족동맹회의로 추정)를 열고 결의한 것이 미국 상원 외교조사부에 회부됐다는 기사를 본다. 권동진은 심장이 빠르게 뛰는 것을 느꼈다.

12월 초, 그는 오세창의 집을 찾아가 민족자결 문제를 해결할 운동의 필요성을 논의했고, 마침 찾아온 최린도 그 뜻에 동조해서, 셋은 의기투합한다.[2] 이후 그들은 민심의 동향을 유심히 살피기 시작했다. 민심은 확실히 동요하고 있었다. 셋은 12월 말에 모여 조선의 자치를 청원하는 운동을 하기 위해 내년 봄 도쿄로 가기로 뜻을 모았다.[3]

그러나 이듬해 1월 여러 풍문이 도는 것을 보고 생각을 바꾼다. 풍문의 내용은 시베리아, 호놀룰루, 상하이 등 국외 거주 조선인들이 평화회의에 대표자를 보내 독립운동을 한다는 것과 미국 대통령이 조선 독립을 제창했다는 것이었다. 이미 국외에서 독립운동이 일어나고 있다면, 국내에서도 보조를 맞출 필요가 있었다. 권동진, 오세창, 최린은 자치운동을 포기하고, 독립운동을 함께할 동지들을 모으기로 결의한다.

"기독교에서도 독립운동을 모색하고 있답니다." 1919년 1월 말, 최린은 오세창과 함께 권동진을 찾아가 이렇게 말했다. "기독교 측은 목사와 장로만으로 1,600명에 달하는데, 그 가운데 400~500명은 동지가 될 수 있을 겁니다. 주동자는 이승훈(李昇薰)이라는 걸 최남선에게 들었습니다." 이미 기독교 진영에서 독립운동을 모색하고 있다면, 천도교 역시 뒤처질 수는 없었다. 하지만 이 일을 진행하기 위해서는 교주 손병희의 허락이 있어야만 했다. 권동진과 오세창은 동대문 밖 손병희의 사저를 찾아 신문지상의 기사들과 기독교 측의 움직임을 전한다. 이때 손병희는 자신도 한국인의 한 사람이기에 나랏일을 위해 일신을 희생하겠다고 말한다.[4]

결심의 계기

이러한 천도교 내부의 흐름에 대해, 최린은 경성지방법원의 진술에서 1월 28일 손병희가 권동진, 오세창, 그리고 자신을 만난 자리에서 처음으로 민족자결의 의사를 밝히고, 운동을 제안한 것처럼 말한다.[5]

그러나 최린은 훗날 자서전에서 이렇게 썼다. "나는 권동진, 오세창과 함께 사부 손의암 선생 사저인 동대문 밖 상춘원에서 자주 회합했다. 당시 파리강화회의의 결과로 세계지도의 색깔과 경계가 바뀌는 것과 국내 인심과 재외 동포의 동향에 대해 보고하면서, 장차 다가올 모든 정세에 대처할 방략을 논의했다. 그때 손의암 성사의 말씀은 이랬다. '장차 우리 눈앞에서 전개될 시국은 참으로 중대하다. 우리들이 이 천재일우의 기회를 무위무능하게 간과할 수 없다. 내 이미 정한 바 있으니, 제군은 십분 분발해서 대사를 그릇됨 없이 하라.'"[6]

즉, 적어도 1918년 11월 이후에는, 최린과 권동진, 그리고 오세창 세 사람이 여러 차례 만나 자치운동 또는 독립운동 방안을 논의했을 것이다. 손병희 역시 이들과 최소한 한두 차례 이상은 만나 자초지종을 들었을 것이다. 그리고 마침내 1월 28일, 손병희는 독립운동을 결행하기로 최종 결심한다.

이처럼 1918년 11월부터 시작된 천도교 내 독립운동 논의는, 1919년 1월 28일 손병희의 결심으로 본격적인 준비 단계에 들어간다. 그런데 처음에는 망설이던 손병희가 어떤 연유로 결심을 하게 됐을까? 그 계기는 위에서 본 기독교계의 독립운동 움직임, 그리고 도쿄 유학생 송계백의 서울 방문이었다.

서울에 전해진 유학생들의 움직임

앞에서 살펴본 것처럼 도쿄 유학생 가운데 임시위원으로 선정된 최팔용, 송계백, 백관수 등은 1월 7일 청년회관에서의 총회 이후 「독립선언서」와 「독립청원서」를 작성하는 작업에 들어간다. 문서들의 초안은 이광수가 작성했다고 하는데, 아마도 1월 10일 무렵 나왔을 것이다.

이들은 운동자금을 마련하기 위해 송계백을 서울로 파견한다. 송계백은 10일부터 15일 사이에 서울에 왔던 것으로 보이는데, 그는 우선 모교인 보성고보와 와세다대학의 선배 현상윤을 찾아간다. 현상윤은 1918년 5월부터 중앙학교 교사로 일하고 있었다.

"우리도 어찌 앉아서 보기만 할 수 있겠느냐"

현상윤에 따르면, 1월 상순에 송계백이 찾아와 「독립선언서」의 초고를 보여준다. 현상윤은 그것을 최남선에게 보이고 그에게 '국내의 선언서는 내가 짓겠다'는 대답을 듣는다. 그리고 다시 그것을 최린에게도 보이는데, 최린은 권동진, 오세창과 함께 손병희를 찾아가 손병희에게 다음과 같은 대답을 듣는다. "젊은이들이 저렇게 독립운동을 한다고 하는데, 우리도 어찌 앉아서 보기만 할 수 있겠느냐." 그리고 이튿날, 손병희, 권동진, 오세창, 최린, 정광조(鄭廣朝)가 참석한 최고간부회의가 열렸고, 마침내 천도교의 궐기가 결정된다.[7]

그런데 여기서 1월 상순이라는 시기는 다소 부정확한 것으로 보인다. 선언서 초고가 10일 무렵에야 완성될 수 있었을 것이고, 그렇다면 송계백은 빨라도 12일 무렵에나 서울에 올 수 있었을 것이다. 최린은 당시 상황을 이렇게 설명한다.

> 이때 마침 도쿄에 있는 우리 유학생 중에서 와세다대학을 중심으로 독립운동을 일으켜보자는 의견이 모여, 그들의 동지 중 하나인 송계백 군을 본국에 파견했다. 송 군은 내가 보성고보 교장으로 있던 때의 졸업생으로, 내가 특히 사랑하는 청년이다. 오랜 일이라 날짜와 시간은 정확히 알 수 없으나, 뜻밖에 그가 재동 68번지 내 집에 찾아왔

다. 그리고 시국에 대한 도쿄 유학생들의 동향과 결의 사항을 보고한 뒤, 자기 모자 속을 뜯어 명주 헝겊을 꺼냈는데, 받아보니 독립선언서였다. 나는 그 글을 읽으며 청년들의 불타는 애국심에 감격해 눈물을 금치 못했다. 송 군도 흥분한 기색이었다. 나는 그에게 말했다. "요즘 일본 경찰의 경계가 매우 심하다. 서울 안에 있다가는 잡힐 염려가 있다. 모든 일을 내게 일임하고 자네는 고향 본가에 내려가서 부모님 병환으로 귀성했다고 한 뒤 잠복해 있다가 상황을 보고 움직이는 게 어떤가?" 이에 송 군도 "그렇게 하겠습니다" 하고 답하며, 서로 눈물로 작별했다. 그 후 송 군의 소식을 전혀 알 수 없어 궁금하다.[8]

현상윤과 최린의 회고를 정리하면, 중앙학교의 송진우, 현상윤과 출판사 신문관의 최남선은 유학생들의 독립운동 준비에 자극을 받아 독립운동에 참여할 것을 결심했고, 최린, 권동진, 오세창, 손병희 역시 이에 자극받아 독립운동을 최종 결심했다고 할 수 있다.

송계백의 세 가지 임무

서울로 온 송계백에게는 세 가지 임무가 있었다. 첫째, 독립선언서를 인쇄할 한국어 활자를 구해가는 것이고, 둘째, 유학생들의 운동자금을 모금하는 것이며, 셋째, 서울에서 도쿄 유학생들과 동시에 궐기해줄 것을 호소하는 것이다. 그중에서 독립선언서를 인쇄할 활자를 구하는 일은 최남선이 경영하는 출판사인 신문관에서 마련해주어 쉽게 해결했다. 운동자금을 마련하는 문제도 메이지대학을 다니다 서울에 들어와 있던 정노식(鄭魯湜)이 집안의 토지를 팔아 마련해준 3,000원으로 해결했다.[9]

송계백이 현상윤을 만나러 간 것은 마지막 남은 세 번째 과제를 해결하기 위한 것이다. 그러나 서울에서의 봉기는 쉬운 일이 아니었다. 현상윤을 통해 천도교의 봉기를 유도하기는 했지만, 그 과정에서 상당한 시간이 소요됐다. 당시 천도교는 기독교와 연합을 도모하고 있었고, 기독교는 학생들과의 연합을 도모했다. 정황상 2월 8일까지 봉기를 일으키는 것은 무리였다.

이러한 이유로 현상윤은 송계백이 2월 초 일본으로 돌아갈 때 다음과 같이 부탁한다. "일본에서 유학생들이 하는 독립운동도 물론 좋다. 하지만 국내에서의 독립운동은 그 무엇보다 중요하다. 마침 여기서도 독립운동이 일어날 기미가 보이기 시작했는데, 유학생들이 운동을 서두르면 자칫 국내의 경계가 엄중해질 수 있다. 그러면 이곳에서 진행하는 운동에 방해가 되고 타격이 될지 모르니 유학생들의 운동은 서서히 진행하는 것이 어떠냐?"

그는 또한 도쿄에 돌아가 유학생들의 거사 날짜가 정해지면 쌀 거래를 하는 것처럼 암호로 꾸며서 연락해달라고 부탁한다. 이에 따라 도쿄에 돌아간 송계백은 "2·8에 판다"라고 알려왔다.[10] 2월 8일에 거사한다는 뜻이다. 그러자 2월 7일 정노식은 송계백에게 전보를 보낸다. "사정이 있다. 20일까지 기다리라."[11] 서울의 거사가 20일 이후에야 성사될 것으로 생각한 것이다. 하지만 도쿄 유학생들은 예정대로 2월 8일에 거사를 일으킨다. 서울에서는 거사 준비에 더욱 박차를 가해야만 했다.

구체화되는
계획

1921년 조선총독부 관방 서무부 조사과에서 펴낸 『조선의 독립사상과 운동』에 따르면, 1월 28일 이후 손병희, 권동진, 오세창, 최린 네 사람은 손병희의 집에서 여러 차례 회의를 갖고, 다음 네 가지 운동 방침을 정한다.

첫째, 독립선언서를 발표하고, 둘째, 독립을 간절히 바라는 전 조선의 시위 활동을 벌이고, 셋째, 일본 정부와 귀족원, 중의원, 그리고 조선총독부에 독립의견서를 제출하며, 넷째, 강화회의의 열국 위원들에게 독립의견서를 보내는 한편, 미국 대통령 윌슨에게 독립청원서를 보낸다.[12]

또한 최린은 1월 28일의 모임 이후 운동의 세 가지 원칙도 정한다. 바로 독립운동은 대중적이어야 하고, 또한 일원화해야 하며, 그 방법은 비폭력적이어야 한다는 것이다.[13]

민족대표를 구하다

2월 상순 무렵, 최린(41세)은 서울 재동의 자택에서 송진우(32세), 현상윤(26세), 최남선(29세)과 만나 천도교 측의 독립운동 방침에 대해 설명한다. 그들은 보다 구체적인 운동 방법을 논의한 뒤, 며칠 후 중앙학교 안에 있던 송진우의 숙소를 찾아 실행 방법을 결정한다. 독립을 선언하는 선언서와 의견서 및 청원서를 기초하고, 그 명의는 민족대표로 하며, 이때의 민족대표는 천도교, 기독교 및 당대 이름 있는 인사로 구성한다는 것 등이다.

이 자리에서 그들은 선언서와 의견서, 그리고 청원서의 기초는 최남선이 맡고, 이름 있는 인사들에 대한 접촉은 최린, 최남선, 송진우가 나누어 맡으며, 기독교 인사에 대한 접촉은 최남선이 맡기로 한다.[14]

현상윤에 따르면, 당시 독립선언에 서명할 사람은 천도교에서는 손병희, 기독교에서는 이상재(李商在)와 윤치호(尹致昊), 그리고 귀족 중에는 박영효(朴泳孝) 넷으로 정했다고 한다. 이상재, 윤치호와의 접촉은 최남선이, 박영효와의 접촉은 송진우가 맡았는데, 이상재, 윤치호, 박영효는 모두 서명을 거절한다. 이상재는 자신의 나이가 많다는 이유로, 박영효는 좀 더 관망하겠다는 이유로 거절했고, 윤치호 역시 헛된 일이라며 거절한다.[15] 손병희는 박영효를 직접 만나 재차 손병희, 박영효, 윤치호 세 사람 이름으로 일본 정부에 독립을 청원하자고 설득했으나, 다시 거절당한다.

손병희는 또한 송병준도 만나 조선의 자치 문제에 대해 의견을 나누었다고 한다.[16] 아마도 1월 초순 자치운동을 구상할 때였을 것이다. 『의암손병희선생전기』에 따르면, 손병희는 이완용과도 직접 만났으나 거절당했다고 한다.[17] 법정에서 손병희는 송병준을 만난 사실은 진술하지만, 이완용을 만난 사실은 말하지 않는다. 물론 그가 실제로 이완용을 만났는지는 확실치 않다. 이완용은 3·1운동이 발발한 뒤, 『매일신보』에 두 차례나 경고의 글을 실었다. 만일 손병희가 이완용에게 접근해 독립운동에 참여해줄 것을 요청했다면, 이완용은 바로 경찰 당국에 알렸을 것이다. 따라서 손병희가 이완용을 만났다는 기록은 신뢰하기 어렵다. 설사 만났다 하더라도 독립운동에 동참을 요청하기 위해서가 아니라, 시국에 대한 그의 생각을 떠보기 위해서였을 것이다.

박영효와 윤치호가 거절하자, 결국 이를 대신할 새로운 인물로 한규설(韓圭卨)과 윤용구(尹用求) 두 사람이 후보자로 꼽힌다. 한규설은 송진우가, 윤용구는 최남선이 맡아서 접촉했는데, 일단 한규설은

○○○

의암 손병희(좌)와 최린(우)

천도교 3대 교주 손병희(1861~1922년)와 지도자 최린(1878~1958년)은 주도적으로 3·1운동을 기획하고 이끌었다. 손병희는 투옥 생활 도중 병을 얻어 결국 사망했으나, 최린은 안타깝게도 훗날 조선총독부 중추원 참의를 지내는 등 변절하고 만다. (각각 국가보훈처, 한겨레 소장)

승낙했지만 윤용구가 거절한다. 게다가 윤용구가 거절했다는 말을 듣고 한규설도 승낙을 철회한다.[18] 최남선은 김윤식도 접촉하지만, 역시 거절당한다.[19]

결국 최린 등 네 사람은 중앙학교 안에 있던 송진우의 숙소에 다시 모여 대책을 논의한다. "형편이 이러니 민족대표를 다른 데서 구할 것 없이 손병희 선생을 선두로 하고, 우리 네 사람이 참가하는 걸로 합시다." 답답함을 느끼던 최린이 이렇게 제안했지만, 송진우만 찬성했을 뿐 최남선은 가업이 있다는 이유로, 현상윤은 자신들만으로는 운동의 대중화를 이끌 수 없다고 반대했다. 최린도 천도교의 힘만으로는 독립운동을 진행할 수 없다는 것을 깨달았다. 결국 네 사람은 일단 운동을 중지하기로 결정한다.[20]

현상윤, 기독교와의 합작을 제안하다

그러나 논의가 한참 진행되던 시점에서 일을 멈추는 것 역시 쉽지 않았다. 현상윤은 모처럼 천도교가 뜻을 하나로 모은 상황에서 독립운동을 중단한다는 것이 너무 아쉬웠다. 그는 4~5일 뒤인 2월 7일에 최남선의 집을 찾는다.

"운동을 중지하기로 한 것은 매우 유감입니다." 가만히 현상윤의 쓴소리를 듣던 최남선이 입을 열었다. "독립선언서만 작성해 대표자 서명을 그냥 '한족대표(韓族代表)'라고 쓰고, 신익희(申翼熙)를 시켜 상하이로 들고 가서 각국에 선포하는 건 어떻습니까?"

최남선의 말에 현상윤은 고개를 저었다. "그런 방법은 무의미합니다. 별로 힘을 발휘하지 못할 것입니다." 이 자리에서 현상윤은 차라리 천도교와 기독교를 연결하는 방안은 어떠냐고 제시한다. 이를 위해 평안북도 정주에 있는 오산학교의 교장 이승훈을 상경시켜 논의하자는 것이었다. 최남선은 좋은 방안이라며 흔쾌히 찬성한다.[21]

○○○

이승훈(좌)과 육당 최남선(우)

이승훈(1864~1930년)과 최남선(1890~1957년)은 천도교와 기독교의 합작을 통해 3·1운동을 성공시키는 데 크게 기여했다. 민족대표 33인 중 하나인 이승훈은 성공한 사업가이자 강명의숙과 오산학교 등을 세운 교육자였다. 최남선은 일제강점기에 이른바 '조선의 3대 천재'로 불릴 만큼 뛰어난 문학가로 「3·1독립선언서」을 작성하기도 했지만, 이후 변절의 길을 걷고 만다. (각각 독립기념관, 국가보훈처 소장)

이승훈은 평북 정주 출신으로 유기 공장을 경영했었던 성공한 사업가였다. 1907년에는 안창호를 만나 비밀결사인 신민회에 가담한다. 이후 평양에 자기(瓷器) 회사와 서점 태극서관을 설립하고, 정주에 오산학교를 세우는 등 애국계몽운동에 앞장섰다. 1911년 105인 사건과 관련해 징역 6년을 선고받고 복역하다가, 1915년 가출옥으로 풀려난다. 출옥 후에는 오산학교 교장을 다시 맡았으며, 평양신학교에 입학해 서북 지방의 기독교 지도자들을 만났다.

당시 그는 서북 지방 개신교계의 지도자로 떠오르고 있었다. 이 때문에 현상윤과 최남선은 기독교 측 대표자로 그를 지목한다. 게다가 이승훈은 최남선과도 친분이 있었다. 1909년 무렵 오산학교 교감으로 있을 때 평양의 대성학교에 간 적이 있는데, 이때 역사 강의를 위해 학교에 온 최남선과 만나 이후로 가깝게 지냈던 것이다.[22]

합작을 위해 이승훈이 상경하다

최남선과 만난 후 현상윤은 바로 수하동(지금의 청계천2가와 을지로2가 사이)에 있는 정노식(鄭魯湜)의 숙소를 찾았다.[23] 정노식은 1891년 전북 김제 출신으로 1912년 메이지대학에 입학해, 1918년에는 유학생학우회 평의원으로 조선 유학생을 이끌던 지도자 중 한 사람이었다. 1919년 당시 학업을 중단하고 서울에 들어와 있었는데, 현상윤은 그에게 대강의 취지를 설명한 뒤, 같은 숙소에 있던 김도태(金道泰)에게 정주로 가서 이승훈을 서울로 오도록 전해달라고 부탁한다.

평북 정주 출신의 김도태는 1910년 오산학교 졸업 후 삼악학교와 만주 신흥무관학교의 교사로 있었다. 1913년 귀국한 뒤, 1916년 일본에 건너갔고 도쿄의 세이소쿠영어학교에 입학한다. 졸업 후에는 황해도 재령의 명신중학교에서 지리와 역사를 가르치는 교사로 일하고 있었다. 김도태는 다음 날인 8일 아침에 서울을 출발해 이승훈이 있는 정주로 갔으나, 이승훈은 마침 평안북도 선천에 가고 없었다. 이에 김도태는 이승훈의 집에 있던 박현환(朴賢煥)에게 정노식이 부탁한 사항을 말하고 11일 서울로 돌아온다.[24]

이승훈은 연락을 받고 바로 출발해, 12일 아침 서울에 도착했다. 당시 이승훈은 오산학교가 겪고 있던 재정 문제와 관련해 최남선에게 도움을 받을 수 있지 않을까 기대했던 것으로 보인다. 그런데 최남선은 경찰의 이목을 의식해 이승훈을 직접 만나는 것은 피하고, 송진우에게 대신 만나줄 것을 부탁한다. 이때 현상윤의 회고에 따르면, 송진우와 이승훈은 종로구 계동 김성수의 집 별채에서 만난다.[25] 그러나 이승훈의 경찰 진술에 따르면, 김사용(金思容)의 집에서 만났다고 한다.[26] 사실은 김사용의 집이 김성수의 숙소였다.

아무튼 그렇게 만난 둘은 그동안 있었던 일의 자초지종을 털어놓고, 천도교의 동향을 설명하면서 기독교도 독립운동 준비에 합세해줄 것을 요청한다. 이때 이승훈은 선우혁이라는 이름을 꺼낸다. 앞서 2장에서 잠시 살펴본 것처럼, 상하이 신한청년당의 선우혁은 재정 지원 요청과 국내의 적극적인 운동 독려라는 목적을 가지고 평안도 지방으로 잠입한 상태였다. 이승훈은 선우혁 등의 영향으로 평안도 지방 기독교인들도 이미 독립운동에 참여할 뜻을 보이고 있다는 사실을 밝힌다.[27]

선우혁의 활약

여기서 잠깐 당시 서북 지방 기독교인들의 움직임을 살펴보자. 이를 위해서는 앞서 언급한 신한청년당 선우혁의 활약을 중점적으로 살펴볼 필요가 있다. 선우혁은 평안북도 정주군 서면 출신으로, 1910년 데라우치 총독 암살 미수 사건, 이른바 105인 사건에 관련된 인물이다.

그는 1919년 2월 초, 평안북도 선천에 와서 목사 양전백을 만나는데, 양전백 역시 105인 사건의 관련자였다. 선우혁은 2월 6~7일 무렵 선천에 와서 양전백의 집에서 하루 머물렀다. 사실 이들은 예전부터 아는 사이였다. 1910년 이전에 선우혁은 선천의 신성중학교 교사로 근무했는데, 그때 양전백의 아들이 그 학교 학생이었던 것이다. 이후 선우혁은 105인 사건으로 옥고를 치른 뒤, 상하이로 가서 과자를 제조, 판매하는 해송양행에 다니고 있었다. 선우혁은 양전백을 만난 자리에서 민족자결주의와 강화회의는 물론, 김규식을 강화회의에 대표로 파견했다는 것도 밝힌다.[28] 선우혁은 양전백을 만나 구체적으로 어떻게 이야기했을까?

미국 특사의 메시지를 국내에 전하다

선우혁은 양전백을 만나 이렇게 말한다. "미국 대통령 윌슨이 민족자결주의를 제창해서, 이제 그 소리가 유럽 각 민족 사이에 일어나 세계적인 풍조가 되고 있습니다. 이 기회에 우리 민족도 독립운동을 기도하면 반드시 목적을 달성할 수 있을 것입니다. 이미 재미동포는 이승만과 정한경, 송(宋) 3명을 대표자로 파리에 파견했고, 상하이의 동포들도 대표자 파견을 협의하고 있습니다. 마침 미국 대통령이 이번 강화회의에서 민족자결주의를 실현시키기 위해 2명을 뽑아, 1명은 유럽에, 다른 1명은 동양에 파견했습니다. 그중 1명이 바로 올해 1월(작년 11월의 착오인 듯-인용자) 하순 상하이에서 환영회를 치렀는데, 우리가 만나서 독립운동에 관한 의견을 구했습니다."

"그가 무슨 얘기를 했습니까?" 양전백의 물음에 선우혁이 다시

○○○

선우혁(1882~?년)

평안북도 정주 출신으로 1910년 105인 사건에 연루되어 고문을 당한 뒤, 상하이로 망명했다. 1918년 신한청년당에 가담했고, 평안도로 들어가 만세운동을 종용했다. 임시정부 초대 교통차장과 임시의정원 의원 등을 역임했고, 상하이 한인거류민단을 조직하고 인성학교 교장을 역임하는 등 교육 사업에 힘썼다. 사진은 1930년대 인성학교 교장 시절의 모습이다. (독립기념관 소장)

답했다. "그는 '독립운동을 할 때 조선인이 일본의 치하에 있는 것에 불복한다는 의사를 세계에 표명하지 않으면 안 된다'고 말했습니다. 그 후 상하이에서는 동지들의 협의 끝에, 당시 톈진에 있던 김규식을 불러와 파리강화회의에 파견하기로 결정했습니다. 이제 조선 안에서도 독립의 목소리를 크게 내는 것이 필요합니다. 파리에 파견된 대표자들에게도 운동자금을 모집해 후원할 필요가 있고요. 절호의 기회입니다. 이번 거사에 온 힘을 다해야 합니다."

이야기를 다 들은 양전백은 곧바로 찬성의 뜻을 나타내고, 이 일에 온 힘을 다할 것을 맹세한다.

"이 소식이 오기만 기다렸소"

양전백을 만난 뒤, 선우혁은 자기 고향인 정주로 가서 성공한 사업가이자 교육자, 그리고 기독교 장로이기도 한 이승훈을 만난다. 그는 선우혁이 만나려 한 가장 중요한 인물로, 선우혁의 고향 선배이자 105인 사건으로 같이 옥고를 치른 동지이기도 했다. 선우혁은 이승훈에게 양전백에게 말했던 것과 같은 내용을 털어놓는다. 특히 그가 강조한 것은 조선인들이 일본 정부의 통치에 불복한다는 것을 세계에 보여주는 큰 시위운동이 필요하다는 점이었다. 또한 상하이에서 김규식을 파리강화회의에 대표로 파견했는데, 여비로 5,000원 정도를 가지고 떠났지만 향후 총 10만 원 정도의 경비가 들 것이 예상되므로 국내에서 모금운동을 지원해줄 것도 부탁한다.[29]

"그러면 그렇지. 언제나 신문을 들여다보면서 이 소식이 오기만 기다렸소. 이제야 민족의 살길이 생겼구려." 이승훈은 선우혁의 말을 듣고 몹시 기뻐하면서, 마침 오산학교 교사들의 봉급을 주기 위해 자신의 친형이 전답 25마지기를 팔아 마련해둔 돈 5,000원을 선뜻 그에게 내준다. 그리고 당시 한국 기독교의 중심지였던 평양으로 가서, 길선주(吉善宙) 목사와 그의 동료들을 만나볼 것을 권유했다.[30]

이후 선우혁은 평양으로 가서 장대현교회의 목사 길선주를 만났다. 길선주는 1907년 이후 교회 부흥운동의 주역으로 전국적으로 이름이 알려진 인물이었다. 그의 장남은 105인 사건으로 옥고를 치렀는데, 결국 고문 후유증으로 1917년에 세상을 떠났다.

길선주는 선우혁으로부터 상황 설명을 듣고, 교회 부목사로 있던 변인서를 소개한다. 그 역시 105인 사건 관련자로, 평양에 있던 105인 사건 관련자들을 한자리에 불러 모은다. 서문밖교회의 김선두(金善斗) 목사, 산정현교회의 강규찬(姜奎燦) 목사, 장대현교회의 이덕환(李德煥) 장로와 윤원삼(尹愿三) 장로, 산정현교회의 김동원(金東元) 장로, 도인권(都寅權), 김성택(金聖澤) 목사 등이었다. 이들은 모두 선우혁의 말을 듣고 적극 공감을 표하면서, 운동자금의 모금에도 힘을 쓰기로 한다.[31]

이승훈에 따르면, 2월 11일 그는 최남선의 연락을 받고 서울에 급히 올라가던 길에 선천의 백시찬 집에서 선우혁을 잠시 만났다고 한다. 당시 그 자리에는 이명룡(李明龍) 장로, 유여대(劉如大) 목사, 홍성익(洪成益) 장로, 양전백 목사, 백시찬(白時瓚) 장로 등이 있었다.[32] 이들 가운데 이명룡 장로와 유여대 목사는 민족대표 33인에 참여했고, 다른 사람들 역시 3월 1일 선천에서의 만세 시위를 주도하게 된다. 이승훈, 양전백, 이명룡은 "우리는 105인 사건 때 한 차례씩 죽었다가 살아나온 목숨이므로, 그때 죽은 셈치고 다시 나라를 위해 일하자"라고 서로 맹세했다고 한다.[33]

국내에서의 임무를 모두 마친 선우혁은 잠시 서울에 들렀다가 상하이로 돌아간다. 선우혁이 돌아간 뒤, 평양 기독교서원 총무 안세환(安世桓), 김동원 장로, 이덕환 장로, 도인권 등은 우선 평양에서 독립을 선언하는 시위를 벌여 한인들이 독립을 희망한다는 것을 내외에 알리기로 한다. 그리고 숭실전문학교, 숭실중학교, 숭덕고등보통학교, 숭의여학교, 숭현여학교 등 평양의 기독교계 학교의 교사와 학생들을 총동원해 독립 시위를 전개하기로 한다. 그들은 평양에서 시위가 시작된다면, 곧 선천, 정주, 의주, 강계 등으로 확산될 것이라 전망했다.[34] 준비가 진행되는 가운데, 이승훈은 서울로 올라가 송진우, 현상윤과 만난다.

천도교와 기독교의 합작 논의

서울에 올라온 이승훈은 송진우와 어떤 이야기를 나누었을까. 이승훈에 따르면, 먼저 송진우가 이렇게 말했다고 한다. “일본에 있는 조선 유학생들이 이번에 독립을 외치며 소요하고 있습니다. 우리들 또한 독립을 선언하기로 했는데, 천도교, 기독교, 불교, 유교는 물론, 구한국 대관들도 함께하기로 했습니다. 평양에 있는 기독교 교회도 꼭 함께했으면 좋겠습니다.” 송진우가 평안도의 기독교 측 인사들에게 이러한 뜻을 전하고 설득해달라고 부탁하자, 이승훈은 고개를 끄덕이며 대답했다. “독립운동이라면 본래부터 찬성입니다. 내가 향리에 돌아가 서울과 함께할 수 있도록 하겠습니다.”[35]

이승훈,
합작을 위해 애쓰다

2월 12일 밤, 이승훈은 당일 야간열차를 타고 선천으로 가서 김용률의 집에 묵는다. 그리고 다음 날인 13일, 마침 양전백 목사의 집에서 열린 교인들의 성경 공부 모임인 사경회를 찾아가 장로교파의 양전백, 김병조(金秉祚), 유여대 목사와, 이명룡 장로를 만났다. 이 자리에서 이승훈은 서울에서 송진우로부터 들은 제안, 즉 천도교와 합작해 독립운동을 전개하는 문제를 털어놓는다.

그 자리에 모인 네 사람은 모두 흔쾌히 찬성의 뜻을 밝히며, 독립선언서를 발표함과 동시에 여론을 환기하기 위해 노력하겠다고 답한다. 이 자리에서 양전백, 김병조, 이명룡, 유여대는 독립선언서에 대표자로 서명하는 것을 승낙하고 필요할 때 쓰라고 인장까지 이승훈에게 맡겼다. 의주의 유여대 목사와 정주의 김병조 목사는 교회 사정으로 일단 의주와 정주로 각각 돌아갔지만, 이승훈은 가능하면 지방 동지들도 서울에서 동지들과 함께 독립운동을 전개하자고 권유한다. 이에 따라 이명룡은 15일, 양전백은 28일에 서울로 올라온다.[36]

13일 밤, 이승훈은 야간열차를 타고 평양으로 향했다. 밤늦게 평양에 도착한 그는 황금정의 한 운송업자의 집에서 잠을 잔 뒤, 다음 날 아침 복통 치료를 구실로 기홀병원에 입원한다. 그리고 15일 손정도(孫貞道) 목사가 병원에 찾아오자 서울에서 송진우에게 들은 일들을 말한다. 손정도도 역시 크게 기뻐하며 계획에 찬성했으나, 자신은 조만간 중국으로 떠날 예정이어서 참여하기는 어렵겠다고 답했다. 그는 이화학당의 교수 김란사(金蘭史)와 함께 중국에 건너가 의찬왕 이강(李堈)의 망명을 도울 계획을 가지고 있었다.[37] 16일, 손정도는 평양에서 가장 큰 교회인 장대현교회 길선주 목사, 남산현교회 신홍식(申洪植) 목사와 함께 다시 병원을 찾는다. 이승훈은 이들에게도 독립선언에 참가할 의향을 묻고, 동의를 받는다. 길선주는 당시 거의 실명 상태여서 평양 기독교서원의 총무 안세환과 함께 왔는데, 그는 뒤에 길선주의 안내로 이 운동에 참여할 결심을 하고 서울로 올라온다. 이승훈은 병원에 입원한 지 이틀 만인 16일 밤 다시 야간열차를 타고 신홍식 목사와 함께 서울로 향했다.[38]

다시 서울로 올라온 이승훈은 한필상의 소개로 소격동 김승희의 집에 짐을 풀었다. 여관이나 지인 집에 묵지 않은 것은 보안 유지 때문이었다. 서울에 도착한 17일 오후, 그는 사람을 시켜 송진우를 만나게 한다. 그를 직접 만나지 않은 것 역시 자신이 경찰의 감시를 받고 있다는 점을 의식했기 때문이다.[39]

송진우는 그동안 최남선이 한규설, 윤용구, 김윤식 등을 접촉했으나 모두 거절했다고 전한다. 하지만 천도교와 기독교가 힘을 합치면 운동이 성공할 수 있을 거라고 말했다. 이튿날인 18일에는 송진우가 직접 찾아와 같은 내용의 말을 하고 돌아갔고, 19일에는 최남선이 찾아온다. 최남선은 이승훈에게 한규설, 윤용구, 김윤식은 한때 참여 의사를 밝혔으나, 이내 거절로 돌아섰다고 말했다. 그리고 그 역시 천도교와 기독교가 함께 독립운동을 하는 것이 좋겠다고 말하고 돌아간다.[40]

이승훈은 천도교 측과 본격적으로 접촉하기 전에 기독교 측의 의사를 모을 필요가 있다고 생각한 것 같다. 평안도 지방 장로교계 인사들의 의사는 모았지만, 아직 서울의 감리교계나 장로교계의 인사들과는 접촉하지 못한 상태였기 때문이다.

기독교, 단독 독립청원으로 기울다

이튿날인 2월 20일, 평북 철산 출신인 이명룡 장로가 이승훈의 숙소를 찾아왔다. "오늘 밤에 감리교 측 사람들이 회합해 독립운동을 협의하기로 했습니다. 여기에 참석해주십시오."

이승훈은 그날 밤 8시에 모임 장소인 협성학교 사무실로 갔다. 그곳에는 감리교의 박희도(朴熙道) YMCA 총무, 오화영 목사(서울), 정춘수(鄭春洙) 목사(원산), 신홍식(申洪植) 목사(평양), 오기선(吳基善) 목사(인천)가 모여 있었다. 이날 밤 감리교 측 모임에서는 천도교와의 합작 문제보다는 기독교 단독의 독립운동을 어떻게 할 것인지가 주로 논의됐다. 운동의 방법으로 독립선언은 거의 제기되지 않은 채

독립청원을 중심으로 논의가 진행됐고, 결국 일본 정부에 독립청원서를 제출하는 쪽으로 결론이 난다.

다음은 청원 사실을 어떻게 널리 알릴 것인지 하는 문제였다. 여러 이야기가 나왔지만, 결국 청원을 했다는 포고문을 만들어 대중에게 배포하자는 쪽으로 의견이 모였다.[41] 서울을 비롯해 각지에서 청원서에 서명할 이들을 어떻게 모을지도 중요한 안건이었다.[42]

이를 위해 오화영은 개성과 춘천, 정춘수는 원산, 그 밖의 사람들은 서울에서 서명 인원을 모으기로 했다. 정춘수는 21일 원산으로 가서 원산교회 장로 이가순(李可順)과 원산교회 전도사 곽명리(郭明里)의 허락을 받아왔고, 오화영은 22일 개성으로 가서 북부교회 전도사 김지환(金智煥)의 허락을 얻어왔다.

독립청원서와 일반에게 고지할 포고문, 조선 총독에게 보내는 통고문을 기초하는 작업은 박희도와 오화영 두 사람이 맡기로 한다. 여전히 천도교와의 합작에 미련을 갖고 있었던 이승훈이 합작 문제를 제의했지만, 박희도는 교리가 서로 다르고 그동안 교류가 거의 없었기 때문에 행동을 하나로 원활하게 모으기 어렵다며 부정적인 뜻을 비춘다. 정춘수도 동학농민운동을 들어 천도교의 위험성을 지적하며 반대한다. 결국 기독교 단독 운동으로 뜻이 기울어진 것이다.[43] 한편 이날 밤 모임에서는 각지로 사람을 보내 찬성자를 모으기 위해서는 약 3,000원의 비용이 필요할 것이라 보고, 이를 위해 각지의 교회에서 모금을 하기로 의견을 모은다.[44]

○○○

함태영(1873~1964년)

독립운동가, 정치인, 종교인, 법조인. 1895년 법관양성소에 입학해 수석 졸업했으며, 1910년까지 법관 생활을 했다. 이후 기독교에 귀의, 민족대표 33인에는 참여하지 않았지만, 3·1운동 준비과정을 주도해 징역 3년을 선고받았다. (한국학중앙연구원 소장)

같은 날 밤, 앞선 모임과는 별도로 남대문통에서는 장로교 장로 함태영(咸台永)의 집에 세브란스병원 제약 주임 이갑성, 평양 기독교서원 총무 안세환, 장로교 조사(助事) 오상근(吳尙根), 감리교 목사 현순(玄楯) 등이 모임을 갖고, 독립운동의 방법을 논의했다.[45] 아마도 이승훈의 요청으로 이 모임이 열린 것 같다.

이날 모임에 대해 이갑성은 이렇게 진술했다.[46] "조선이 독립할 가망이 있으니 독립운동을 하자는 말이 나왔다. 나는 서울 학생들의 동태에 대해서 말했고, 안세환은 평양의 길선주 목사와 선천의 양전백 목사도 이 일에 찬성하고 있다고 했다. 그리고 독립선언을 할지, 독립청원을 할지 논의한 결과, 청원으로 하는 게 좋겠다는 쪽으로 의견을 모았다."

다음 날인 21일 오전, 이승훈은 동지를 규합하기 위해 장로교 장로인 함태영의 집을 찾았다. 함태영은 전날 밤에 있었던 장로교 모임을 이야기했고, 이승훈 역시 전날 밤의 감리교 모임에 대해 설명했다. 둘은 향후에는 두 모임을 하나로 통합하기로 한다.[47] 이때까지의 상황은 천도교와 기독교가 합작으로 '독립선언'을 하는 것이 아니라, 기독교 단독으로 '독립청원'을 하는 쪽으로 기울어 있었다.

마침내 성사된 합작

그런데 21일 오후, 최남선이 이승훈을 찾아온다. 그는 전날 밤 두 모임의 이야기를 듣고 깜짝 놀라, 천도교와의 합작을 위해 최린을 급히 만날 것을 제안했다. 이승훈은 최남선의 안내로 바로 최린을 만나러 갔다. 오후 3시 무렵 최린의 집에서 만난 두 사람은 서로 인사를 나눈 뒤 바로 합작 문제를 이야기한다.

“천도교에서는 독립선언서를 발표하기로 했고, 이미 선언서 문안도 나와 있습니다. 이 일은 기독교와 함께하고 싶은데, 기독교 측의 의견은 어떻습니까?” 최린의 물음에 이승훈은 이렇게 답했다. “어젯밤 박희도의 집에서 이 일에 대해 협의했는데, 합작을 하자는 데는 이르지 못했습니다.”

이승훈이 전하는 기독교 진영의 대체적인 분위기는 단독 청원 운동이었다. 최린은 크게 당황했다. "이 일은 민족 전체와 관련된 일이므로 따로따로 일을 진행해서는 절대 안 됩니다."

이승훈은 최린의 말에 공감하고 있었기에, 다시 한번 설득해보겠다고 약속했다. 이때 이승훈은 이 운동을 위해 3,000원의 자금이 필요하고, 상하이로 사람을 파견하기 위해서도 2,000원의 비용이 필요한데, 천도교에서 빌려줄 수 있는지 묻는다. 최린은 혼자서 결정하기 어려우니 손병희와 상의해보겠다고 답했다. 두 사람은 천도교과 기독교 사이의 합작을 위해 노력하자는 데 합의한다.[48]

다시 한번 합작이 논의되다

당일인 2월 21일 밤, 세브란스병원 내 이갑성의 숙소에서 장로교와 감리교 양측의 인사들이 다수 모였다. 참석자는 장로교 쪽의 이승훈, 함태영, 이갑성, 안세환, 김세환(金世煥), 김필수(金弼秀), 오상근과 감리교 쪽의 박희도, 오화영, 신홍식, 오기선 등이었다. 회의 주제는 독립운동의 방법과 천도교와의 합작 문제였다. 독립운동의 방법으로는 전날 밤 회의에서 논의된 대로 일본 정부에 독립을 요구하는 청원서를 가능하면 많은 이의 이름을 연서해 제출하도록 하고,

청원서 초안은 이승훈과 함태영 두 사람에게 일임하기로 했다.

천도교와의 합작 문제는 전날 밤 회의에서처럼 반대의 목소리도 나왔지만, 이갑성, 함태영, 안세환 등이 종파를 초월해 거족적인 독립운동을 일으켜야 한다고 주장하여 힘을 얻었다. 마침내 독립운동의 방법에서 큰 차이가 없다면 천도교와 합작할 수 있다는 데 합의하고, 교섭위원으로는 이승훈과 함태영을 지목했다.[49]

다음은 상하이로 사람을 파견하는 문제였다. 바로 이때, 현순이 거론된다. 그는 역관 자제 출신으로 구식, 신식 교육을 모두 받은 인물이었다. 일본 도쿄에서 유학해 과학과 수학을 공부한 뒤, 1903년 하와이로 가서 목사가 됐다. 그곳에서 목회 활동을 하며 한국 청년들에게 영어를 가르치다가, 1907년에는 서울로 돌아와 배재학당에서 교사로 일하는 등 교육과 종교 활동에 전념하고 있었다. 영어를 잘하기 때문에 국내의 독립운동을 해외에 널리 알리고, 파리강화회의의 소식을 국내로 알리는 역할을 맡는 데는 최적의 인물이었다.

현순은 천도교의 지원으로 자금이 마련되면서, 2월 23일 상하이로 떠났다. 이때 현순은 이갑성과 연락 방법을 논의하다 상하이의 수신인을 영국인 제약회사인 '브로웰컴컴퍼니(Braws Welcome Company)'로, 서울의 수신인을 이갑성이 제약 주임으로 있는 세브란스병원의 병원장 에이비슨(Oliver R. Avison) 박사로 하기로 정한다. 세브란스병원이 그 제약회사와 다년간 거래를 해왔기 때문이다.[50]

그 밖에 청원서에 서명할 동지들을 구하기 위해 신홍식을 평양,

이갑성을 대구·부산·마산에, 김세환을 수원·이천·공주에, 세브란스의학전문학교 학생 김병수(金炳洙)를 전주·군산에 파견해 독립청원에 서명할 이들의 이름과 날인을 받아오기로 결정한다.[51]

천도교, 기독교에 운동자금을 지원하다

이튿날인 22일, 이승훈은 최린의 집에 가서 전날 밤 있었던 논의 결과를 전했다. 최린은 운동자금은 5,000원까지 지원할 수 있다고 답한 뒤, 운동 방식은 독립선언을 중심으로 삼고 미국 대통령과 일본 정부에 독립청원서를 낼 계획임을 설명한다. 다만 독립선언과 관련한 최린의 입장은 단호했다. "만일 독립선언은 하지 않고 독립청원만 하자고 한다면, 합작은 굳이 할 필요가 없을 것 같습니다."[52]

이승훈은 다시 기독교 인사들을 설득해보겠다고 답하고 돌아간다. 서너 시간 뒤, 이번에는 최린이 이승훈을 찾아와 5,000원을 건네주고 돌아갔다.[53] 자금과 관련해 최린은 훗날 이렇게 진술했다. "손병희에게 자금 요청 건을 물었고, 승낙을 받았다. 다음 날 천도교 금융관장 노헌용(盧憲容)이 현금 5,000원을 내게 가지고 왔고, 당일로 이승훈의 숙소가 있는 소격동에 가서 돈을 건넸다."[54] 이승훈은 5,000원 중에서 2,000원을 박희도에게 건네고, 3,000원은 경성피혁회사의 사무원 유명근(柳明根)에 맡겨둔 채 보관증을 받아 박희도에게 건넸다. 박희도는 당일 밤, 다음 날 상하이로 출발할 현순에게 2,000원을 건네고, 24일에는 유명근에게 2,000원의 현금을 받아 일본 정부에 독립청원서를 내러 도쿄에 갈 안세환과, 청원서에 서명할 이들을 구하기 위해 전국 각지로 떠날 이들에게 건넨다.[55] 5,000원의 지출은 거의 전적으로 박희도에게 맡겨진 셈이다.

최린이 돈을 전해준 다음 날인 2월 23일 밤, 기독교 인사들은 함태영의 집에 모였다가 비밀 논의를 하기에 편한 이갑성의 집으로 옮긴다. 그의 집은 바로 옆에 있었다. 모인 이들은 지방에 내려가서 참석하지 못한 이갑성을 제외한, 이승훈, 함태영, 박희도, 오화영, 신홍식, 안세환, 현순, 오기선 등이었다.[56] 이들은 천도교 측이 제안한 독립선언 방식에 대해 집중 토론했고, 마침내 천도교의 제안을 받아들이기로 결정한다.[57] 그러나 오기선 목사는 독립선언이라는 방식에 끝까지 반대했고, 결국 민족대표에 참여하지 않게 된다.[58]

합작이 성사되고 거사일이 정해지다

이튿날인 24일, 이승훈은 함태영과 함께 최린의 집으로 갔다.

"기독교 진영도 독립선언과 독립청원을 함께하는 방식을 받아들이기로 했소." 이승훈의 말에 화색이 된 최린은 그와 함께 향후 독립운동 계획에 대해 구체적인 협의를 하고, 이후에는 함태영이 직접 최린과 교섭하도록 했다.[59] 이날 최린은 「독립선언서」 초안을 이승훈과 함태영에게 보여주었고, 둘은 그 문안에 만족했다.[60]

이로써 천도교와 기독교는 독립운동을 위한 합작에 완전히 합의한다. 이후 최린과 함태영은 24일부터 27일까지 최린의 집에서 계속 만나면서 운동 방법을 논의하는데,[61] 아래는 양측의 주요 합의 사항이다.

1. 독립운동은 독립선언과 일본 정부에 독립의견서(뒤에 제출 시에 임규가 '통고서'라 이름 붙여 제출함) 제출, 미국 대통령에게 독립청원서 제출, 강화회의에 의견서 제출 등으로 진행한다.
2. 독립선언은 국장 때문에 수십만 민중이 서울에 모이는 국장 전전일인 3월 1일 오후 2시로 정하고, 같은 날짜와 시간에 경성부 파고다공원에서 선언서를 낭독한다.
3. 「독립선언서」를 비밀리에 다수 인쇄해, 이를 서울에서는 독립선언 당일 군중에게 배부해 만세를 부르고, 또 각 지방에 나누어 보낸다. 이때 서울에서의 독립선언 일시 및 선언서 배부 절차를 전달해 각 지방에서도 서울을 따르게 한다.
4. 선언서와 기타 서류를 기초하는 것과 선언서를 인쇄하는 일은 천

도교에서, 선언서의 배부 및 운송은 천도교, 기독교 양측에서 각각 담당한다.

5. 일본 정부, 일본 귀족원과 중의원에 대한 서면 제출은 천도교에서, 미국 대통령과 열국 강화회의 위원에 대한 서면 제출은 기독교에서 각각 담당한다.
6. 조선의 민족대표로서 각 서명에 연명할 자는 천도교에서 15인, 기독교에서 16인을 선정하기로 한다. 독립운동에 대해 참가를 요구하고 있는 불교도도 이 연명에 가입시키기로 한다.[62]

독립선언의 장소를 파고다공원으로 정한 것은 2월 26~27일 무렵이지만,[63] 그 구체적인 방법은 28일 밤의 모임에서 정하기로 한다.[64] 날짜를 3월 1일로 정한 것과, 장소를 파고다공원으로 정한 이유에 대해 최린은 이렇게 진술한다. "일시와 장소에 대해서는 무슨 다른 이유가 있는 것은 아니다. 일시는 가급적 빨리 발표하지 않으면 발각된 우려가 있었고, 또 이태왕(李太王: 고종)의 국장 전에 발표하는 것이 좋을 것이라고 해서 3월 1일을 택했다. 장소는 파고다공원이 중앙에 있고, 국장 때문에 시골 사람들도 다수가 올 것이므로 많은 사람에게 알리는 데 좋을 것으로 생각해서 골랐다."

처음에는 날짜를 3월 2일로 하자는 말도 나왔다. 하지만 그날은 일요일이어서 기독교 측이 꺼렸다. 2월 28일은 너무 촉박했고, 국장 예행 연습도 있었다. 결국 거사일은 3월 1일로 정해진다.[65]

서울의 학생들

1919년 3월 1일 오후 2시 무렵, 파고다공원에는 200여 명의 학생이 하나둘 모여들었다. 그 자리에는 사전 약속과 달리 민족대표들이 나타나지 않았지만, 학생들은 흔들리지 않고 별도로 독립선언식을 가졌다. 이날 파고다공원에 모인 학생들은 주로 서울의 전문학교와 중등학교(고등보통학교 및 각종 학교) 학생들이었다. 이들은 어떻게 알고 그 자리에 모였던 걸까?

학생 대표들이 모여 처음으로 논의를 시작한 것은 1919년 1월 말이었다. 1월 23~24일 무렵 중앙기독교청년회(YMCA) 간사 박희도는 평소 알고 지내던 연희전문학교 학생 김원벽(金元璧)을 만나 기독교청년회의 회원 모집 방안을 협의했다. 가급적 유능한 청년 인재와 중학 이상의 학교 재학생을 모집해 기독교 청년의 단결력을 높이

자는 데 의견을 모으고, 이를 위해 경성의 각 전문학교 졸업생과 재학생 중에서 신망 있는 인물을 뽑아 회원 모집을 의뢰하기로 했다.[66]

독립운동을 개시할 절호의 시기

1월 27일, 박희도는 경성부 관수동의 중국요리집 대관원(大觀園)으로 9명을 초대한다. 보성전문학교의 주익(朱翼, 일명 주익원)과 강기덕(康基德), 연희전문의 윤화정(尹和鼎)과 김원벽, 경성전수학교의 윤자영(尹滋瑛), 세브란스의전의 이용설(李容卨), 경성공전의 주종의(朱鍾宜)와 이공후(李公厚), 경성의전의 김형기(金炯璣) 등이다. 박희도는 이들에게 기독교청년회 회원 모집에 앞장서줄 것을 부탁한다.

그런데 공식적인 연회가 끝난 뒤, 주익이 입을 열었다. "전쟁의 결과 세계는 새로 조직되어 지도의 색에도 변동이 있을 겁니다. 신문보도에 따르면 종래에는 속국이었던 나라가 독립하거나, 다른 국가의 영토 안에 있던 민족이 새로 독립 국가를 조직하는 일이 여럿 있을 것이라 합니다. 우리 조선에 대해서도 강화회의에서 다룰 기미가 있다는데, 이때 우리 동포가 일제히 궐기해 운동을 개시하면 혹시 성공할지도 모릅니다. 지금이 운동을 개시할 절호의 시기입니다. 여러분의 생각은 어떠십니까?"

학생단을 이끌었던 강기덕, 김원벽, 한위건(왼쪽부터)

3·1운동으로 인한 수감생활을 마친 뒤, 강기덕(1886~?년)은 신간회 회원으로 독립운동을 계속했으나, 김원벽(1894~1928년)은 옥고의 후유증으로 일찍 사망했다. 한위건(1896~1937년)은 1919년 4월 상하이로 건너가 임시정부에 참여했으며, 이후 조선공산당, 중국공산당 당원으로 활동했다. (앞의 사진 2장은 국가보훈처 소장)

마치 처음부터 이 이야기를 하기 위해 모인 사람들처럼, 박희도를 비롯한 일동은 모두 그의 말에 찬성했다. "동경에 있는 우리 유학생들도 이미 독립운동을 기획하고 선언서 발표를 꾀하고 있습니다. 조선에 있는 우리 청년 학생도 선언서를 발표해 일반 여론을 환기시켜 세계의 동정에 호소해야 합니다."

그러나 연희전문의 김원벽만은 생각이 조금 달랐다. "독립에는 찬성입니다만, 지금으로서는 시기상조가 아니겠습니까? 냉정하게 생각할 때, 조선의 현실은 독립을 얻는다 해도 완전한 국가로서의 체면을 유지하기 어렵습니다. 일주일만 생각할 시간을 주십시오."

학생 사회에서 김원벽의 영향력은 컸다. 대관원에 모였던 다른 학생들이 김원벽을 만나 설득하기도 했지만, 그는 일단 선천으로 내려가 평소 알고 지내던 미국 북장로교 선교사이자 신성학교의 교장인 맥큔(George Shannon McCune: 한국명 윤산온)을 만나 이 문제에 대한 의견을 구한다. 맥큔은 신중하게 그의 이야기를 듣더니 이렇게 답했다. "조선은 아직 독립할 자격이 없지만, 모든 일이란 실행하지 않으면 불가능하네. 그저 고려만 하고 있어서는 무슨 일이고 성취되는 법은 없네."

김원벽은 이를 긍정의 뜻으로 받아들였다. 그리고 서울로 돌아와 2월 3~4일 무렵 동참 의사를 밝혔다.[67] 이에 김원벽, 강기덕, 김성득(金性得), 주익, 김형기 등은 서로 왕래하면서 학생들만의 독립운동을 실행하기로 의견을 모으고, 주익이 선언서 초안을 만드는 등 계획을 진척시킨다.[68] 강기덕의 회고에 따르면, 학생들은 대관원에서 모두 6~7회 정도의 회합을 가졌다.[69]

박희도,
학생단과 교섭하다

그런데 경성지방법원의 예심종결 결정서의 내용은 조금 다르다. 법원은 박희도와 이갑성이 이미 1월 하순부터 독립운동을 염두에 두고 학생들을 규합하려 했으며, 그 일환으로 1월 26일 모임을 가졌다고 본 것이다. 실제로 박희도가 김원벽과 함께 여러 학교 학생들을 만나기로 계획한 것은 단순히 기독교 청년의 단결만을 위한 것은 아니었던 것 같다. 박희도의 진술에 따르면, 그는 이미 1월 상순에 파리강화회의에서 윌슨이 민족자결을 제창하고 있다는 기사를 『매일신보』에서 읽었고, 한국인도 그 흐름에 동참해야 한다는 생각을 갖고 있었다. 민족자결의 원칙이 제1차 세계대전 패전국의 지배 아래 있던 민족에만 적용되는 문제가 아니라, 한국 역시 그 대상에 포함될 수도 있다고 여긴 것이다. 그는 『오사카아사히신문』에 실린 「약소민족의 요구」라는 기사를 읽고, 조선도 강화회의에서 민족자결을 승인받을 수도 있다고 여겼다고 진술한다.[70]

1월 6~7일 무렵에는 도쿄의 유학생 웅변대회에서 독립선언 또는 독립청원이 논의됐다는 소식이 국내에 은밀히 전해졌다. 박희도는 국내의 호응이 필요하다고 보고, 조직화를 위한 학생 대표들의 포섭에 나섰다. 이때 박희도를 적극 도운 인물이 바로 경신학교와 세브란스의전을 졸업하고 세브란스병원 제약실에서 주임으로 근무하던 이갑성이다. 그는 2월 12일과 14일 두 차례에 걸쳐 세브란스병원 내 예배당에서 열린 음악회를 구실로 학생들을 초대해 세브란스의전 내 사택에서 모임을 가지는데, 이때 이갑성의 집에 온 학생들이 김원벽과 김형기, 한위건(韓偉健), 윤자영(尹滋瑛), 김문진(金文

珍), 배동석(裵東奭) 등이다. 이날 이들은 해외의 독립운동 정세를 논의했다.[71]

박희도는 이후 강기덕, 김원벽과 독립운동 계획을 구체적으로 세워 나간다. 또한 강기덕은 각 학교 대표를 선발하는 작업에 나서, 경성전수학교의 전성득(全性得)과 윤자영, 경성의전의 김형기와 한위건, 세브란스의전의 김문진과 이용설, 경성공전의 김대우(金大羽), 보성전문의 강기덕과 한창환(韓昌桓), 연희전문의 김원벽 등을 선발한다. 그리고 2월 20일 무렵, 대표자 모임을 종로 승동예배당에서 개최한다. 그 자리에서 전성득, 김형기, 김문진, 김대우, 강기덕, 김원벽은 제1진으로서 각 학교를 대표해 독립운동에 나서기로 했으며, 이용설, 한위건, 윤자영, 한창환은 제1진이 체포될 경우 후사를 처리하거나, 다른 임무에 종사하는 제2진의 임무를 맡는다는 데 합의한다.[72]

천도교, 기독교, 학생단이 하나로 힘을 모으다

"학생단도 저희 천도교와 기독교의 연합에 합류하는 것이 어떻습니까?" 기독교와 천도교의 합작 논의를 지켜보던 박희도는 마침내 논의가 무르익자, 2월 22일 김원벽을 만나 자신들의 운동에 학생단도 합류할 것을 제안한다.

당시 학생단은 따로 독립운동을 전개할 계획을 세우고 있었고, 주익에게 부탁해 이미 20일 무렵에는 선언서 초안도 만들어둔 상태였다.[73] 제안을 받은 김원벽은 강기덕, 한위건과 만나 합류 문제를 논의했다. 세 사람은 학생단을 이끄는 실질적인 대표였다. 이들은 24일 천도교와 기독교의 연합이 확실히 성사되자, 학생단도 합류하기로 결정하고 박희도에게 바로 통고한다.[74] 그리고 운동의 일원화 방침에 따라 학생단이 만든 선언서를 폐기한다.

25일, 학생 대표들은 정동예배당의 이필주(李弼柱) 목사 사택에 모여 연합에 동의하자는 제안을 승인하고,[75] 향후 운동 방법을 구체적으로 논의하기 시작했다. 3월 1일에는 가급적 중등학교 학생을 참가시켜 주도케 하고, 다음에는 각 전문학교 대표자가 주도해 독립운동을 하되, 그 일시는 3월 1일의 상황에 따라 결정한다는 것에 합의한다.[76]

26일, 다시 같은 장소에 모인 각 전문학교의 대표자들은 제2회 시위 때 학생을 격려해 규합할 것과 제1~2회 시위 때 체포를 피한 이들은 뜻을 굽히지 말고 더욱 독립운동에 나서 최후의 목적을 완수할 것을 다짐한다.[77] 김원벽은 학생단의 의견을 다음 네 가지로 집약해 박희도에게 전달했다.

첫째, 학생 측은 선언서를 발표하지 않는다. 둘째, 3월 1일 선언 때 중등학교 학생들을 최대한 동원한다. 셋째, 그 뒤의 운동에 대해서는 학생 측에게 맡긴다. 넷째, 3월 1일의 운동에 전문학교 학생들

은 가급적 앞에 나서지 않도록 주의한다.[78]

합작이 결정된 이후 학생단의 대표자들은 거사를 위한 모의를 거듭하면서 각자 중등학교 학생들을 포섭하기 시작한다. "우리 조선도 국제연맹에서 주창되는 민족자결주의에 따라 독립할 수 있을 것이다. 지식계급자 사이에서 기획이 진행 중이다. 운동의 성패는 학생들의 결속에 달려 있다. 기회가 오면 통보할 테니, 각자 대표자가 되어 자기 학교의 학생들에게 독립사상을 고취해 대비하라." 이들은 각자 자기 학교 학생들에게 기회가 있을 때마다 접촉해 독립운동이 일어나는 그날에 적극적으로 참여할 것을 설득했다.[79]

그리고 마침내 2월 28일 밤 8시 무렵에 강기덕은 각 전문학교 대표들을 인사동의 승동예배당으로 소집한다. 세브란스의전의 김성국(金成國)이 강기덕을 대신해 전문학교 대표들에게 이렇게 말했다. "3월 1일 오후 2시를 기해 민족대표들이 파고다공원에서 독립선언을 할 것입니다. 우리 학생들은 그 뒤를 이어 제2회의 독립운동을 할 터이니 유의하십시오. 선언서는 중등학교 학생들을 통해 배포할 예정이며, 전문학교 학생들에게는 배포하지 않겠습니다."

밤 10시, 강기덕은 이번엔 중등학교 대표들을 정동예배당의 이필주 목사 사택에 소집시킨다. 그는 김백평(金栢枰) 등 중등학교 대표 10여 명에게 3월 1일을 손병희 등 민족대표가 독립선언을 하는 동시에 선언서를 발표하며 시위운동에 나설 것이니, 각자 학생들을 단단히 결속해 운동에 참가하도록 당부했다. 아울러 각 학교별로 독

립선언서를 100~300장씩 나누어주면서 서울 시내의 배포 장소도 지정해준다.[80]

그가 가지고 온 「독립선언서」 1,500장은 이갑성으로부터 전해 받은 것이다. 이 자리에서 강기덕은 꼭 3월 1일 오후 2시를 기해 선언서를 배부해달라고 당부했다. 선언서를 미리 배포했다가 사전에 발각되면 계획이 모두 어긋나므로, 발각되지 않도록 주의하라고 당부한 것이다.[81] 그러나 누군가가 28일 밤에 북촌의 한국인 민가에 선언서를 배포했다. 경찰은 28일 밤 서울에서 한국 독립에 관한 선언서를 발견했고, 3월 1일 아침에는 고종의 죽음이 독살에 의한 것이며, 이번 파리평화회의야말로 한국의 독립을 위한 절호의 기회라는 점을 언급한 '국민대회' 명의의 격문 2종류가 한국인 주택가와 동대문, 남대문 및 숙명여학교 문 앞에 붙어 있음을 발견하고 수사에 들어간다.[82]

민족대표 33인, 죽기를 각오하다

그러면 천도교와 기독교, 그리고 불교 측 인사로 구성된 33인의 민족대표는 어떻게 선정됐을까?

이갑성에 따르면, 천도교와 기독교 측은 처음에는 천도교 11인, 기독교 12인, 불교 2인으로 인원을 정했다고 한다.[83] 하지만 24일 양측의 합작 합의가 이루어진 이후인 26일에 다시 인원 선정에 들어간다. 그 인원이 천도교 15인, 기독교 16인이었던 것을 보면, 25일 무렵이면 이미 '33인'이라는 민족대표의 수가 정해진 것 같다. 여기서는 천도교, 기독교, 불교, 각 진영의 민족대표 선정이 어떤 과정으로 이루어졌는지 살펴보자.

천도교의 민족대표

먼저 천도교 측의 사정을 살펴보자. 천도교의 민족대표 김완규(金完圭)에 따르면, 2월 27일 낮에 재동에 있는 김상규(金相奎)의 집에 권동진, 오세창, 최린, 권병덕(權秉悳), 나인협(羅仁協), 박준승(朴準承), 홍병기(洪秉箕), 양한묵(梁漢默), 이종훈(李鍾勳), 홍기조(洪基兆), 김완규(金完圭), 나용환(羅龍煥), 임예환(林禮煥) 등 13인이 모인다. 이종일이 「독립선언서」 인쇄 업무로 오지 못했을 뿐, 손병희를 제외한 천도교 측 서명자 전원이 모였다. 이들이 한자리에 모인 것은 일본 정부와 조선총독부에 낼 의견서에 날인하고, 「독립선언서」에 올릴 명단을 최종 확인하기 위해서였다.[84]

이들은 어떤 과정을 거쳐서 서명자로 참여하게 된 걸까? 손병희는 이렇게 말했다. "내가 직접 권유한 사람은 없다. 그러나 기독교 측에서 15명의 대표자를 선정한다는 소식을 듣고, 권동진, 오세창, 최린에게 천도교 측에서도 대표를 선정할 수 있겠느냐고 물었다. 그들이 할 수 있다고 하므로, 이런 일은 진심으로 찬성하지 않는 사람은 동지로 삼을 수 없으니, 그런 취지로 동지를 모집하라고 지시했다. 그 뒤 15명의 동지가 있다고 보고받아, 나인협, 임예환, 박준승, 홍기조, 나용환에게 어떤 생각으로 나라를 세우는 운동에 참가했느냐고 물었다. 그들은 권유를 받아서 가입한 것이 아니라 본심으로 찬성해 가입했다고 답했다."[85] 여기서 거론되는 나인협(47세)과 임예환(54세)은 평양, 박준승(54세)은 임실, 홍기조(54세)는 평남 용강, 나용환(56세)은 서울에 거주하는 천도교 도사(道師)다.

그런데 오세창이나 권동진이 말하는 상황은 조금씩 다르다. 오세창은 천도교 내부에서는 자신과 권동진이 주로 서명자를 포섭할 책임을 맡고 있었는데, 2월 22일 마침 천도교 내 기도회가 끝나자, 손병희가 지방에서 올라온 도사 5명을 불러 독립운동 이야기를 꺼냈고 모두가 참여하게 됐다고 한다.[86] 권동진은 2월 22일부터 25일 사이, 자신의 집과 천도교당에서 양한묵, 나용환, 나인협, 임예환 등을 만나 서명자로 참여할 것을 권유해 승낙을 받았다고 한다. 아마도 손병희가 이들을 만나기 전, 권동진이 사전 설득을 한 것으로 보인다.

그 밖의 서명자인 김완규, 이종훈, 권병덕, 이종일, 박준승, 홍기조, 홍병기는 오세창이나 손병희의 권유로 참여했을 것이라고 권동진은 밝힌다.[87] 오세창에 따르면 김완규와 양한묵은 자신이 권유해 들어가게 됐고, 나인협과 이종훈, 홍기조 등에게도 권유했는데, 그들은 이미 사전에 이 일을 알고 참여를 결정한 상태였다고 한다.[88] 권병덕은 "2월 21일 무렵 동대문 밖 손병희의 집에서 동인이 이번에 조선독립선언을 하므로, 가맹하라고 해서 가입했다"라고 진술한다.[89] 결국 천도교 측 서명자들은 손병희, 권동진, 오세창 세 사람의 권유로 참여했다고 정리할 수 있다.

서울에서 민족대표에 참여한 천도교 관계자들의 지위를 살펴보면, 교주 손병희(58세), 보성고보 교장 최린(41세), 도사 권동진(58세), 오세창(55세), 권병덕(52세), 『천도교월보』 과장 이종일(61세), 신도 김완규(43세), 도사 나용환(56세), 장로 이종훈(63세)과 홍병기(50세) 등이다. 이처럼 천도교는 비교적 수월하게 민족대표 15인의 명단을 확정한다. 손병희가 가진 권위와 천도교의 일사불란한 조직력 덕분이었다.

기독교, 민족대표를 모으기 위해 애쓰다

반면 기독교는 천도교만큼 일사불란한 조직이 아니었다. 장로교와 감리교의 교파가 달랐고, 또 각 교파 내부에서 천도교의 손병희처럼 독보적으로 권위 있는 인물이 있는 것도 아니었다.

2월 21일, 이갑성의 집에서 모였을 때 이승훈은 자신이 최린에게 운동자금 지원을 요청했으며, 천도교가 이를 지원해줄 가능성이 높다고 말했다. 이에 참석자들은 현순을 상하이에 파견해 파리강화회의의 소식을 국내로 전하는 역할을 맡기기로 한다. 또한 국내 각지에 사람을 보내 청원서에 서명할 사람도 구하기로 하고, 평양에는 신홍식, 대구, 부산, 마산에는 이갑성, 전주에는 김병수를 파견하기로 한다.

이에 따라 이갑성은 2월 22일 저녁 기차 편으로 서울을 출발해 다음 날 아침 부산에 도착한다. 당시 부산에는 장로교회가 없었기에 다시 마산으로 가서 장로교회의 장로 이상유(李相有)와 마산 모 학교의 교사 임학찬(任學瓚)을 만났다.

"일본 정부 및 총독부에 법에 어긋나지 않도록 온화한 문장으로 조선 독립을 청원하는 문서를 만들어 제출하려 합니다. 대표자가 필요하니 참여를 부탁드립니다." 이갑성이 조심스레 말을 꺼냈지만, 이상유와 임학찬은 매우 두려워하며 제안을 거절했다. 이갑성은 이상유의 집에서 하룻밤 묵은 뒤, 다음 날 오후 2시 무렵 대구로 이만집(李萬集) 목사를 찾아갔다. 그러나 그 역시 두려워하면서 아무 대답도 하지 않았다. 이갑성은 이어서 기독교회 장로 이상백(李相伯)과 교사 백남주(白南珠)도 만나지만, 그들 역시 참여를 거절한다.

이갑성은 성과를 내지 못해 의기소침했으나, 마침 그날 밤 8시 기독교 소학교에 와달라는 부탁을 받는다. 그곳에는 이상유, 이만집, 백남주, 그리고 그 외 장로 김 모와 이름을 알 수 없는 28세 정도의 남자가 있어 함께 이야기를 나누고 이런 대답을 듣는다. "온화한 문장으로 청원해서 법에 접촉되지 않는다면 괜찮겠지만…. 좀 더 생각해보겠습니다."

이들은 무엇이 두려워 청원서에 이름을 올리는 걸 거절했을까? 당시 민족대표로서 청원서나 선언서에 이름을 올린다는 것은 내란

죄로 처벌될 가능성이 있는 위험한 일로, 쉽게 결심할 수 있는 사안이 아니었다. 뒤에서 다시 살펴보겠지만, 「독립선언서」에 이름을 올린 민족대표들은 내부적으로 사형이나 중형을 받을 것까지 감수하고 있었다. 그러나 이때 민족대표 명단에 오르는 것을 거절한 이들도 다수가 3·1운동 과정에 누구보다 열심히 참여한다. 임학찬은 3월 3일 무학산 만세운동에 관여했고, 4월 2일에는 김해 만세운동을 주도하다 체포된다. 이만집 역시 3월 8일 대구 서문 장날의 만세운동을 주도하다 체포되어 3년의 옥고를 치른다.

아무튼 이때 이갑성은 한 사람의 대표도 얻지 못한 채, 25일 오전 대구역에서 기차를 타고 서울로 올라왔다. 그리고 그날 오후 서울에서, 기독교 측도 독립청원뿐 아니라 독립선언까지 참여하기로 결정했다는 말을 듣는다.[90] 사실 그 결정은 23일 밤에 정해졌지만, 당시 그는 서울에 없어서 뒤늦게 알게 된 것이다.

서울로 올라온 이갑성은 그날 오후, 이승훈과 함태영에게 아무런 성과를 거두지 못했다고 보고한다. 두 사람은 서울 이남의 기독교 대표가 한 사람도 없는 것은 문제라고 생각했다. "번거롭겠지만, 다시 한번 대구로 가서 재고해보겠다고 말한 이들에게 확답을 받아와주게."

그러나 이갑성은 다시 서울을 떠날 수 없는 상황이었다. 대신 25일 밤에서 26일 오전 사이, 세브란스의전 학생 배동석을 마산에, 김문진을 대구에, 김병수를 군산에, 김성국을 원산에 보내 27일까지

도장을 받아오라고 지시한다. 마산과 대구, 그리고 군산에서는 서명을 받는 데 또다시 실패했고, 원산에서는 몇 사람의 도장을 받는 데 성공하지만, 어디까지나 '독립선언'이 아닌 '독립청원'에 동의한다는 것이었다. 이갑성은 이를 전달받아 이승훈에게 보고하고 함태영에게 서류를 건네준다.[91] 그러나 이는 별 쓸모가 없는 것이었다.

한편 신홍식은 자신이 목회 활동을 하던 평양으로 가서 대표자를 모집하기로 했다. 신홍식은 먼저 내려가 자신을 돕겠다고 나선 안세환을 기다리고 있었는데, 25일 밤 평양에 내려온 그가 3월 1일 오후 2시의 독립선언 일정을 전하면서 추가로 사람을 모집할 필요가 없어졌다고 해 따로 모집 활동은 하지 않았다.[92]

민족대표의 수를 확정하다

그런데 그 사이에 상황이 또 달라졌다. 25일 밤으로 추정되는 시각, 최린과 함태영은 「독립선언서」와 「독립청원서」에 서명할 인사의 숫자를 천도교 15인, 기독교 16인, 불교 2인으로 확정했다. 이제 27일 밤 「독립선언서」 인쇄와 청원서 날인을 위해서는 늦어도 27일 낮까지는 명단을 확정해야 했다.

2월 26일 정오. 기독교계 인사들이 「독립선언서」와 「독립청원서」에 서명할 민족대표를 정하기 위해 한강 인도교 옆 흑석동 입구의 한 일본인 음식점에 모인다. 야유회 모임처럼 꾸민 것이다. 이날 모인 사람은 장로교 장로 이승훈(55세), 함태영(47세), YMCA 간사 박희도(30세), 남감리교 목사 오화영(39세), 북감리교 목사 최성모(崔聖模, 45세), 이필주(50세), 평양 기독교서원 총무 안세환(32세), 세브란스의전 이갑성(33세) 등 8명이었다.

이 중에서 안세환은 일본 정부에 가서 청원서를 제출하기로 하고 서명자 명단에서는 빠지기로 한다. 이갑성도 아직 나이도 젊고 노모와 처자를 돌봐야 할 처지라 제외하는 대신, 상하이에 파견된 현순과 연락할 책임을 맡기로 한다. 함태영 역시 선언서 발표 이후 서명자들이 모두 체포되는 경우를 대비해 명단에서 빠지는 대신, 남아서 서명자 가족들을 돌보고 제2의 독립운동을 준비하는 책임을 맡기로 한다. 나머지 5명은 모두 '민족대표'로 서명하기로 한다.

2월 16일 밤 이승훈이 상경할 때, 서명 약속을 하고 인장을 전한 장로교 목사 양전백, 길선주, 김병조, 유여대, 장로교 장로 이명룡 등 5명과, 박희도가 인장을 받아온 북감리교 목사 신홍식 등 6명, 합하여 11명이 1차로 선정된다. 그러나 5명이 아직 부족해서 다음 날 낮 정동예배당의 이필주 목사 사택에 모여 추가 인원을 선정하기로 한다.[93]

2월 27일 정오, 이필주 목사 사택에서 민족대표 5인의 추가 선정을 위한 회의가 열렸다. 이날 저녁에는 「독립선언서」가 인쇄될 예정이어서 시간이 촉박했다. 이때 이갑성이 입을 열었다. "그렇다면 제 이름을 넣어주십시오."

이미 이 운동에 깊숙이 관여한 그로서는 명단에서 빠진다고 해도 체포되면 중형을 면치 못할 것으로 여겼기 때문이다. 법률가 함태영은 26일 회의에서 민족대표가 내란죄를 적용받아, 사형이나 중형에 처해질 가능성이 높다고 말했다. 이 때문에 이미 일부 서명자의 경우에는 가족들의 임시 부양비를 지급하기로 합의됐을 정도였다. 27일 회의에서는 이갑성 외에도 감리교 서울수표교회 목사 신석구(申錫九, 44세), 감리교 중앙교회 전도사 김창준(金昌俊, 30세), 기독신보사 총무 박동완(朴東完, 34세), 감리교 원산교회 목사 정춘수(46세)가 서명자로 추천됐고, 모두 받아들여져 기독교 측 16인의 명단이 확정된다.

그런데 명단에 오른 사람 중에서 정춘수는 사실 박희도가 본인의 승낙도 없이 추천한 것으로, 인장도 받아오지 못해 27일 청원서에 날인하지 못한다. 28일 밤, 정춘수는 서울에서 보내온 선언서에 자기 이름이 올라 있는 것에 놀라고 의아해했으나, 곧 체념하고 이튿날인 3월 1일 오후 늦게 서울에 올라가 3월 6일 경무총감부에 자진 출두해 수감된다.

그 밖에 개성남부교회 전도사 김지환도 추가 서명자로 예정되어 있었지만, 3월 1일 중국 안둥(安東: 지금의 단둥)에 가서 파리평화회의에 보낼 「독립의견서」와 윌슨 대통령에게 보낼 「독립청원서」, 그리고 대표자들의 서명을 날인한 문서를 상하이의 현순에게 우편으로 보내야 했기 때문에 빠진다. 그를 대신해서는 YMCA 간사 박동완이 서명했다.[94] 김창준은 26일 밤 박희도에게 독립운동 이야기를 처음 들었는데, 27일 정오에 이필주 목사의 집에서 이갑성, 박희도, 박동완, 이승훈, 최성모, 함태영 등을 만나 서명에 참여할 뜻을 밝힌다.[95] 최연소자인 김창준은 결혼한 지 1년, 딸을 낳은 지 1달밖에 안 되는 상황이어서, 다른 이들이 말렸으나 본인이 극구 넣어달라고 해서 들어갔다고 한다. 이날 모임에서는 함태영이 최린에게 「독립선언서」와 「독립청원서」의 원고를 받아와서 서로 돌려보기도 했다.[96]

한용운, 민족대표 명단에 불교의 자리를 마련하다

그런데 불교 측 민족대표 2인은 어떻게 들어가게 된 걸까? 한용운(韓龍雲)은 강원도 양양군 신흥사의 승려로 1907년 무렵 불교를 공부하기 위해 도쿄에 가서 소토슈대학에 들어갔다가, 학비가 모자라 반년 만에 돌아온 일이 있었다. 이때 그는 도쿄에서 최린과 만나 귀국 이후에도 계속 교제한다. 한용운은 최남선과도 오래 알고 지낸 사이였는데, 훗날 세 사람이 가는 길이 달라진 것을 생각하면 아이러니한 일이다.

○○○

한용운(1879~1944년)

독립운동가이자 『님의 침묵』으로 잘 알려진 시인이다. 3·1운동에 주도적으로 참여해 민족대표 명단에 불교의 자리를 마련했고, 당시 명망 있는 승려로 서울에 와 있던 백용성 선사를 설득해 함께 서명했다. (국사편찬위원회 소장)

한용운은 1918년 『매일신보』나 『오사카마이니치신문』에서 제1차 세계대전이 끝난 후 몇몇 약소민족이 독립하게 된 것을 알게 됐고, 강화회의에서 '민족자결주의'가 제창되고 있다는 것도 알게 됐다. 자연스럽게 조선도 이 기회에 독립할 수 있지 않을까 하는 생각을 품게 된다. 민족자결의 원칙이 전 세계에 동일하게 적용되어야 한다고 생각한 것이다.

이후 경성지방법원 예심에서 판사는 한용운에게 이렇게 물었다. “민족자결이란 세계대전의 결과 주권을 잃었던 나라의 민족이나, 직접 전란의 싸움터가 됐던 국내 일부 민족에 관한 문제다. 조선 같은 곳은 그 범위 밖에 있다는 것을 알고 있는가?”

한용운은 이렇게 대답했다. “민족자결의 원칙이 따로 구역을 정한 것이라 생각하지 않는다. 전 세계 모든 병합된 나라에 관한 문제라고 본다. 조선 역시 독립운동을 하면 독립을 허용받을 수 있을 것이라 생각했다.”

한용운의 신문조서를 통해 불교계가 독립선언에 참여하게 된 과정을 한번 재구성해보자. 그의 진술에 따르면, 한용운은 평소 최린의 집을 자주 찾았고, 1월 27~28일 무렵에도 그의 집에서 전쟁과 강화회의, 그리고 민족자결에 관해 이야기한다. “이번 기회에 조선도 독립할 수 있다면 좋겠군. 한두 사람이 할 수 있는 일은 아니야. 많은 사람이 동참해야 하는 일이지. 지금 조선에서는 천도교가 가장 큰 단체인데, 어떤 생각을 하고 있나?”

한용운의 물음에 최린은 이렇게 답한다. “물론 천도교에서도 그런 생각을 갖고 있네.” 이 말을 들은 한용운은 웃으면서 당연히 자신도 힘을 보태겠다고 말하고 헤어진다.[97]

약 한 달 뒤인 2월 20일 무렵, 이번에는 최린이 한용운의 집을 찾았다. “천도교는 독립운동을 벌이기로 했네. 그 일은 단계적으로 진행하려 하네. 「독립선언서」를 만들어 발표하고, 강화회의는 물론 미국 대통령에게 조선의 독립을 승인해달라고 요청하는 전보를 보낼 참이야. 일본 정부와 조선총독부에도 조선의 독립을 승인해달라는 서면을 제출할 생각이고."

최린의 말에 한용운은 연신 고개를 끄덕이며 대답했다. "좋네. 문서 작성은 자네 쪽에서 알아서 해주게."

그 후 2월 24일 한용운은 다시 최린의 집에 들렀다. 이때 최린은 "기독교 측과 합동해 운동하기로 했다"라면서, "「독립선언서」와 각지에 보낼 문서들도 완성되어, 미국 대통령과 강화회의에 보낼 문서는 현순이 가지고 상하이로 갔다"라고 전한다. 최린은 한용운에게 「독립선언서」와 일본 정부에 보낼 「독립청원서」도 보여준다. "「독립선언서」는 이를 다수 인쇄할 예정이네."[98] 이에 한용운은 27일 경남 해인사의 명망 있는 승려로서 당시 서울에 거주하던 백용성(白龍城, 55세)을 찾아가 천도교와 기독교의 움직임을 설명하고 서명자로 참여할 것을 권유한다. 백용성도 찬성해, 한용운은 이를 최린에게 통고한다.[99] 두 사람의 나이 차이는 15세로 백용성은 이미 불교계의 원로였기에 대표로 내세우기 적절한 인물이었다.

민족대표 33인,
명단에 날인하다

독립선언서를 인쇄한 이종일에 따르면, 33인의 명단을 넣은 선언서 활판을 최남선이 인쇄소인 보성사로 전달한 것은 27일 오후의 일이다. 그런데 그 이후에도 명단에는 상당한 변화가 있었다. 경성지방법원 예심에서 함태영은 이렇게 답한다. "2월 27일에 이종일이 담당해 보성사에서 「독립선언서」를 인쇄할 때, 처음에는 대표자 중에 김인전(金仁全), 김지환, 안세환이 들어 있었지만, 두 번째에는 위 3인을 빼고, 김창준, 백용성, 신석구, 최성모를 넣었소. 그러다 세 번째에 박동완, 김병조를 넣어서 결국 33인이 됐소."

판사가 "그 변경 사항에 대해 이필주의 집에서 회합했을 때 결정했는가?"라고 묻자, 함태영은 이렇게 답한다. "그렇소. 변경이 있을 때마다 최린에게 통고했소."[100]

그런데 판사는 명단의 변경 사실을 어떻게 알았을까. 경찰이 보성사를 압수수색했을 때 「독립선언서」의 지형 3개를 찾았고, 지형마다 서명자가 다르다는 것을 확인한 것이다. 판사가 "「독립선언서」 지판에 따르면 최초에는 김지환, 안세환, 김인전이 민족대표 명단에 들어 있었는데 어떻게 된 건가?"라고 묻자, 함태영은 이렇게 답한다. "김지환, 김인전 두 사람은 우리들이 대표자 이름에 넣기로 했으나 동인이 회합에 올 수 없어 뺐고, 안세환은 도쿄로 가게 되어서 뺐소." 전주의 장로교 목사인 김인전을 전라도 대표로 넣고자 했으나 그와 미처 교섭을 하지 못해 넣지 못한 것으로 보인다.[101]

천도교 측 서명자들은 27일 낮 김상규의 집에 모두 모여 일본 정부와 중의원, 총독부에 보낼 의견서와 미국과 파리강화회의에 보낼 청원서에 날인했다. 기독교 측 서명자들은 27일 오후에야 서명자 명단이 확정되는데, 이 때문에 27일 밤 함태영은 정춘수를 제외한 15인의 인장을 가지고 최린의 집에 가서 날인한다. 불교 측 한용운 역시 27일 자신과 백용성의 인장을 가지고 최린의 집에 와서 날인했다.[102] 서명이 날인된 문서 가운데, 일본 정부와 중의원에 보내는 문서는 28일 임규가 도쿄로 가지고 가고, 미국과 파리강화회의에 보내는 문서는 3월 1일 김지환이 중국 안둥으로 가지고 가게 된다.

4장

독립선언서, 독립과 자주를 세계에 선포하다

독립선언서의 집필자

“세계 전쟁도 끝나고 열국은 모두 평화를 제창하고 있네. 일본도 그 주의에 찬성하고 있으니, 조선에서도 민족자결의 의사를 발표하는 것이 어떤가?”

앞에서 살펴본 것처럼 1월 28일, 천도교 교주 손병희는 최린, 권동진, 오세창 세 사람을 불러 이렇게 물었다. 세 사람이 모두 찬성 의사를 밝히자, 손병희는 구체적인 방법을 연구하도록 지시한다. 이에 세 사람은 며칠 동안 논의를 거듭한 끝에 다음과 같은 방법을 내놓는다.

첫째, 각 방면의 인사들로부터 동의를 얻을 것, 둘째, 독립선언서를 발표할 것, 셋째, 일본 정부에 독립의견서를 보낼 것, 넷째, 미국 대통령의 동정을 얻기 위한 청원서를 보낼 것, 다섯째, 강화회의의 열국 대표자에게 독립 의견서를 보낼 것 등이다.[1]

최남선,
독립선언서 집필에 나서다

그런 상황에서 1월 31일 무렵, 최남선이 최린의 집을 방문한다. 이때 최린은 최남선에게 독립운동의 계획을 설명하고 의견을 구했다. 두 사람은 나이 차이가 12세나 나지만, 1904년 황실 유학생으로 일본에 함께 유학을 다녀왔기 때문에 매우 가까운 사이였다. 최남선은 크게 반기며, 선언서와 청원서는 자신이 기초해보겠다고 제안한다. 뛰어난 문재(文才)로 유명한 그가 나서주는 것은 더할 나위 없이 기쁜 일이었다. 최린은 선언서와 청원서의 취지에 대해 설명했고, 최남선은 곧바로 선언서 초안의 집필에 들어간다.

선언서의 내용과 관련해서는 손병희가 최린, 권동진, 오세창 등과의 모임에서 집필 방향과 관련해 이렇게 말한 바 있다. "그 문서는 누가 쓰든지 감정에 흐르지 말고 온건하게 쓰지 않으면 안 되네. 동양 평화를 위해 조선의 독립이 옳다는 뜻으로 독립선언서를 써서 발표하도록 하세."[2]

그렇다면 「독립선언서」는 구체적으로 어떤 과정을 거쳐 완성됐을까? 최남선은 복심법원 공판정에서 다음과 같이 진술한다.

판사 독립선언서에는 대체로 위에 상의한 내용(민족자결주의에 기초해 조선을 독립시킨다는 내용 -인용자)을 쓰기로 하고, 글의 첫머리에는 조선이 독립했다고 쓰고, 이어서 독립을 계획함에 있어서 조선인의 노력을 요한다는 취지를 담기로 했는가?

최남선 선언서의 내용에 대해 상세한 이야기가 없었고, 극히 온당하게 감정에 흐르지 않도록 써달라는 것뿐이었다. 선언서의 취지는 지금 말한 것과 같은 내용을 포함시켜달라는 말이 있었다.

판사 그렇다면 독립선언서의 취지는 대체로 최린과 상의해 그대가 쓴 것인가?

최남선 그렇다. 다소간 나 자신의 의견도 가미해 초안을 잡았다.[3]

최남선은 집필 과정에서 최린과 여러 차례 협의해,[4] 2월 10일 무렵 「독립선언서」 초안을 완성한다. 최린에게 보여준 것은 15일 무렵이었는데, 최린은 이를 손병희, 권동진, 오세창에게 보이고 동의를 얻는다. 최린은 경성지방법원 예심에서 "선언서의 대체적인 취지는 손병희, 권동진, 오세창, 그리고 나 네 사람이 협의해 결정했다"라고 밝혔는데,[5] 이처럼 독립선언서의 내용은 3·1운동을 준비하던 이들의 의견이 종합적으로 반영된 것을 알 수 있다.

독립선언서와 최린

「독립선언서」와 최린의 관계는 경성지방법원 예심의 진술 내용을 살펴보면 좀 더 자세히 알 수 있다. 여기서 최린은 자신이 독립선언에 나선 이유를 이렇게 밝힌다. "병합 후 10년간의 정책을 보면, 겉으로는 선정을 표방하며 입으로는 동화주의를 제창하지만 현실은 달랐다."

경제적, 정치적으로도 일본에만 유리하고 조선에는 해로웠다는 점을 비판한 것이다.[6] 그의 이런 주장은 뒤에서 자세히 살펴볼 「독립선언서」의 전체 기조와 매우 유사하다. 특히 "첫째로 조선 민족의 생존권을 확장하고, 둘째로 일본 정부가 지금까지의 조선에 대한 정책이 잘못됐다는 것을 깨닫게 하고, 셋째로 세계 평화를 제창하고 있는 열국의 동정을 얻기 위해" 이 운동을 일으켰다는 진술은 「독립선언서」에도 그대로 들어가 있다. 「독립선언서」의 전체 기조는 최린의 독립운동 구상과도 밀접한 관련이 있는 것이다.

한편 「독립선언서」의 맨 뒷부분에 나오는 '공약 3장'의 집필자가 한용운이라는 주장이 있다. 그러나 최린은 한용운이 "선언서를 자신이 짓겠다고 주장한 적은 있었으나, …… 선언서만은 육당이 짓는 것이 당연하다고 (생각해) 한용운의 제안을 거절했다"라고 밝혔다.[7] 한용운 역시 최린에게 "이들 문서의 작성은 자네가 알아서 해주

宣言書

公約三章

ㅇㅇㅇ

3·1독립선언서(기미독립선언서)

1919년 3·1운동 당시에는 「선언서」라는 이름으로 공개됐다. 선언서 본문과 공약 3장, 그리고 마지막 민족대표 33인의 명단으로 구성되어 있다. (독립기념관 소장)

게"라고 일임했다고 밝힌다.[8]

그 밖에 최남선이 초안을 쓴 뒤에 다른 누군가가 첨삭을 했을 거라는 주장도 있지만 사실은 아니다. 오세창은 "최린이 선언서 초안을 가지고 왔을 때, 모두가 이를 돌려 보았지만, 다들 좋다고 해서 결정된 것으로 따로 첨삭은 하지 않았다"라고 진술했다.[9] 종합하면, 최남선이 「독립선언서」 초안을 만드는 과정에서는 최린 등 천도교 측의 의견이 몇 차례 전달됐지만, 일단 초안이 만들어진 이후에는 따로 첨삭이 없었던 것으로 보인다.

「독립선언서」의 초고 작성 이후 최남선은 일본 정부와 의회, 조선총독부에 제출할 「독립의견서」와 미국 대통령 윌슨에게 보낼 「독립청원서」, 강화회의 위원들에게 보낼 「독립의견서」의 초안도 2월 25일까지 모두 작성해 최린에게 건넸다. 청원서나 의견서의 기조는 선언서의 기조와 크게 다르지 않다. 다만 문서의 성격이 다르기 때문에 문장의 형식과 내용이 조금씩 달라졌을 뿐이다. 2월 27일, 최린은 이들 문건을 모두 기독교 측에 보여주고 동의를 얻는다. 그리고 드디어 그날 밤, 경성부 수송동에 있는 보성사에서 선언서를 인쇄하기 시작했다.[10]

독립선언서는 어디서 집필됐을까?

「독립선언서」와 「독립의견서」는 이러한 과정을 통해 집필되어 무사히 인쇄 단계로 넘어간다. 그런데 이 과정에서 한 가지 재미있는 이야기가 있다. 최남선이 이를 집필한 곳이 자신의 집이 아닌 지인의 집, 그것도 일본인 여성의 집이었다는 점이다. 바로 임규(林圭)라는 이의 일본인 처 오자와의 집이었다.[11] 현상윤의 회고에 따르면 당시 사정은 이랬다.

> 최남선은 그 선언서를 자기 집에서 작성하지 않고, 지금의 오장동 근처 오자와라는 일본 여자의 집에서 썼습니다. 당시 그 여자와 최남

선 씨는 특별한 관계였던 것 같습니다. 그래, 우리가 가끔 그 집으로 최 씨를 찾아갔는데, 하루는 선언서가 어떻게 됐나 좀 알아보러 갔더니 최 씨가 없다고 해서 그대로 돌아오려 했습니다. 그랬더니 그 일본 여자가 하는 말이, '현 선생께서 무엇 때문에 여기 왔는지 나는 잘 안다'고 합니다. 나는 어이가 없어서 알기는 무얼 아느냐고 하며 그저 최 씨를 좀 만나보러 왔다고 하니까, 그 일본 여자는 점점 웃으면서 '선생은 뭔가를 보러 오지 않았느냐'고 하면서, '이왕 여기까지 왔으니 들어와서 보고 가라'고 합니다. 나는 비밀이 탄로 났다는 의심이 들어 자꾸 시치미를 떼었습니다. 그래도 그 일본 여자는 자꾸 들어오라고 해 방에 들어가니, 자기 옷깃에서 독립선언서를 꺼내어 보여주었습니다. 나는 순식간에 얼굴이 파랗게 질렸습니다. 그래, 떨리는 마음으로 그 선언서를 읽고 있노라니까, 또 자기 자식을 부르더니 그 옷깃에서는 일본 정부에 보내는 글을 꺼내 보여주었습니다.

그 후 최 씨에게 따져 물었더니 자기 집이나 조선 사람에게 맡겨두는 것보다 일본인에게 맡겨두는 편이 더 안전할 것 같아서 그랬다고 하더군요. 말을 듣고보니 그럴듯하기도 했으나, 외나무다리를 건너는 것보다 아슬아슬했습니다.[12]

임규는 당시 53세로 최린과 최남선, 모두와 가까운 사이였다. 그는 1890년대에 일본에 유학을 가서 공부했는데, 어느 학교를 다녔는지는 확인되지 않는다. 1905년 이후 청년학원이라는 곳에서 일본에 처음 건너온 유학생들을 위해 일본어와 기타 보통과 과목을 가르쳤다.[13] 1908년에는 대한학회 평의원이 됐는데, 그때 대한학회의 회장이 바로 최린이다.[14] 임규는 1908년 6월 최남선과 함께 귀국하는데, 유학생들에게 일본어를 가르치고, 1910년 일본에서는 『일본어학음어편(日本語學音語篇)』이라는 책을 출판할 만큼 일본어에 통달한 사람이었다.[15] 1920년대에는 오산학교, 중앙고보 등에서 교사 생활을 했으며, 당시 조선 제일의 일본어 문법학자로 일컬어지고 있었다.[16] 이후 1926년에는 민족 계몽과 학술 연구를 위한 조직인 계명구락부에서 만드는 조선어사전 편찬 작업에도 참여한다.[17]

1919년 2월 28일, 임규는 최남선의 부탁으로 일본 정부에 보내는 의견서를 가지고 도쿄로 갔다. 그리고 이를 일본 정부와 귀족원, 중의원에 '통고문'이라는 이름을 써서 「독립선언서」와 함께 우편으로 보낸다. 일본 정부에 보낸 통고문에는 27일 밤 민족대표들이 모여서 날인한 서명지도 포함되어 있었다. 「독립선언서」는 유학생 한기악(韓基岳)이 붓으로 정서했다. 임규는 또 잡지사인 일본급일본인(日本及日本人)사, 중앙공론사, 시사신보사에도 통고문을 보냈다. 통고문은 모두 한기악과 함께 등사했다.[18]

임규는 3월 9일에 동경에서 체포된 뒤 서울로 압송되어 재판을 받는다.[19] 그는 2월 22~23일 무렵 최남선이 자기 집으로 「독립선언서」 초안을 가지고 와서 보여줬다고 진술했다. 하지만 실제로 「독립선언서」는 그의 일본인 처의 집에서 작성되고 있었기 때문에, 그 전에 이미 보았을 것이다. 최남선은 임규가 직접 「독립의견서」를 들고 가야 한다고 주장했고, 최린도 이를 승낙한다.[20] 임규가 일본어에 능숙했기 때문에 일을 잘 해낼 수 있으리라 믿었던 것 같다.

안세환,
도쿄의 경시총감을 만나다

한편 기독교 측은 2월 26일 낮 한강 인도교 옆 모임에서 안세환이 일본 정부에 보내는 독립청원서를 들고 도쿄로 가기로 정한다. 이승훈에 따르면, 처음에는 청년회관의 이상재(李商在)가 가기로 했으나, 그가 69세로 나이도 많고 일본어를 하지 못해서 일본어를 할 줄 아는 안세환을 동행시키기로 한다. 그런데 이후 이상재 대신 일본어에 능숙한 임규가 가게 되자 안세환은 굳이 갈 필요가 없게 됐는데 안세환이 자청해서 가게 됐다고 한다.[21]

이상재는 「독립선언서」에 서명하는 것은 거절했지만, 함태영이 일본 정부에 제출할 「독립의견서」를 가지고 도쿄에 다녀올 수 있는지 물었을 때는 흔쾌히 이를 승낙한다. 그러나 뒤에 이상재가 굳이 갈 필요가 없다고 의견이 모여, 결국 임규가 가기로 정해진 것 같다.[22] 박희도는 일본 파견 경비로 700원을 안세환에게 지급하지만, 이상재가 가지 않게 되자 200원을 돌려받아 현순의 가족에게 부양

비로 지급한다.[23]

3월 1일 무렵, 안세환은 도쿄에 갔지만 임규와 연락이 닿지 않아 만나지 못한다. 안세환은 도쿄 YMCA를 찾아가 간사인 백남훈(白南薰)에게 도움을 청했고, 백남훈은 그의 요구대로 도쿄 경시청으로 가는 길에 동행한다. 안세환은 경시총감을 면회하고 싶다고 요청한 뒤, 그를 만난 자리에서 이렇게 말한다. "조선인은 지금까지 총독정치에 의해 여러 가지로 차별받고 학대받아 이익을 얻지 못하고 있다. 인류는 누구나 자유를 원하고 있으니, 이 문제를 근본적으로 해결하기 위해서는 독립을 하는 수밖에 없다. 요즘 세계의 대세도 '민족자결' 쪽으로 기울고 있는데, 이 점만 보더라도 독립을 하지 않으면 안 된다. 그래서 이 문제를 정부와 의회 등에 진정하고 싶은데, 의회에 진정하려면 어떤 절차를 밟으면 되는가? 또 내무대신과도 만나서 이야기하고 싶으니 만나도록 알선해달라."

27세 청년 안세환의 당돌한 부탁에 경시총감은 "조선 독립이라는 문제에 대해서는 내 입장에서 뭐라고 말할 수 없다"라고 하면서, "의회에 진정하는 데는 대의사의 소개가 필요하다"라고 대답했다고 한다.[24] 결국 안세환의 도쿄행은 경시총감을 만나 독립의 의지를 말하고 온 것으로 끝난다.

인쇄와 배포 과정

최린과 함태영은 최남선이 완성한 「독립선언서」와 「독립의견서」, 「독립청원서」 가운데 「독립선언서」만 인쇄해 배포하기로 결정한다. 이에 따라 선언서는 2월 27일 저녁에 보성사에서 인쇄에 들어간다. 보성사는 천도교에서 운영하는 인쇄소로 천도교의 인쇄물뿐 아니라 다른 인쇄물들도 주문받아 인쇄하는 곳이었다. 당시 직원은 총무 장효근(張孝根), 서기 박근채, 공장감독 김홍규(金弘奎), 간사 인종익(印宗益), 기타 사무원과 직공을 합하면 모두 60명 정도로, 당시 조선인이 운영하는 인쇄소 가운데 가장 규모가 컸다.

보성사 사장인 이종일은 대한제국 시기 제국신문사 사장으로서 신문을 발행하는 등 출판 경험이 많았기에, 『천도교월보』 발간을 책임지는 과장 자리도 맡고 있었다. 당시 이종일의 나이는 61세로, 58세인 손병희나 권동진, 55세인 오세창보다도 나이가 많았다.[25]

보성사,
독립선언서를 인쇄하다

이종일은 2월 20일 오세창으로부터 뭔가 시국에 관한 문서를 인쇄해달라는 말을 들었고, 26일에는 「독립선언서」의 인쇄를 정식으로 의뢰받는다. 그때 오세창은 서명에도 동참해줄 것을 요청하는데, 이종일은 이 또한 흔쾌히 승낙했다.[26] 이종일은 지방법원 예심에서 27일 오후 5~6시 무렵 오세창으로부터 원고를 받아 처음 「독립선언서」를 보았으며, 이 원고를 공장 감독인 김홍규에게 주어 그가 채자(採字)를 하고 자신이 교정을 본 뒤, 밤 9시 무렵부터 인쇄를 시작해 11시 무렵에 2만 1,000장의 인쇄를 모두 마쳤다고 진술한다.

예심판사는 그에게 보성사 총무인 장효근에게 원고를 줘서, 그가 김홍규에게 인쇄를 시킨 것이 아닌가 하고 물었다. 하지만 이종일은 이를 부인하고, 자신이 직접 김홍규에게 원고를 주었다고 밝힌다.[27] 그런데 이 진술은 부분적으로 사실과 다르다. 3월 2일, 이종일은 경무총감부에서 진행된 경찰 신문에서 이렇게 말했다.

경찰 그대가 인쇄한 선언서는 2만 1,000장이라고 하는데, 그 전부를 2월 27일 밤에 인쇄했는가?

이종일 그렇다. 하룻밤에 인쇄한 것이다.

경찰 그 선언서를 인쇄할 때 직공들에게 이러한 것을 인쇄했다는 것을 입 밖에 내지 말라고 했는가?

이종일 그렇다.

경찰 선언서는 어떤 직공이 인쇄했는가?

이종일 그것을 인쇄하는 데는 기계 세 대가 사용됐는데, 신영구(申永求)와 김홍규라는 직공에게 명령했고, 다른 직공은 누구를 시켰는지 알지 못한다.[28]

이종일은 보성사에 있는 기계 3대를 사용해, 27일 밤에 신영구와 김홍규를 시켜 2만 1,000장을 인쇄했던 것이다. 이종일은 보성사 총무인 장효근만큼은 이 일에 간여하지 않도록 해 보성사를 계속 운영하게 하려고 했던 것 같다. 장효근은 3월 5일 체포됐으나 결국 8월 4일 '면소'로 풀려난다.

학계 일각에서는 보성사에서 인쇄된 「독립선언서」가 2만 1,000장이 아니라, 3만 5,000장에 달한다고 주장한다. 이종일이 쓴 『묵암비망록』에 2월 20일부터 25일까지 1차로 2만 5,000장을 인쇄해 천도교 본부로 옮겼고, 27일 2차로 1만 장을 추가 인쇄해 역시 천도교 본부로 옮겼다고 쓴 것을 근거로 한 주장이다.[29]

○○○

이종일(1858~1925년)

독립운동가로 『제국신문』 사장, 『천도교회월보』 월보과장, 인쇄소 보성사 사장 등을 지냈다. 3·1운동 때 「독립선언서」를 인쇄했고, 민족대표 33인에도 이름을 올렸다. 출옥 이후에는 조선국문연구회 회장으로 한글맞춤법 연구에도 크게 공헌했다. (국가보훈처 소장)

그러나 보성사 사장 이종일이나 공장 감독 김홍규는 모두 검찰과 법원의 신문조서에서 27일 밤 2만 1,000장을 인쇄한 사실만 말한다.[30] 장효근 역시 『장효근일기』에서 27일 저녁 「독립선언서」 2만 1,000장을 인쇄했다는 사실만 기록하고 있다.[31] 『묵암비망록』의 기록 가운데에는 훗날 누군가가 첨삭한 내용이 꽤 있는 것으로 보인다.

20~24일은 천도교와 기독교 측이 연합을 위해 접촉하고 있던

시기로 연합이 결정된 것은 24일이었다. 양측은 이후 서명자들을 구하고 동의를 얻는 작업을 진행했는데, 기독교 측은 27일 낮까지도 서명자를 확정하지 못한 상태였다. 따라서 20~25일 사이에 선언서를 인쇄한다는 것은 있을 수 없는 일이다.

이종일의 신문 기록에 따르면, 심지어 27일 오후 인쇄를 위한 지형을 뜬 뒤에도 오세창으로부터 두 번이나 전화가 걸려와 성명을 바꿔달라고 해서 수정하는 작업을 했다고 한다.[32] 따라서 「독립선언서」는 27일 오후 9시부터 밤 11시 사이에 2만 1,000장이 인쇄됐을 뿐, 그 이전에는 인쇄되지 않은 것이 분명하다.

한편 선언서 명단의 순서와 관련해 최린은 맨 앞에 대표자로 손병희를 쓰고, 이어서 장로교 길선주, 감리교 이필주, 그리고 불교 백용성을 쓴 뒤, 나머지는 가나다순으로 쓰기로 했다고 한다.[33] 그런데 실제 인쇄된 명단을 보면 나씨는 '라'씨, 유씨는 '류'씨, 양씨는 '량'씨, 이씨는 '리'씨로 발음해 'ㄱㄴㄷ'순으로 썼다. 다만 성씨의 모음과 이름까지 순서를 맞추지는 않았다.

독립선언서의 인쇄 과정

「독립선언서」는 그 인쇄 과정도 간단하지 않았다. 2월 27일 오후 최남선은 자신의 출판사인 신문관에서 활판을 짜서 최린의 집에 맡긴 뒤, 오후 5시 무렵에 보성사로 가서 이종일에게 그 활판을 가져다가 인쇄해달라고 부탁한다. 이종일은 김홍규에게 지시해 그 활판을 가져오게 했다. 그러나 그 활판은 위아래가 길어서 인쇄할 종이에 맞지 않았다. 이종일은 김홍규를 시켜서 위아래를 줄여 활판을 다시 짜도록 하고, 그것으로 지형을 뜨고 연판을 만들었다.[34] 이와 관련해 이종일은 다음과 같이 진술한다.

판사 이것은 피고가 담당하여 인쇄한 독립선언서의 지판인가? (이때 증 제259호의 1, 2 및 증제260호를 보이다.)

이종일 그렇다. 최남선의 집에서 가지고 온 활자판으로 1장만 종이에 인쇄해 보았더니 위아래의 넓이 등 짜임이 좋지 않았다. 활자를 다시 짜서 제259호의 1지판을 만들고 활자로 인쇄해 보니, 이번에는 대표자의 성명이 잘못되었다. 다시 제259호의 2지판을 만들게 했는데, 오세창이 전화로 대표자 성명의 변경을 청해왔으므로 제260호의 대표자 성명만 새겨진 지판을 다시 만들었다.[35]

또한 김홍규는 경성복심법원에서 다음과 같이 진술했다.

판사 그 조판을 다시 짠 이유가 있었는가?

김홍규 그렇다. 이름과 순서 등이 잘못되어 있어서 같은 활자를 사용해 두 차례 판을 고쳐서 짰다.

판사 그렇다면 그 조판은 원래 최남선의 집에서 나온 것으로, 그것을 최린의 집에서 가지고 와서, 성명의 순서 등을 고쳐 짠 뒤 그대로 인쇄에 사용했다는 것인가?

김홍규 그렇다.[36]

이종일과 김홍규의 진술을 정리하면, 신문관에서 보내온 활판이 짜임이 좋지 않아 보성사에서 활판을 고쳐서 다시 짰다. 그것으로 첫 지형을 떴는데, 이번에는 민족대표의 성명과 가나다순에 문제가 있어 이를 수정해 두 번째 지형을 떴고, 그 뒤에 또 오세창이 전화로 민족대표의 이름을 바꾸어달라고 요청해서 세 번째 지형을 만들었다는 것이다. 경성지방법원 예심에서 최남선이 한 다음 진술도 참고해보자.

판사 이 독립선언서 지형은 피고가 판을 짜서 준 것에 의해 만들었다는데 어떤가? (이때 증 제259호 1, 2를 보이다.)

최남선 나는 활자를 짜주었을 뿐으로, 그 지형은 보성사에서 만든 것으로 생각한다.

판사 위 선언서에서 민족대표의 성명의 활자는 이것인가. (이때 증 제262호를 보이다.)

최남선 내 집 활자인지, 어떤지는 알 수 없다.

판사 방금 보인 지형에 의하면 대표자는 31인인데, 이 활자판 및 이 지형에는 33인으로 되어 있다. 사람의 성명도 다른 것 같은데 어떤가? (이때 증 제260호를 보이다.)

최남선 내 집에서 짰을 때 대표자가 몇 사람이었는지, 또 누구누구였는지 기억하지 못하겠으나, 대표자는 뒤에 변경했다는 말을 들었다.[37]

정리하면, 신문관에서 제작한 처음 활판의 명단은 30명으로, 이것을 고쳐 첫 번째 지형(증 제259호-1)을 떴다. 그다음 김인전 · 김지환 · 안세환을 빼고 김창준 · 백용성 · 신석구 · 최성모를 넣어 31명이 된 두 번째 지형(증 제259호-2)을 떴으며, 다시 박동완 · 김병조가 추가된 33명 명단의 세 번째 지형(증 제260호)을 뜬 것으로 보인다.

당시 인쇄 과정은 '활판의 수정 → 지형 제작 → 연판(鉛版)의 제작 → 인쇄'의 순서로 진행됐다. 독립선언서는 이 과정에서 신문관에서 가져온 활판을 고쳐서 활판을 짜고, 그 명단을 수정해서 만든 최종 활판으로 최종 지형과 연판을 만들어 인쇄한 것이다.

한편, 현재 남아 있는 「독립선언서」 원본들의 33인 서명자의 명단 부분은 약간 위로 올라가 인쇄된 것과 약간 아래로 내려가 인쇄된 것이 있다. 왜 이런 차이가 생겼을까? 이종일은 신문에서 "증 제260호의 대표자 성명만을 지판으로 만들었다"라고 증언한다. 증 제

259-1·2는 본문과 명단이 실려 있고, 증 제260호는 명단만 있는 지형이었던 것이다.

연판은 어떻게 만들었을까. 먼저 증 259-2의 지형으로 3개의 연판을 만들었던 것으로 보인다. 이후 오세창으로부터 명단을 재차 수정(추가)해달라는 연락이 오자 연판의 성명 부분을 자르고, 증 제260호의 성명 부분만의 지형으로 성명 부분 연판을 따로 3개 만들었던 것으로 보인다. 이런 식으로 각각 3개의 본문과 성명 부분의 연판을 만들어 3대의 인쇄기에 고정시켜 인쇄했고, 이 과정에서 성명 부분이 약간 올라가기도 하고 내려가기도 한 것으로 추정된다.

현재 학계 일각에서는 신문관에서 활판을 넘겨주기 전에 찍은 이른바 '신문관판' 선언서가 존재한다고 주장하고 있다. 신문관판 독립선언서는 '보성사판'과 함께 국가지정기록물로까지 지정되어 있다. 그러나 신문관판은 보성사판과 활자가 전혀 다르다. 또 신문관판은 띄어쓰기도 되어 있고, 현대 문법에 가깝게 표기되어 있다. 또 보성사판에서 '업도다'라고 한 것을 '없도다', '업스니'라고 한 것을 '없으니' 등으로 표기했다. 그런데 『매일신보』 1919년 1월 1일자에 최남선이 쓴 「오도(吾徒)의 신세(新歲)」라는 글을 보면, 독립선언서에서 쓴 표현과 동일한 '업슴' 등의 표현이 나온다. 따라서 신문관판은 최남선이 현대 문법에 맞게 쓴 것이라는 주장은 성립하기 어렵다. 아마도 신문관판이라는 것은 해방 이후 누군가 이러한 오류를 바로잡고, 맞춤법에 맞춰 다시 조판해 인쇄한 것이 아닐까 한다.[38]

고등계 형사 신철의 뇌물 사건

보성사에 근무하던 인종익은 당일 인쇄에는 참여하지 않았지만, 보성사에는 1시간에 3,000장을 인쇄할 수 있는 인쇄기 5대가 있었다고 한다.[39] 이 가운데 3대를 사용해 27일 밤 9~11시(혹은 12시) 사이에 독립선언서를 인쇄한 것으로 보인다.

그런데 「독립선언서」를 인쇄하던 중 종로경찰서 고등계 형사 신철(申轍, 일명 신승희申勝熙)이 보성사에 왔었다는 설이 있다. 이종일의 『묵암비망록』, 『의암손병희선생전기』, 손병희 부인 주옥경 여사의 증언,[40] 정광조의 회고담, 그리고 『매일신보』의 1919년 5월 22일과 25일의 기사를 토대로 한 주장이다. 『의암손병희선생전기』와 주옥경 여사의 증언에 따라 당시 상황을 정리하면 다음과 같다.

인쇄가 한창 진행되던 중에 종로서의 신철이 보성고보의 뒷담 골목을 마침 지나다가 인쇄소에서 뭔가 작업을 하는 소리를 듣고 수상하게 여겨 보성사에 들어온다. 그는 인쇄 중인 선언서를 발견했고, 이종일은 신철의 소매를 붙잡고 제발 눈감아 달라고 통사정을 했다. 신철은 의외로 순순히 응했고, 손병희에게 같이 가자는 이종일의 말에 이렇게 답했다. "나는 여기 있을 터이니 당신이 갔다 오시오." 61세의 노령인 이종일은 다급한 마음에 1킬로미터 정도 떨어진 가회동의 손병희의 집까지 쏜살같이 달려가서 자초지종을 설명했다. 그러자 손병희는 안방으로 들어가서 잠시 뒤에 종이 뭉치를 들고 나왔다.

"이걸 갖다 주시오. 밤늦게 수고가 많으십니다. 아무쪼록 무사히 마쳐주시오." 손병희에게 받은 종이뭉치를 들고, 이종일은 초조한 마음으로 바람같이 보성사로 달렸다. 신철은 기다리고 있었다. 이종일은 신철에게 종이 뭉치를 건네주었다. 주옥경에 따르면 그 종이 뭉치 안에는 5,000원이 있었다. 신철은 아무 말 없이 그 자리를 떠났다. 이종일과 김홍규는 그가 배신하지 않기만을 기도하면서 남은 인쇄 작업을 마쳤다.[41]

한편 『매일신보』 1919년 5월 22일 기사를 보면, 신승희는 14일 밤 만주 펑톈(지금의 랴오닝성 선양)에 출장을 갔다가 남대문역으로 돌아왔는데, 기차에서 내리자마자 헌병에 체포되어 헌병분대로 구인된 뒤 취조를 받았다고 한다. 그리고 다음 날인 15일 유치장에서 자살했다고 한다.[42] 기사는 소문을 인용하면서, "신승희는 이번 소요 사건이 돌발했을 당시에 천도교에서 5,000원의 뇌물을 받고 음모를 계획하는 줄 알면서도 눈감아주었다. 그 일이 이번에 신승희 출장 중에 경성헌병분대에서 탐지되어, 남대문역에서 내리는 것을 체포했다더라. 신승희는 10년 동안 종로경찰서에서 근무했고 이번 소요 사건에서도 표면으로는 충실히 활동을 했지만, 그 사실이 탄로가 나서 사건은 의외의 방면으로 퍼질지 알 수 없다는 소문이 있다더라"라고 보도한다.[43] 신승희가 천도교에서 5,000원의 뇌물을 받고 음모를 눈감아 주었다는 소문이 있다고 보도한 것이다.

그런데 『윤치호영문일기』 1919년 5월 17일 기록은 그 일에 대해 이렇게 증언한다. "신승희 형사가 갑자기 사망했다는 통지를 받았다. 변훈 말로는 비밀 임무를 띠고 평톈에 갔던 신 형사가 그저께 밤 서울에 도착하자마자 남대문역에서 헌병에게 체포됐다고 한다. 신승희의 죄목은 누군가를 협박해 돈을 뜯어낸 것이라고 한다. 신승희는 법정에 가서 명예를 더럽히지 않으려고 다량의 아편을 삼키고 자살했다. 그 말이 사실이든 아니든, 신승희가 이런 상황에서 죽다니 유감스럽다."[44]

또 1920년 1월 6일 일기에는 이렇게 적혀 있다. "오카모토(岡本惠三郎) 경부와 하시모토(橋本淸) 경부에게 한식 저녁을 대접했다. 오카모토 경부는 한식 반찬에는 전혀 손을 대지 않으려고 했고, 하시모토 경부는 앞에 놓인 음식을 모두 잘 먹었다. 두 사람에게서 신승희 씨가 용산 헌병들에게 고문당해 죽었다는 서글픈 사실을 알게 됐다."[45] 윤치호는 일본 경찰 간부로부터 신승희가 고문으로 죽었다는 사실을 직접 들었으므로, 그가 고문으로 죽은 것은 분명하다.

그런데 현재 국사편찬위원회에 남아 있는 5월 15일 자 신승희의 신문기록을 보면, 천도교 5,000원 뇌물설과는 내용이 다르다. 신승희는 천도교 중앙총부 대종사장인 정광조(鄭廣朝)가 준 150원을 박노학(朴魯學)을 통해 건네받은 혐의로 체포됐던 것이다. 신승희는 박노학을 밀정으로 포섭해 그로부터 정광조와 천도교도들의 움직임에 대한 정보를 탐사하고자 했는데, 거꾸로 정광조가 신승희에게 뇌물 조로 150원을 주겠다고 나선 것이다.

신승희는 박노학과 정광조의 반발과 경계심을 풀어주기 위해 이 말을 들어주었다고 한다.[46] 이를 보면 신승희는 「독립선언서」 사건이 아닌 정광조와 관련된 별도의 사건으로 조사를 받고 있었던 것으로 보이며, 뇌물 액수도 150원에 그친 것으로 보인다.

하지만 해방 직후인 1946년 정광조는 3·1운동과 관련한 회고 좌담에서 전혀 다른 말을 한다. "「독립선언서」 인쇄에 대해서 한 말씀 더하겠습니다. 김 선생(김지환) 말과 마찬가지로 보성사에서 인쇄를 했는데, 이 일을 그때 종로서에 있는 신철이란 형사가 알게 되어 만사가 수포로 돌아가게 됐으므로 일금 3,000원을 주고 그를 매수해서 겨우 무사하게 됐지요. …… 그 후 그 일이 발각되어 봉천(평톈)으로 갔다가 용산헌병대에 붙잡혀서 결국 헌병의 손에 매맞아 죽었다고 합니다."[47] 신철이 선언서 인쇄를 눈감아 준 대가로 3,000원을 받았다는 것이다.

정광조는 손병희의 측근으로 천도교 중앙총부 대종사장의 일을 맡고 있었기에, 그의 증언은 간단하게 무시할 수 없다. 당시 『매일신보』가 소요 사건과 관련해 천도교로부터 5,000원의 뇌물을 받았다는 소문이 있다고 기사로 쓸 정도였으면, 헌병대도 그런 정보를 입수했을 가능성이 높다. 그렇다면 헌병대는 「독립선언서」 인쇄와 연결된 뇌물의 정보를 입수하고, 이를 캐기 위해 고문을 가하다가 신철을 죽음에 이르게 하지는 않았을까? 신철에 관한 일화는 현재로서는 이 정도 선에서 추정할 수밖에 없다. 당시 신철의 나이는 40세였다.

독립선언서, 마침내 세상에 나오다

「독립선언서」는 이러한 우여곡절 끝에 자정 무렵 인쇄가 끝난다. 이종일은 이를 그날 밤 안으로 천도교 교당 옆 본인의 사택으로 옮겨야만 했다. 날이 밝아 보성사 직원들이 출근하면 이 선언서 뭉치를 발견할 것이기 때문이다. 게다가 다음 날인 28일에는 선언서를 배포해야만 했는데, 보성사는 그 장소로 적합하지 않았다.

그는 한밤중에 김홍규와 신영구를 시켜 「독립선언서」를 서둘러 종이로 포장한 뒤 손수레에 싣도록 했다. 그리고 그것을 다시 보성사에서 인쇄 중이던 족보로 덮었다.

수송동의 보성사에서 경운동의 천도교 교당 옆 그의 숙소까지는 약 1킬로미터 정도 되는 거리였다. 손수레가 거리로 나섰을 때에는 마침 정전이 되어 캄캄했고, 그 덕분에 안국동과 재동의 경찰파출소 앞을 무사히 지나갈 수 있었다.

그런데 한참 길을 가던 중 순찰 중이던 순사 하나가 다가와 이

○○○

보성학교와 보성사(나무 뒤쪽 건물)

보성학교는 1906년 이용익이 창립했고, 1910년 손병희가 경영권을 인수했다. 이후 천도교 교단은 기관지인 『천도교월보』 간행을 담당하던 창신사를 보성사 인쇄소와 병합, 이름을 그대로 보성사라고 했다. 보성사는 「독립선언서」를 인쇄한 곳인데, 1919년 6월 28일 밤 원인 모를 화재로 전소됐다.

렇게 물었다. "그게 무슨 짐인가?" 운반하던 이들은 놀란 마음을 진정시키고 이렇게 답했다. "천도교에서 인쇄한 족보입니다." 순사는 잠시 짐을 살펴보고 그냥 보냈다. 그렇게 위기를 넘기고 선언서는 무사히 이종일의 사택까지 운반된다.[48]

이튿날, 드디어 아침이 밝았다. 이종일은 인쇄된 「독립선언서」 세 장을 사람을 시켜 오세창의 집으로 보냈다. 인쇄를 무사히 마쳤다고 보고한 뒤, 인쇄물을 어떻게 할지 물었다고 한다. 이에 오세창은 암호로써 청색 종잇조각을 건넸다. "그와 같은 종잇조각을 들고 가는 자에게 건네주시오."

28일 아침부터 저녁까지, 천도교, 기독교, 불교 관계자들이 차례로 시간 간격을 두어 청색 종잇조각을 들고 이종일의 집을 찾았고, 이종일은 그들이 말하는 매수대로 「독립선언서」를 나누어준다.[49] 그가 낮에 잠시 집을 비웠을 때에는, 불과 열세 살인 그의 손녀가 대신 나누어주었다고 한다.[50]

이렇게 배부된 「독립선언서」는 28일 천도교와 기독교, 불교의 조직망을 통해 서울과 전국에 전달된다.[51] 천도교 측에서는 보성사 직원 인종익이 2,000장을 받아 전라도와 충청도 쪽으로 내려갔고, 서울의 천도교인 안상덕(安商悳)이 2,000장을 받아 강원도와 함경도 쪽으로 내려갔다. 평안북도 선천의 천도교구장 김상열(金商說)은 5,000장을 받아 평안도 쪽으로 내려갔고, 곡산의 천도교인 이경섭(李景燮)은 1,000장을 받아 황해도 쪽으로 내려갔다. 천도교 도사 이관(李瓘)은 50장을 받아 서울에서 배포했고, 천도교 도사로 민족대표로 서명한 나용환은 100장을 받아 3월 1일 선언식이 열리는 태화관으로 가져갔다.

기독교 측에서는 함태영이 1,200장을 받아 평양에서 서울로 올라온 이에게 전달했고, 김창준은 600장을 받아 기독교인 이계창(李桂昌)에게 전달해 선천으로 전달케 했으며, 오화영은 200~300장을 받아 경기도 개성과 함경도 원산에 인편을 통해 전달하게 했다. 이갑성은 600장를 받아 세브란스의전 학생인 이용상(李容祥), 김병수(金炳洙), 이용설(李容卨) 등을 통해 대구와 마산, 군산 등지에 전달하도록 했다. 김창준에게 건넨 선언서는 3,000장에 달한다는 기록도 있다. 함태영으로부터 선언서 1,200장을 받아 평양에 전달한 이는 누구인지 지금까지 밝혀지지 않았다.

불교 쪽에서는 한용운이 3,000장을 받아 중앙학림(지금의 동국대학교) 학생들로 하여금 서울에서 1,500장을 배포하게 했고, 나머지 1,500장은 전라도와 경상북도, 양산 통도사, 동래 범어사에 인편으로 전달하도록 했다.

학생단 쪽에서는 이갑성이 김성국을 거쳐 강기덕에게 1,500장를 전달했고, 강기덕은 이를 28일 밤에 경성고등보통학교(지금의 경기고) 김백평, 보성학교 장채극(張彩極), 전옥결(全玉玦), 선린상업 이규종(李奎宗), 중앙학교 장기욱(張基郁), 조선약학교 전동환(全東煥), 이용재(李龍在)에게 각각 100~300장씩 나누어주면서, 서울 어느 장소에 배포해야 할지도 알려준다.[52] 강기덕은 기밀 유지를 위해 「독립선언서」를 3월 1일 오후 2시 이후에 배포하라고 지시하지만,[53] 이미 2월 28일 밤부터 서울 시내 일부 지역에 선언서가 뿌려졌다. 최린 역시 3월 1일 아침 자신의 집 마당에서 뿌려진 선언서를 발견한다.

독립, 자주,
평화를 선언하다

3월 1일 서울을 비롯해 전국 여러 곳에서 뿌려진 「3·1독립선언서」 또는 「독립선언서」의 원래 이름은 그냥 「선언서」다. "우리는 이에 조선의 독립국임과 조선인의 자주민임을 선언한다"라는 유명한 첫 문장은 이 선언서의 내용을 잘 요약한 명구인데, 조선의 독립과 자주를 세계만방에 알려 모든 인류가 평등하다는 것을 밝히고, 자손만대로 민족자존의 정당한 권리를 누리게 하겠다고 표명하고 있다.

독립을 선언하는 근거로는 네 가지를 들고 있는데, 바로 '반만년 역사의 권위'와 '이천만 민중의 진실한 마음', '민족의 영원하고 자유로운 발전의 소망'과 '세계개조의 큰 기운'이 그것이다. 이를 통해 독립선언은 '하늘의 명령'이자 '시대의 대세'이며, '정당한 권리의 발동'으로서 누구도 막지 못할 것이라고 천명한다.

독립선언서의 메시지
독립, 자주, 평화, 번영

선언서는 우리가 구시대의 유물인 침략주의와 강권주의에 희생된 지 벌써 10년이 지났다면서, 그 결과 우리 민족이 생존권의 침해, 정신상 발달의 저해, 민족적 번영의 불능 등 여러 가지 괴로움을 겪고 있다고 지적한다. 따라서 민족의 독립은 최대의 급무이며, 이천만 조선 사람이 모두 마음속에 칼을 품고 있고, 시대사조 역시 정의와 인도로 그 흐름이 바뀌어 우리를 지원하고 있기에 반드시 독립을 이룰 수 있을 것이라고 독려한다.

다음으로 일제의 한국 침략 과정을 비판하면서, 그 침략 과정이 일본이 우리에게 제시했던 여러 맹약을 배신한 것임을 지적한다. 그러나 일본의 '의리 없음'을 책망하는 대신, "우리는 스스로의 건설이 더 중요하다"라고 밝히면서, 현재의 불합리한 상태를 개선해 합리적이고 바른 상태로 되돌리려 할 뿐이라고 선언한다.

또한 병합 이후 일본의 한국 지배가 사실상 억압과 차별로 점철됐다는 것을 비판하는데, 위력으로 한국을 병합하고 한국인을 억압하는 것은 중국인에게도 위기감과 공포감을 갖게 해 결국 동양 평화와 안위에 심각한 위협이 된다는 점을 지적한다. 따라서 한국의 독립은 한국인을 위한 것이면서, 동시에 중국인을 불안과 공포로부터 벗어나게 하는 것이고, 나아가 동양 평화와 세계 평화, 인류의 행복으로 이어진다고 말한다.

또한 때마침 시대의 흐름 역시 "위력의 시대가 가고 도의의 시대"가 왔으며, "인도적 정신이 바야흐로 새로운 문명의 서광을 인류의 역사에 비추기 시작"했다. 선언서는 한국인들이 이제 다시 자유의 권리를 되찾아 일상의 행복을 누릴 수 있다면, 문화적 독창력을 발휘해 세계의 문화적 번영에 기여할 것이라고 말한다. 다시 말해, 「독립선언서」는 단순히 우리 민족의 독립과 자주만 주장하는 것이 아니라, 정의와 인도의 가치를 통해 전 세계 평화와 번영까지 촉구하고 있는 것이다.

공약 3장의 의미

「독립선언서」의 마지막 부분인 공약 3장은 이러한 메시지를 단적으로 드러낸 부분이자, 이후 3·1운동의 중요한 행동 지침이 된다. 첫째로 이 거사는 정의와 인도, 생존과 번영을 위한 민족의 요구에서 나온 것이니, 오직 '자유의 정신'을 발휘할 뿐 배타적 감정으로 흐르지 말라는 당부를 담았다. 둘째는 최후의 한 사람, 최후의 순간까지 민족의 독립 의사를 거리낌 없이 말하라고 촉구한다. 셋째는 모든 행동에서 질서를 존중해 주장과 태도를 그릇됨이 없이 떳떳하게 하라고 말한다.

이 세 가지 지침이 갖는 힘은 대단히 컸다. 전국적으로 만세시위가 확산됐을 때에도 일본인 민간인에 대한 공격은 거의 없었고, 운동은 무려 두 달 동안이나 지속적으로 전개됐으며, 이렇게 전개된 대부분의 만세시위는 평화 시위였다. 물론 일부 지역에서 처음부터 공세적인 시위가 있기도 했고, 군경의 가혹한 탄압이 있을 때에는 힘으로 맞서 싸운 경우도 있었다. 그러나 대부분의 만세 시위는 이러한 독립선언의 취지와, 그 실천 방침을 담은 공약 3장에 따라 평화롭고 질서 있게 진행됐다.

ㅇㅇㅇ

"우리는 지금부터 독립을 선언합니다!"

5장

마침내 울려 퍼진 3월의 만세 소리

“오늘 이 자리는 독립의 기초가 될 것입니다”

2월 28일 밤, 민족대표 33인 중 23인은 하나둘씩 조심스레 서울 종로구 가회동에 있던(지금의 북촌미술관 자리) 천도교 교주 손병희의 집으로 모여들었다. 다음 날에 있을 거사를 앞두고 서로 얼굴도 익힐 겸 상견례도 하고 계획도 점검하려고 모인 것이다.

이들의 원래 계획은 3월 1일 오후 2시 파고다공원에 모여서 「독립선언서」를 낭독하며 선언식을 가진 뒤, 경찰에 민족대표 모두가 연행되어 간다는 것이었다. 그런데 28일 밤 모임에서 이러한 계획이 갑자기 변경된다.

갑자기 바뀐
선언식 장소

"내일 낮에 파고다공원에서 학생들이 200명가량 집합해 만세를 부르게 될 것입니다."

민족대표 중 최연소자인 이갑성이 이렇게 말하자, 최린과 권동진 등 천도교 측 인사들은 하나같이 걱정스런 눈빛이 됐다. "학생들이 격앙되어 어떤 일을 할지 모릅니다. 장소를 바꾸는 것이 낫겠습니다."[1]

다른 참석자들도 대체로 이 말에 동의하는 분위기였다. "독립선언식만 무사히 하면 되오. 선언식 장소를 태화관으로 옮깁시다." 손병희는 선언식 장소를 명월관의 지점인 태화관으로 옮길 것을 제안했고, 참석자는 모두 찬성한다.[2] 당시 천도교 측 인사인 손병희, 권동진, 오세창 등은 기독교 측이 사전에 학생단과 연합해 그들을 동원할 계획을 세웠던 것을 잘 알지 못했던 것으로 보인다. 그것을 알고 있던 것은 최린뿐이었다.

2월 28일 밤에 있었던 민족대표 모임에서 다음 날의 독립선언식 장소가 파고다공원에서 태화관으로 바뀌었다는 소식은 이날 밤 11시 무렵 이갑성에 의해 세브란스병원에 입원해 있던 보성전문 학생 강기덕에게 전달됐다.[3] 당시 강기덕은 외부의 눈을 피하기 위해 25일부터 세브란스병원에 위장 입원 중이었다. 아마도 강기덕은 크게 당황했을 것이다. 이미 학생들에게 파고다공원으로 모이라고 지시를 해두었기 때문이다.

3월 1일, 마침내 운명의 날이 밝았다. 아침 공기는 다소 쌀쌀했지만, 햇살은 따스했고 날도 청명했다. 아침 일찍 최린은 자기 집(지금의 가회동 헌법재판소 구내) 마당에서 독립선언서 전단이 뿌려진 것을 발견했다. 순간 최린은 이 전단이 경찰의 손에 들어간다면, 경찰이 자기 집이나 손병희의 집에 들이닥치지 않을까 걱정이 됐다. 그는 아침을 먹다 말고, 급히 일어나 지척에 있는 손병희의 집으로 달려갔다.

손병희의 집에는 이미 권동진과 오세창이 와 있었다. 최린의 말을 들은 손병희는 천천히 옷을 입고 집을 나섰다. 그때가 오전 11시 무렵이었다. 네 사람은 12시 무렵(10시 반이라는 설도 있다)에 태화관에 도착한다.[4] 이어서 2시까지, 선언서에 서명한 민족대표들은 지방에 있던 4명을 빼고는 모두 태화관의 별관에 모였다. 같은 시각 이갑성은 세브란스의전 학생 서영환(徐永煥)을 시켜 남산에 있는 조선총독부에 독립의견서를 제출케 했다.

2시가 조금 못 되어 강기덕이 세브란스의전의 김문진과 한국태를 데리고 태화관에 나타났다. 강기덕은 전날 밤 이갑성으로부터 선언식 장소가 파고다공원에서 태화관으로 바뀌었다는 말을 듣고, 민족대표 중 한 사람이라도 파고다공원으로 모시고 가기 위해 태화관에 찾아온 것이다. 강기덕은 간곡하게 말했다. "파고다공원에서 선언서를 발표한다고 학생들을 모이게 했으니, 여기에서만 발표하면 거짓말을 한 것이 됩니다. 꼭 파고다공원으로 가셔야겠습니다."

이날의 거사는 학생단에게도 반드시 성공시켜야 하는 절호의 기회였다. 그는 절박했다. "이렇게 학생들을 기만하는 법이 어디 있습니까? 한두 사람이라도 파고다공원에 가서 독립선언서는 다른 곳에서 발표하게 됐다는 것을 말해주십시오."[5]

이에 최린이 대답했다. "사람이 많은 소란스러운 곳에서만 하는 것이 선언이 아니네. 신문에 내어 선언해도 되겠지만, 그것은 불가능하네. 단지 선언서를 모든 사람에게 나누어주면 그것이 곧 선언이 될 것이니 굳이 공원에 갈 필요는 없네."[6]

이날의 상황에 대해 손병희는 훗날 경성지법에서 이렇게 진술한다. "(3인의 학생이 와서) 왜 파고다공원에 오지 않는가. 와주지 않으면 권총으로 어떻게 하겠다고 협박 비슷한 말을 했으나, 나는 젊은 사람들이 완력으로 한다고 일이 성취되는 것이 아니다. 우리는 너희와 함께할 수 없으니, 너희 마음대로 하라고 하면서 최린과 함께 쫓아 보냈다."[7]

그러나 강기덕의 회고에 따르면 분위기가 조금 다르다. 최린이 강기덕의 두 손을 꼭 붙잡고 "이 민족적 대사업에 지장이 없도록 협조해주시오"라고 간곡히 부탁했다고 한다.[8]

태화관의
독립선언

강기덕 등이 돌아간 뒤에 독립선언식은 어떻게 진행됐을까. 이날 선언식에서는 선언문의 배포, 학생들의 항의, 점심 식사, 한용운의 기념 연설, 만세 삼창, 경찰의 연행 등의 일이 있었는데, 그 순서에 대해서는 참석자의 진술이 엇갈린다. 권동진은 '현장에서의 선언서 배부 → 종로경찰서에 인력거꾼을 통해 선언서 전달 → 점심 식사 → 경찰의 태화관 출동 → 한용운의 연설 → 조선 독립 만세 삼창 → 자동차로 경무총감부로 연행됨' 등의 순서로 일이 진행됐다고 진술했다.[9]

반면 최린은 '선언문 배부 → 식탁 차림 → 한용운의 연설 → 조선 독립 만세 삼창 → 경찰관의 태화관 출동 → 자동차로 연행됨'의 순서로 진행됐다고 진술한다.[10] 두 가지 설 중에서는 최린과 같이 진술한 민족대표들이 더 많았다.

여러 기록을 통해 당시 상황을 재구성해보자. 2시 정각에 선언문이 배포된다. 이미 참석자의 반수 이상이 선언서를 보았기 때문에 낭독은 생략하고, 참석자들은 눈으로 선언문을 읽었다. 이즈음 누군가(최린일 가능성이 높다) 인력거꾼을 시켜 종로경찰서에 선언문을 보냈다. 자신들이 태화관에 있다는 것을 알리기 위해서였다.

이후 점심 식사가 들어왔다. 한용운이 자리에서 일어나 "오늘의

○○○

태화관 전경

서울 종로구 인사동에 있던 명월관의 별관으로 큰 인기가 있었다. 민족대표 33인은 이곳에서 독립선언식을 마치고 체포됐다. (동아일보 소장)

이 자리는 조선 독립의 기초가 될 것"이라면서, "앞으로 계속해서 분투해야 한다"라는 내용의 간단한 연설을 하고 건배를 한 뒤 만세 삼창을 제의했고, 참석자는 모두 일어나 만세 삼창을 했다.[11] 식민지로 전락한 지 햇수로 10년 만에, 한반도에서 독립이 선포된 것이다. 이후 참석자들이 식사하던 도중, 종로경찰서에서 인력거 몇 대를 데리고 경찰이 들이닥쳤다. 최린은 그들에게 잠시 기다려달라고 말했다.

최린의 자서전에 따르면, 종로서 경부가 최린에게 경무총감부로 가야 한다고 해 인력거 대신 자동차를 가져오라고 했고, 30분 뒤에 자동차 1대가 왔다. 민족대표 29명과 같이 있던 천도교 간부 몇 명은 3명 내외로 나누어 타고 차례로 남산의 북쪽 자락에 있는 경무총감부로 연행됐다. 자동차 1대로 많은 인원을 실어 날라야 했기 때문에 1시간 이상의 시간이 걸려 오후 5시 무렵에야 호송이 완료됐다.[12] 자동차가 지붕이 없는 무개차였기 때문에 자동차로 이동하는 도중, 민족대표 가운데 누군가가 종각 부근에 모여 있던 군중에게 독립선언서 전단을 뿌리기도 했다. 경무총감부는 오후 5시 무렵까지 이들을 호송하느라 시가지를 행진하던 시위대를 저지하는 데에는 크게 신경을 쓰지 못했다.

민족대표는 정말 변절했나?

한편 당시 민족대표가 종로경찰서에 전화를 해서 자수했다는 설이 있다. 심지어는 대낮에 술판까지 벌였다는 주장까지 있다. 어떻게 된 걸까? 이갑성은 1969년 『동아일보』와의 인터뷰에서 이렇게 증언한다. "태화관 주인이 와서 종로서에서 전화가 왔는데, 거기 모두 모여 있느냐고 물으니 어떻게 대답하오리까 하는 것이었다. 와 있는 것을 와 있다고 그래야지 하고 누가 대답했다. 그 얼마 뒤 경관과 헌병이 몰려왔다."[13]

당시 상황을 정리해보자. 최린 등이 종로경찰서에 독립선언서를 보내자, 종로서에서는 민족대표가 실제로 태화관에 있는지 확인하기 위해 전화를 걸어 이를 문의했다. 이에 태화관 측은 확인하고 전화를 주겠다고 답한 뒤, 손병희 등에게 어떻게 할 것인지 물었다. 손병희가 "여기에 있다고 답하라"라고 하자, 태화관 측은 종로서에 전화를 걸어 그렇게 답했다. 이후 경찰과 헌병이 태화관으로 출동한 것이다.[14] 당시 민족대표 33인은 독립선언식을 무사히 마친 뒤에는 경찰에 자진해 연행되기로 약속했기 때문에, 경찰이 출동하자 의연한 자세로 기꺼이 연행됐다.

그렇다면 왜 이들은 이런 방법을 취했을까? 당시 민족대표는 독립선언식과 선언문의 배포를 통한 독립선언, 그리고 일본 정부, 조선총독부, 미국 대통령과 파리강화회의에 독립의견서와 독립청원서 전달을 무사히 마치는 것이 무엇보다 중요하다고 생각했다. 따라서 자신들이 서울에서 할 수 있는 모든 일, 즉 독립선언식 거행과 독립선언서 배포, 총독부에 독립의견서 전달까지 무사히 마치자, 자신들의 일차적인 역할을 다했다고 생각하고 경찰에 통고해 기꺼운 마음으로 자진 연행된 것이다.

그러나 이 선택은 결코 쉬운 길이 아니었다. 다행히도 일본 경찰은 민족대표를 함부로 고문하지 않았다. 전 세계가 지켜보는 큰 사건이었기 때문이다. 문제는 감옥의 시설이나 급식 등 환경이었다. 서대문감옥에서는 17명이 좁디좁은 독방에 각각 수용되었으며, 1921년 경성감옥으로 옮겨진 뒤에는 16~17명이 약 10.9제곱미터(3.3평) 정도의 방에 다른 죄수들과 함께 수감되었다. 잠도 앉아서 잘 수밖에 없는 형편없는 환경이었다.[15] 고령자는 특히 더 힘들었을 것이다.

손병희는 3년 형을 받고 복역하던 중 1919년 11월 뇌출혈로 쓰러졌다. 온몸이 마비되어가는 상황에서도 병보석은 줄곧 기각됐고, 1920년 10월이 되어서야 병보석으로 출감할 수 있었다. 하지만 결국 1922년 5월 19일 심장마비로 서거하고 만다. 양한묵은 투옥된 지 3달이 채 안 된 5월 26일 감옥에서 숨을 거두었다. 민족대표 33인에는 들지 않았지만 도쿄에 가서 경시총감과 만난 뒤 체포된 안세환은 옥살이의 후유증으로 정신이상을 앓다가 죽었다. 민족대표 33인 중 한 사람인 길선주의 장남 길진형(吉鎭亨)은 105인 사건의 고문 후유증으로 1917년 사망했었는데, 차남 길진경까지 3·1운동 때 평양에서 『독립신문』을 발행하다 체포되어 1년 6개월의 징역형을 선고받았다. 길선주는 자신은 '독립청원'으로 알았다고 해서 무죄 선고를 받았으나, 이미 1년 8개월의 감옥살이를 한 뒤였다. 그는 3·1운동 당시 안질로 거의 실명 상태였다.

여러 고초를 겪고도 살아남은 민족대표는 대부분 계속해서 평생을 독립운동에 바치거나 지조를 지키면서 살았다. 안타깝게 변절한 사람은 박희도, 정춘수, 그리고 3·1운동 과정에서 가장 큰 공을 세운 인물이기도 했던 최린, 겨우 세 사람뿐이다.

파고다공원을 가득 채운 만세 소리

"대한 독립 만세!", "지금 파리강화회의에서 우리나라의 독립이 승인됐으니 독립 만세를 부릅시다!"

3월 1일, 민족대표가 태화관에서 독립선언식을 마치고 만세를 부른 뒤 연행될 무렵, 파고다공원에서 뛰쳐나온 학생들은 이렇게 외치며 거리를 지나던 사람들을 모으기 시작했다. 맨 처음 파고다공원에서 200명 정도로 시작한 시위대는 공원을 벗어나 시가지로 나가는 행진 과정에서 이내 수천 명으로 늘어났다. 그렇다면 학생들은 어떻게 독립선언식에 대해 알게 됐으며, 어떤 독자적인 계획을 가지고 움직였을까?

3월 1일

파고다공원

학생들이 파고다공원에서 독립선언식이 열린다는 사실을 전달받기 시작한 것은 하루 전인 2월 28일 오전부터였다. 연희전문의 김원벽의 진술에 따르면, 강기덕과 한위건이 2월 27일 무렵 중등학교 대표자들에게 3월 1일 파고다공원에서 거사가 있다는 것을 알리기로 되어 있었다.[16] 그 결과 28일에 학생들에게 3월 1일의 거사 계획이 전달된 것으로 보인다.

경성공전의 김대우는 아침에 등교해 주종의(朱鍾宜)로부터 3월 1일 파고다공원에서 독립선언식이 있다는 말을 듣는다.[17] 경성의전의 이형원(李亨垣)은 28일 낮 휴게 시간에 학생 너덧 명과 함께 길영희(吉瑛羲)라는 학생으로부터 "3월 1일 낮에 파고다공원에서 독립선언이 있고, 학생들이 참여하게 되어 있으니 너희들도 참가하라"라는 말을 들었고,[18] 경성전수학교 김영조(金榮洮)는 28일 밤 9시 무렵 전성득의 하숙방에서 3월 1일의 파고다공원 집회에 대해 들었다.[19] 그리고 대다수의 학생은 3월 1일 학교에 등교한 뒤, 선배나 동료들에게 당일 오후의 파고다공원 집회에 대해 들었다고 한다.

그날 오후 2시 파고다공원에는 학생들이 얼마나 많이 모였을까. 3·1운동과 관련해 그동안 나온 대부분의 책에서는 약 4,000~5,000명의 학생이 모였다고 썼다.[20] 그러나 세브란스의전의 유진혁은 수기

○○○

3 · 1운동 당시 만세 시위를 벌이는 모습

덕수궁 대한문 앞에서 만세 시위를 벌이는 군중의 모습. 캐나다 선교사 스코필드가 촬영한 사진으로 추정.

에서 이렇게 말한다. "이때 전문학생이라고는 10명이 채 못 되는 연희전문 학생과 나를 포함한 세브란스 학생 10명 정도였으며, 탑골공원 안에 모여든 인원은 모두 약 200여 명(제일고보 학생이 대부분) 정도에 불과했다."[21] 그 정도 인원이 나타났기 때문에 처음에는 경찰에서도 전혀 눈치를 채지 못했을 것이다.

그런데 약속된 2시가 되도록 민족대표는 나타나지 않았고, 학생대표도 나타나지 않았다.[22] 김원벽, 한위건 등은 3월 5일의 시위를 이끌기 위해 파고다공원에는 나타나지 않았으며, 혹시 파고다공원에 왔더라도 앞에 나서지 않은 것으로 보인다. 강기덕은 태화관에 들른 뒤에 파고다공원에 뛰어왔지만, 이미 선언문 낭독이 끝난 뒤였다.

파고다공원에서 독립선언서를 낭독한 사람은?

그렇다면 이날 민족대표가 오지 않은 파고다공원에서 독립선언서를 낭독한 사람은 누구일까? 놀랍게도 이 인물의 정체는 오랫동안 베일에 싸여 있었다. 당시 파고다공원에 갔던 학생 가운데 선린상업학교의 유극로(兪極老)는 "육각당 위에서 30세쯤 되는 두루마기를 입은 조선인이 선언서를 낭독하고, 누군가는 선언서인지 무엇인지를 나누어주고 있었다"라고 진술했다.[23] 경성고보의 박쾌인(朴快仁)은 "육각당에서 중절모를 쓴 자가 독립선언서를 낭독했다"라고,[24] 사립 도쿄물리학교의 고재완(高在琓)은 "이름은 모르겠으나 34~35세의 키가 작고 낯에 검은 점이 있는 남자였다. 뚱뚱하거나 야윈 편도 아닌 보통 체격의 남자였다"라고 진술한다.[25] 유진혁은 당시 상황을 이렇게 회고했다.

> 돌연 공원 중앙 팔각정자에서 탑 쪽을 향한 돌층계에 회색 두루마기를 입고 백색 무명가방에 인쇄된 삐라 뭉치를 가득 담아 어깨에 멘

한 중년 신사가 나타났다. 그는 메고 온 가방에서 독립선언서를 한 장 꺼내 약 10분 동안 대략 그 내용을 소리 높이 설명한 후 선언서를 훔켜서 학생들 쪽으로 뿌렸다. 학생들이 모두 몇 장씩 주워들었다. 이때 그 중년 신사는 두 팔을 높이 들고 "조선 민족 자주독립 만세!" 하고 소리 높이 외치니, 만장의 학생들도 일제히 호응해 한 손에 모자와 한 손에 선언서를 흔들며 목이 터지라고 "조선 민족 자주독립 만세!" 하고 몇 번이나 연거푸 불렀다.[26]

유진혁의 회고에 따르면 당시 현장에는 경찰이 1명도 없었다. 그는 만세 직후에 공원 뒷문 쪽으로 나가 뒷담을 돌아서 정문 좌측에 있는 경찰서의 동향을 살폈다. 그러나 지서 안의 일본인 순사와 한국인 순사는 공원 쪽의 상황을 전혀 모르고 평소처럼 앉아 있었다. 공원 안에서 다시 만세 소리가 울려 퍼지자 그때야 일본 순사가 어슬렁거리면서 공원 안으로 들어갔다가, 독립선언서 한 장을 주워들고 나와서야 황급히 지서 안으로 들어갔다. 그는 부하를 시켜 공원 정문을 닫아 일행이 공원 밖으로 나오는 것을 막는 조치도 취하지 않은 채, 종로경찰서에 전화를 하기 위해 전화통만 붙잡고 있었다고 한다.

그사이에 학생 200여 명은 정문을 통해 종로 거리로 쏟아져 나왔고, 그들은 행인에게 "지금 파리강화회의에서 우리나라의 독립이 승인됐으니 독립 만세를 부르자"라고 선전하면서, 소리 높여 '독립

만세'를 외쳤다.[27]

이러한 상황이었기에 선언문 낭독자는 현장에서 붙잡히지 않았고, 이후에도 끝내 붙잡히지 않았다. 그는 대체 누구였을까? 1956년에야 정재용(鄭在鎔)이라는 사람이 『동아일보』에 실은 회고록을 통해 자신이 파고다공원에서 독립선언서를 낭독한 당사자임을 밝힌다. 정재용은 1886년 해주에서 태어나 서울에서 경신학교를 졸업하고 고향인 황해도 해주에 내려간 뒤 사립학교인 의창학교 교감 등을 지냈다.[28] 그리고 3·1운동 이후에는 해주청년회에서 활동했다.

그는 1956년 『동아일보』에 투고한 「삼일절을 맞이하여」라는 글에서 2월 20일 무렵 YMCA학생부 간사인 박희도로부터 해주교회의 동지들에게 서울에서 천도교와 기독교의 독립운동이 준비 중이라는 연락을 받고 최성모와 최두현, 노선형과 함께 서울로 올라왔다고 밝힌다. 그는 박희도를 만나 운동의 준비 상황을 듣고, 이규갑(李奎甲)을 비롯해 동화당약방의 민강(閔橿), 평화당약방의 이옥인과 앞으로의 계획을 논의했다. 이규갑은 3월 중순 이후 이른바 '한성정부'를 만드는 데 주역이 된 인물로 충무공(忠武公) 이순신(李舜臣)의 10대손이기도 했다.

정재용은 28일 아침 김창준을 종로 중앙예배당 사무실에서 만나 독립선언서 수백 장을 전달 받고, 경성역에 가서 원산으로 가는 곽명리에게 이를 전했다고 한다.[29] 33인의 한 사람인 오화영은 자신이 박희도의 집에 곽명리를 데리고 가서 박희도의 형인 박희숙(朴熙

淑)에게 독립선언서를 받아 곽명리에게 전달했다고 진술했다. 따라서 김창준으로부터 선언문을 받아 곽명리에게 전달했다는 정재용의 주장과는 상당한 차이가 있다.[30]

정재용은 3월 1일 오전 박희도를 찾아가서 독립선언식의 장소가 파고다공원에서 태화관으로 바뀌었다는 말을 들었다고 한다. 그는 파고다공원에 학생들이 모이기로 한 사실을 알고 있었기 때문에 파고다공원으로 갔다. 사전에 준비된 것은 아니었으나, 2시 무렵 학생들이 입추의 여지 없이 들어차는 것을 보고 호주머니에 간직했던 독립선언서를 꺼내 낭독하기 시작했다. 그의 낭독이 끝난 뒤 학생들은 '조선 독립 만세'를 삼창했고, 이어 파고다공원의 정문을 나가서 시가지 시위에 들어갔다. 그때 그에게 와서 선언문을 달라던 이가 있었는데, 바로 고학생갈돕회 회장 최현(崔鉉)이다. 학생 행렬의 선두에 선 이는 33인 중의 한 사람인 최성모(崔聖模)의 장남 최경환(崔景煥)이었다.[31]

이처럼 정재용의 회고는 3월 1일 파고다공원에서의 상황을 구체적으로 묘사하는데, 공원에 학생들이 입추의 여지 없이 들어찼다는 표현은 유진혁의 회고와는 상당한 차이가 있다. 또 유진혁의 회고와 유극로의 회고에도 약간의 차이가 있다. 유진혁은 백색 가방에서 선언문을 꺼냈다고 했고, 또 낭독자가 학생들에게 선언문을 뿌렸다고 했는데, 앞서 본 유극로는 누군가 다른 이가 선언문을 배포했다고 한다. 이들 중 누구의 기억이 맞는지는 알 수 없다. 다만 유극로, 박쾌인, 고재완, 유진혁 등 당시 현장에 있었던 학생들은 공통적으로 선언문 낭독자가 30세에서 35세 정도, 혹은 중년의 신사라고 말하는데, 당시 정재용의 나이가 만 33세였다. 따라서 나이로 볼 때에는 낭독자가 정재용일 가능성이 높다.

일각에서는 낭독자가 한위건이었을 거라고 주장하는 이도 있지만, 한위건은 1896년생으로 당시 만 23세밖에 되지 않았고 경성의전 학생 김영철은 자신이 모르는 사람이 나와서 선언서를 읽었다고 진술했다.[32] 강기덕은 1886년생으로 만 33세였지만, 뒤에서 다룰 3월 5일 남대문시위에서 주동자로 체포된 이후 신문 과정에서 자신이 파고다공원에서 선언문을 낭독했다는 말을 전혀 하지 않았고, 해방 이후에도 그런 말은 하지 않았다.

'대한 독립 만세'의 기원

이날 파고다공원에서는 독립선언서의 배포, 선언문의 낭독, 독립 만세 삼창 등이 이루어졌다. 이는 2월 하순 천도교 측의 최린과 기독교 측의 함태영이 거사 계획을 세울 때 이미 합의한 것이다. 당시 두 사람은 3월 1일 오후 2시 파고다공원에서 독립선언서를 낭독해 선언식을 갖고, 선언문을 다수 인쇄해 군중에게 배포하며, 독립

만세를 부르게 한다는 것에 합의했던 것이다.[33]

최린은 자서전에서 "운동의 방식은 일정한 처소에 회집해 독립 선언서를 발표하고 독립 만세를 높이 부르는데, 폭력적인 행동은 일절 하지 않기로 했다. 이것은 최초에 결심한 3원칙을 따른 것으로서, 천도교의 제2세 교조 최해월(崔海月) 선생의 신원 운동의 영향을 받은 의암성사(손병희)의 뜻에 의한 것이며, 또한 비폭력 무저항주의는 간디의 전술과도 흡사해 약소민족의 해방운동에 있어서는 참으로 묘미가 있는 신규의 방략이라고 할 수가 있다"라고 회고했다. 민족대표의 만세운동 역시 이처럼 인도의 간디에게 영향을 받은 비폭력 무저항주의 운동의 새로운 방략으로 채택된 것이다.[34]

한편 천도교도 이경섭(李景燮)은 2월 28일 이종일로부터 독립 선언서 1,000장을 받아서 황해도 서흥, 해주, 사리원, 수안 등지에 배포한다. 그는 이종일로부터 "경성에서는 3월 1일 오후 2시를 기해 손병희 이하 독립을 선언하고 그 선언서를 배포하고 만세를 부를 것이니, 지방에서도 이를 본받아 선언서를 배포하고, 군중과 함께 만세를 부를 것을 전달하라"라는 명령을 받았다고 한다.[35]

서울에서는 3월 1일 오후 2시 반 무렵, 파고다공원을 나온 학생들이 시가지에서 시위행진을 시작했고, 길을 지나던 시민도 이에 합세했다. 그때 그들의 시위 방법은 두 팔을 높이 들면서 '조선 독립 만세', '대한 독립 만세', '독립 만세' 등의 구호를 외치는 것이었다. 이는 최린과 함태영이 평화적인 시위를 위해 고안해낸 방법인 것으로 보인다.

이러한 구호는 어디에서 비롯된 걸까? 대한제국 시기에 황실 관련 여러 행사에서 사람들이 두 팔을 들고 '만세'를 외친 경우는 많았다. 그리고 『독립신문』에는 「최병희 애국가」에 "만셰로다 만셰로다 우리 독립 만셰로다"라는 구절이 나오고,[36] 고종을 위한 「경축가」에 "우리 백성 합심하니 자주독립 만만세라 만세만세 만만세 성상폐하 만만세"라는 구절이 나온다.[37] '자주독립 만만세'라는 문구가 있는 것을 보면, 대한제국 시기에 이미 '독립 만세'라는 말이 있었음을 알 수 있다. 그러나 이 구호가 대중적으로 널리 확산된 것은 1910년대 이후로 추정된다.

1910년 4월 국내에서 발간된 『근세역사』라는 책은 안중근의 전기라고도 할 수 있는데, 바로 여기서 안중근이 1909년 이토 히로부미를 사살한 뒤 '대한 독립 만세'를 라틴어로 3번 외쳤으며, 사형을 당할 때에도 '대한 독립 만세'와 '동양 평화 만세'를 외쳤다고 기록한다.[38] 이 책은 당시 국내에서 널리 읽힌 베스트셀러로 그 영향력이 상당히 컸다. 3·1운동 시기에 널리 퍼진 '대한 독립 만세'라는 구호는 혹시 여기서 영향을 받은 것이 아닐까.

시가지로 행진하는 시위대

'대한 독립 만세'를 외치며 파고다공원을 나온 시위대는 시가지로 행진하면서 주위를 지나다니는 사람들에게 이렇게 외치며 만세를 독려했다. "조선은 지금 독립하려고 합니다. 같이 만세를 부르지 않으면 안 됩니다."

이 말을 들은 많은 군중이 시위대에 하나둘 합류하기 시작했는데,[39] 앞서 언급한 것처럼 맨 처음 파고다공원에서 200명 정도로 시작한 시위대는 이후 행진 과정에서 점점 늘어났고, 결국 수천 명에 달하는 규모로 커졌다. 시위대가 서넛으로 나뉘어 행진했으니, 각각의 시위대는 수백 명에서 1,000여 명으로 구성됐다고 볼 수 있다.

영친왕,
시위대의 면회 요청을 거부하다

파고다공원을 나온 학생 시위대는 일단 동서로 나뉘었다. 그리고 서쪽으로 행진한 시위대는 종로 1가 전차 교차점(종각 앞)에서 다시 둘로 나뉘었다. 일부는 남대문통(지금의 남대문로)을 따라 남대문 → 남대문역(지금의 서울역) → 의주통(지금의 의주로) → 정동 미국영사관 → 이화학당 → 대한문 앞 → 광화문 앞 → 조선보병대 앞(지금의 정부서울청사) → (지금의 광화문 네거리) → 서대문정 → 프랑스영사관(지금의 충정로역 부근) → 서소문정 → 장곡천정(지금의 소공로) → 본정 2정목(지금의 충무로 2가)으로 행진하다가 본정2정목에서 경찰의 제지로 해산했다.

또 다른 일부는 무교정 → 대한문 → 덕수궁내 돌입 → 정동 미국영사관 → 대한문 앞으로 행진한 뒤, 다시 갑·을 둘로 나뉘어 갑대는 광화문 앞 → 조선보병대 앞 → (지금의 광화문 네거리) → 서대문정 → 프랑스영사관 → 서소문정 → 장곡천정 → 본정으로 행진했고, 을 대는 무교정 → 종로통 → 창덕궁 → 안국동 → 광화문 앞 → 조선보병대 앞 → (광화문 네거리) → 서대문정 →프랑스영사관 → 서소문정 → 장곡천정 → 본정으로 행진했다.

동쪽으로 간 시위대는 창덕궁 앞 → 안국동 → 광화문 앞 → (지금의 광화문 네거리) → 서대문정 → 프랑스영사관으로 행진했으며, 일부는 정동 미국영사관 또는 영성문을 지나 대한문 앞에 이르러 장곡천정을 거쳐 본정으로 들어갔고, 다른 일부는 종로통으로 나와 동아연초회사 앞을 거쳐 동대문 부근으로 향하다 해질녘에 해산했다.[40]

덕수궁에 돌입한 시위대에 있었던 유진혁에 따르면, 당시 세브란스의전 학생 1명이 앞장서고 200여 명의 군중이 그의 뒤를 따라 경찰 및 이왕직(일제강점기 옛 대한제국 황실의 사무를 담당하던 기구)의 보병대와 육박전을 벌인 끝에 안으로 돌입했다. 그런데 덕수궁에 들어간 그들은 그곳의 너무나 호화로운 별세계에 놀라지 않을 수 없었다. 그들은 왕세자 이은을 면회하고자 했으나 거절당했고, 이왕직 쪽에서 눈물로 물러가주기를 간청해 덕수궁에서 물러났다.[41] 같은 땅 위에서 똑같이 망국을 맞고 식민지 지배를 받는 처지였지만, 이왕가와 일반 민중이 처한 삶과 입장은 이렇게 달랐다.

시위대가 서울 도심지 곳곳을 누비고 다녔지만, 이러한 행진을 경찰은 제대로 막을 수 없었다. 워낙 많은 수의 군중이 대오를 이루었기에 일부 경찰이 막아보려 했지만 역부족이었다. 행렬이 남대문역 뒤 봉래정에 있던 프랑스영사관에서 서소문 쪽으로 향할 때 기마헌병이 철길 앞에서 행렬을 가로막아 한참 실랑이를 했는데, 누군가가 철도 연변의 돌을 집어 던지기 시작했고 결국 기마헌병은 도주했다.[42] 어떤 곳에서는 시위 주동자를 연행하기도 했지만, 적어도 오후 5시 이전에는 총독부 경찰이 제대로 대응하지 못했던 것으로 보인다. 그들 입장에서는 예상하지 못한 가운데 '갑자기' 일어난 대규모

○○○

덕수궁 석조전 건물(위)과 2층 접견실(아래)

1910년 한일병합 이후, 구 대한제국 황실은 이왕가가 된다. 이왕가는 일본 궁내성 소속의 왕공족으로 일본 천황가의 하부 단위로 편입되어, 일반 오등작(공작, 후작, 백작, 자작, 남작) 귀족보다 높은 신분이었다. 기존 황실을 담당하던 궁내부는 이왕직이 되어 그대로 이왕가의 재정과 사무를 담당했는데, 그 규모가 상당했다. (각각 개인 소장, 문화재청 소장)

시위였기 때문에 우왕좌왕했던 것이다.

강기덕은 훗날 "때마침 하세가와 총독이 도쿄에 머무르는 중이므로 총독의 졸도(卒徒)로서는 이와 같은 중대 문제에 봉착해 어찌할 바를 모르고 도쿄에 전화로 연락하는 시간 관계로 오후 5시 무렵에야 비로소 검거에 착수하게 된 것"이라고 회고했다.[43] 그러나 『매일신보』를 보면, 하세가와 총독은 당시 서울에 있었으며, 3월 3일 고종의 국장 의식에도 참석했다.[44] 따라서 총독부나 조선군 사령부에서 이 사태에 바로 대응하지 못한 것은 단지 사전에 전혀 대비가 없었기 때문이라고 보아야 할 것이다. 게다가 경무총감부는 고작 자동차 1대로 민족대표 전원을 태화관에서 경무총감부로 호송하는 데 시간을 많이 써서, 이를 신경 쓰느라 시위대에 바로 대처하지 못한 것으로 보인다.

목적지는 조선총독부

위에서 보면, 대부분의 시위대는 대한문 앞을 중심으로 서대문, 서소문, 정동, 종각 부근을 돌다가 오후 4시 이후에는 일본인의 거리라 할 수 있는 혼마치길(본정통本町通, 여기서 '본정本町'은 도시의 중심이 되는 거리를, '통通'은 길을 뜻한다)로 집결한 것을 알 수 있다. 이들은 왜 혼마치로 향했던 것일까? 바로 혼마치 남쪽의 남산 자락에 조선총독부 건물이 있었기 때문이다. 시위대의 궁극적인 목표는 조선총독부였다. 당시 시위대를 이끌던 학생 지도부는 사전에 이와 같은 합의를 했을 가능성도 있다. 그들은 조선총독부 앞에서 독립을 요구하는 시위를 하려 했던 것으로 보인다. 총독부 경무국에서 총독 등에게 올린 보고[45]와 총독부관방에서 작성한 『조선의 독립사상 및 운동』이라는 자료를 보면, 파고다공원을 나온 군중은 셋으로 나뉘어 시위운동을 전개했는데, 제1대는 덕수궁으로, 제2대는 외국 영사관(미국 · 프랑스영사관)으로, 제3대는 가장 큰 무리를 이루어 총독부를 목표로 진로를 잡았다고 한다.[46]

이처럼 대규모 조선인 시위대가 총독부의 턱밑이라고 할 혼마치길로 몰려들자, 위기의식을 느낀 총독부 당국은 급히 조선군 사령관에게 군대 파견을 요청했다. 사령관은 이를 받아들여 보병 3개 중대와 기병 1개 소대를 용산에서 서울 시내로 파견했다. 혼마치길에 대규모 시위대가 밀어닥치자 일제 군경은 혼마치2정목(지금의 중구 충무로2가)에 방어선을 치고 기마대와 칼로 위협해 시위대를 해산시켰다. 그리고 이 과정에서 시위대 가운데 부상자가 발생했다. 군경이 시위대 안에서 열성적으로 만세를 부르는 이들을 하나둘 검거하기 시작한 것은 오후 5시가 넘어서였는데, 이날 혼마치를 중심으로 서울 시내에서 체포된 군중만 134명이었다.

여기서 주목할 점은 여러 시위대가 프랑스영사관에 들렀다는

ㅇㅇㅇ
조선총독부 구청사

1919년 당시 남산 왜성대에 있던 조선총독부 구청사. 통감부 신청사로 건립되었다가, 병합 이후 조선총독부 청사로 쓰였다. 1926년 광화문 뒤쪽에 신청사가 건립된 이후에는 은사과학관으로 사용되다가, 한국전쟁 때 소실됐다.

점이다. 경성전수학교 학생 박승영(朴承永)은 시위대와 함께 프랑스 영사관에 들어가 영사로 추정되는 인물에게 일본어로 "정의, 인도에 바탕한 민족자결주의에 입각해 조선이 독립을 선언하고 그 독립을 실현시키고 싶으므로, 그 취지를 귀국의 본국 정부에 알려 달라" 하고 요청했으며, 그는 이를 수락했다고 한다.[47] 시위대는 당시 강화회의가 프랑스 파리에서 열리고 있었기 때문에, 프랑스영사관을 통해 한국인들의 독립 의지를 전달하고 싶었던 것으로 보인다. 3월 1일의 시위 상황에 대해 일본 헌병경찰 당국은 다음과 같이 상황을 요약해 보고했다. 숫자는 다소 과장되어 있다.

> 3월 1일 오후 2시 전후를 기해 약 3,000~4,000명의 학생은 예정대로 종로 파고다공원에 집합해 독립선언서를 낭독하고 일제히 만세를 부르며 종로통을 서방으로 향해 행진하며 시위운동을 개시했다. 군중 역시 이에 곁붙어 그 수가 수만에 달하고 후에 여러 대로 나뉘어 덕수궁 대한문 앞, 각국 영사관 앞 등에 이르러 만세를 부르고 군중에게 독립 연설을 하면서 시중을 행진했다. 당일 국장 배관을 위해 지방에서 올라온 자도 수십만에 달해 그 혼잡은 이루 말할 수 없었다. 이에 총독이 용산에서 보병 3개 중대를 경성으로 불러 헌병, 경찰관을 돕게 하니 오후 7시에 이르러 겨우 진정됐다.[48]

혼마치에서의 시위대 해산 이후 상황은 어땠을까. 경무국의 보고에 따르면 당시 상황은 다음과 같다.

> 1일 오후 8시 무렵 마포 전차 종점 부근에 약 1,000명이 집합했고, 또 11시 무렵 기독교 부속 연희전문학교 부근에 학생 200명이 집합했다가 얼마 안 되어 해산했다. 또 시내에서는 2일 오전 2시에 모여 독립운동을 시도한다거나, 국장 당일 대규모 시위대가 덕수궁 문전에서 고종의 상여를 탈취할 것이라는 등 불온한 소문이 있었으나, 그 후 큰 사고는 일어나지 않았다. 다만 2일 0시 20분에 종로 십자가(종

각 사거리)에서 약 400명의 집단이 만세를 고창하며 종로경찰서 앞으로 와서, 이를 제지하고 수괴로 인정되는 자 20명을 체포하자 곧 해산했다. 이 집단의 다수는 노동자이고, 소수의 학생도 가담했다. 이후 오늘 오후 4시에 이르기까지는 전연 정숙하고 시위적 운동을 하지 않았다. 그러나 각 지방에서 국장 배관을 위해 입경한 자가 수만에 달해 시내의 복잡함이 극도에 달했으므로 여하한 사태가 빚어질지 헤아릴 수 없으므로 엄중히 경계하고 있다.[49]

3월 1일 밤 마포와 연희전문 부근에서도 시위가 있었고, 종각 부근에서도 수백 명의 시위가 있었음을 알 수 있다. 2일 낮에는 전날과 달리 비교적 조용했는데, 이는 다음 날 고종의 인산을 앞두고 시위를 자제했기 때문으로 보인다. 폭풍 전야의 고요였다.

다시 대규모
시위가 일어나다

3월 3일, 고종의 국장 날에는 이렇다 할 시위가 없었다. 그날 밤, 시위가 거의 사그라들었다고 판단한 조선군 사령부는 1개 중대를 부대로 복귀시킨다.[50] 하지만 3월 4일이 되자 「국민회보」라는 이름의 격문이 전차와 길거리 곳곳에서 발견되기 시작한다. 또 각 학교에서는 다수의 학생이 결석하는 일이 일어났다. 따로 특별한 결의는 없었지만, 학생들은 누구 할 것 없이 자연스럽게 동맹휴학에 들어간 것이다.[51]

이날 밤, 헌병경찰은 조선인 학생단이 다음 날인 5일 대한문 앞으로 집합하려 한다는 정황이 있다면서 5일 이른 아침부터 보병 1개 중대를 대한문 부근으로 보냈다.[52] 그러나 학생들이 모인 곳은 그곳이 아니었다. 그들은 5일 오전 9시 남대문역 앞에 모여 시위를 시작했다.

준비된 거사

이날의 거사는 구체적으로 어떻게 준비됐을까. 학생단의 대표자인 강기덕, 김원벽, 한위건은 1일 이후의 상황을 지켜보면서 3일 무렵에 학생단 시위를 5일에 전개하기로 최종 결정했다. 이에 따라 4일 오전에 강기덕 등은 각 전문학교 및 중등학교 대표자인 장채극, 전옥결, 강우열(康禹烈)과 기타 학생대표를 정동 배재고등보통학교 기숙사로 소집했다.

이 자리에서 "내일 5일 오전 9시를 기해 남대문역 앞 광장을 집합지로 해 학생 주최의 독립시위운동을 할 것이며, 그 방법으로서 강기덕과 김원벽을 선정해 지휘의 임무를 담당하게 한다. 각자는 자기 학교 학생 또는 잘 아는 사람들을 규합해 참가시키도록 노력하라"라는 지시가 내린다. 그리고 그날 밤 한위건, 강기덕, 한창환, 장기욱, 전옥결 등은 다시 세브란스의전 구내에 모여서 5일의 운동 이후에도 여러 수단으로 목적을 관철하기로 결의했다.[53]

그런데 이들 학생단 대표는 왜 하필 날짜와 집결지를 5일 남대문역 앞 광장으로 잡았을까. 앞서 살펴본 것처럼 학생대표는 3월 1

일의 상황을 보고 학생단의 거사 날짜를 정하기로 했다. 그런데 2일은 일요일이었고, 다음 날인 3월 3일은 고종 인산과 관련해 국장일로 선포되어 있었다. 4일에는 학생들에게 5일 소집을 전파해야 했기 때문에 5일을 거사일로 잡은 것으로 보인다.[54] 학생단은 아마도 3일의 국장이 끝나면 4~5일 사이 지방에서 올라온 이들의 귀향이 있을 것으로 보고, 귀향을 위해 가장 많은 사람이 모일 것으로 예상되는 남대문역 앞에서 시위를 벌이기로 결정한 것으로 보인다. 『매일신보』에 따르면, 실제로 4일과 5일 남대문역은 귀향 인파로 대단히 혼잡했다.[55]

앞에서 본 것처럼 시위의 양상은 전문학교 학생들이 주도하고, 중등학교 학생들이 이를 따르는 식으로 진행된다. 전문학교, 중등학교 학생 대표에게 '5일 오전 9시 남대문역 집결'이라는 소식이 전해진 것은 4일 오전이었다. 그리고 일반 학생들에게 이러한 소식이 전파된 것은 그날 오후부터였다.

중앙학교의 학생 한호연은 4일 밤 '5일 아침 남대문에 집합하라'고 쓴 종이쪽지를 받았다.[56] 진용규(秦龍奎)는 4일 동숙하는 사람에게 5일 아침에 남대문에 모인다는 말을 듣는다.[57] 연희전문의 서광진(徐洸璡)은 3일 김술근(金述根)에게 4일 남대문역 앞으로 모이라는 지침을 받았는데, 다음 날인 4일이 되자 "내일 오후에 같은 장소에서 한다"라는 말을 듣는다.[58] 경성공전의 김대우(金大羽)는 4일 오후 정중섭으로부터 5일 남대문역 앞에 모이라는 말을 들었다.[59] 보

○○○

남대문역(지금의 서울역 자리)

1900년 경인철도의 정거장으로 개통됐다가, 1905년 남대문역으로 이름을 바꾼다. 서울의 중앙역으로 많은 승객이 이용했는데, 특히 1919년 3월 1일에는 고종의 인산을 앞두고 전국에서 많은 사람이 모여들었다. 지금의 구 서울역사 건물은 1925년 준공한 경성역을 복원한 것이다. (서울시 소장)

성전문의 이양직(李亮稙)은 4일 밤에 빵떡모자를 쓴 성명 미상의 조선인이 자기 집에 와서 종이쪽지를 던지고 갔는데, 그 종이에 "3월 5일 오전 9시 남대문역 앞에 집합해 제2회 독립운동을 하므로 참가하라"라는 내용이 쓰여 있었다고 한다.[60] 경성공전의 최사열(崔士烈)은 "3월 4일 밤 외출했다가 돌아와 보니, 하숙집 어린이가 내가 없는 동안에 빵떡모자를 쓴 사람이 이것을 가지고 왔다고 하면서 나에게 주었다. 무엇인가 하고 그것을 보니 3월 5일 오전 9시 두 번째 독립운동을 할 것이니, 남대문역 앞에 집합하라고 쓰여 있었다"라고 말했다.[61] 보성고보의 민찬호(閔瓚鎬)는 4일 저녁 같은 하숙집의 학생인 이철(李鐵), 도상봉(都相鳳)으로부터 "5일 오전에 남대문에서 독립 만세를 부른다"라는 말을 듣고 시위가 일어난다는 것을 알게 됐다고 밝힌다.[62]

거사일은 이렇게 입에서 입으로 전해졌고, 3·1운동의 불씨는 그렇게 다시 한번 거세게 타오를 준비를 하고 있었다.

3월 1일 서울 시위 때 사람들은 태극기를 흔들었을까?

3월 1일의 서울 시위에서는 태극기가 등장하지 않았다. 그렇다면 5일의 학생 시위에서는 어땠을까?

4일 밤 중동학교 김종현(金宗鉉), 경성고보 최강윤(崔康潤), 국어보급학관 채순병(蔡順秉)은 동숙하는 하숙집(안국동 93번지)에서 김종현이 사온 탄산지와 골필 3개, 백지 200장을 사용해 "5일 오전 8시 30분 남대문역 앞에 집합해 제2회 독립운동을 개최하니 태극기를 가지고 오라"라는 취지의 통고문 약 400장을 제작한다. 5일 거사에 더 많은 학생을 불러 모으기 위한 것이었다. 이들은 저녁식사 이후 밤늦게까지 이 작업을 계속한다. 작업이 완료되자, 그날 밤 최강윤은 수송동과 송현동 방면, 채순병은 소격동 방면, 김종현 중학동 방면에

각각 통고문을 배포했다.[63]

그런데 이 통고문 제작은 운동의 지도부와는 협의가 되지 않은 가운데 만들어진 것으로, 그 안에 담긴 '태극기를 가지고 오라'는 내용은 지도부의 뜻과는 어긋나는 것이었다. 중앙학교생 김응관(金應寬)에 따르면, 4일 밤에 하숙집에서 정석도(鄭石道), 김용관(金龍觀)과 함께 태극기를 만들었으나, 다음 날 아침에 누군가 와서 시위에 가지고 나가지 말라고 해 지참하지 않았다고 진술한다.[64] 중앙학교의 이관석(李官錫)도 4일 밤에 같은 하숙의 옆방에 사는 경신학교 생도인 김화식(金華植)이 태극기를 갖고 가도록 권유해 태극기를 만들었는데, 5일 아침에 그가 다시 와서 가지고 가는 것이 좋지 못하다고 해 가져가지 않았다고 증언한다.[65]

왜 그랬을까? 태극기를 가져오지 말라는 지시는 아마도 학생단 지도부로부터 내려왔을 것이다. 뒤에서 자세히 살펴보겠지만, 당시 지도부는 붉은 천을 흔들며 만세를 부른다는 계획이 따로 있었기 때문이다.

그러나 모두에게 연락이 되지는 않아 일부 학생은 태극기를 가지고 남대문에 나갔고, 현장에서 태극기를 흔들기도 했다.[66] 경성고보생 김용관에 따르면, 4일 밤 한호연, 이관석 등과 함께 태극기를 만들어 이튿날 남대문역 앞에 가지고 갔는데, 아무도 태극기를 흔드는 자가 없어 자신도 쓰지 않고 버렸다고 한다.[67] 여러 정황을 살펴보면, 3월 1일뿐만 아니라 5일의 서울 시위에서도 태극기는 거의 사용하지 않은 것으로 보인다.

남대문에 집결한 시위대

3월 5일 아침이 되자 많은 학생이 하나둘씩 남대문역 앞으로 집결하기 시작했다. 총독부 경무총감부는 이날 집합한 학생 수를 4,000~5,000명으로, 조선군사령부는 1만 명으로 추산했다.[68] 현장에 있었던 경성공전 학생 최사열은 당시 군중의 수효를 5,000~6,000명으로 추산했다.[69] 시위는 어떻게 시작됐을까. 최사열은 이렇게 묘사한다.

> 남대문역 앞으로 가니 이미 다수가 모여 있었다. 그 뒤 2~3분이 지나니 남대문 쪽에서 양복을 입은 조선인 한 사람이 인력거를 타고 손에는 '독립 만세'라고 쓴 기를 들고 역 앞에 와서, 그 사람이 독립 만세를 부르니 군중은 그것에 호응해 독립 만세를 불렀다. 그런데 또 뒤에 조선인 한 사람이 독립 만세라고 쓴 기를 들고 인력거를 타고 와서 전과 마찬가지로 독립 만세를 부르므로 군중은 다시 그것에 호응해 만세를 불렀으므로 나도 만세를 불렀다. 그러자 기를 들고 인력거를 탄 조선인은 남대문 쪽으로 향했으므로 군중도 같은 방향으로 걷

기 시작했다. 나는 남대문 앞에까지 갔더니 경찰관이 칼을 뽑아 들고 군중을 제지하고 때로는 구타하기도 했으므로 나는 그 위험을 피하기 위해 남산으로 올라갔다가 집으로 돌아왔다.[70]

보성전문의 이양직은 4일 밤에 빵떡모자를 쓴 사람이 전해준 종이쪽지에서 5일 오전 9시 남대문역 앞에서 두 번째 독립운동이 있다는 것을 보고, "조선인으로서 기쁘게 생각하고" 9일 오전 남대문역에 나갔다고 한다. 그는 당시 상황을 이렇게 묘사했다.

3월 5일 아침 9시 무렵에 남대문역 앞에 갔더니 다수의 사람이 모여서 걸을 수가 없을 정도였다. 그러는 중에 인력거를 타고 '조선 독립 만세'라고 쓴 기를 들고 온 조선인이 말하기를 오늘은 두 번째의 독립선언이라고 하자 군중은 거기에서 '만세' 또는 '조선 독립 만세'를 불렀으므로 나도 그것에 호응해 마찬가지로 만세를 불렀다. 그러고 있는데 누군가가 붉은 천을 흩어 주면서 이것을 흔들면서 만세를 부르도록 하라고 하므로 나도 그 하나를 얻어서 군중과 함께 남대문 쪽을 향해 만세를 부르면서 걸었는데 나는 남대문 안에 들어오자 경관에게 체포됐다.[71]

당시 상황에 대해 경성지방법원의 예심종결 결정문은 이렇게 정리한다.

> 3월 5일 오전 8시 전후 남대문역 앞에 쇄도하는 군중은 무려 수만을 헤아렸으며, 강기덕, 김원벽은 모두 인력거에 탑승해 '조선 독립'이라 크게 쓴 기를 휘날리며 달려와 제2회의 시위운동을 할 것을 선포했다. 군중은 일제히 독립 만세를 고창하며, 선두에 선 강기덕, 김원벽의 지휘에 따라 독립 만세를 절규하면서 남대문으로 향했다. 그동안 어떤 자는 당일 독립운동자의 표시를 명료하게 하기 위해 다수의 붉은 천을 살포해 이를 휘저으며 남대문에 이르렀는데, 군중은 경비를 위해서 출동한 경찰관헌의 제지에 부딪혀 강기덕, 김원벽 등 검속된 자가 많았다.[72]

한편 경성고보생 홍순복(洪淳福)은 "깃발을 가지고 인력거를 탄 두 사람이 만세를 불렀으므로 군중은 거기에 화답해 만세를 불렀다"라고 진술한다.[73] 이러한 진술들을 종합해보면, 김원벽과 강기덕은 남대문 쪽에서 남대문역 앞쪽으로 인력거를 타고 몇 분 간격으로 차례로 나타났고, 모두 '조선 독립'이라 쓴 큰 깃발을 들고 있었다. 이들은 자신을 에워싼 학생들에게 "제2의 독립운동을 선포한다"라고 외쳤고, 이에 학생들은 다 같이 "조선 독립 만세"라고 외쳤다.

바로 그때 누군가 군중에게 붉은 천을 살포했다. 보성고보의 이인식은 "그때 누군가 군중 속에서 붉은 천을 살포했으므로 나도 그 하나를 주어 만세를 불렀다"라고 말했다. 이 붉은 천은 위의 예심종결 결정문을 보면 "독립운동자의 표시를 명료하게 하기 위해서" 이를 들고 휘둘렀다고 했다. 그러면 누가 붉은 천을 살포했을까? 당시 붉은 천을 가지고 있다가 현장에서 붙잡힌 학생은 여러 명인데, 그 가운데 살포자로서 가장 유력한 이는 고재완이다. 그는 사립 도쿄물리학교 1학년생으로 함북 북청 출신으로 강기덕과 연결된 장채극과도 가까운 사이였다.[74] 그는 5일 9시 30분경 붉은 천을 주머니에 넣고 있다가 대한문 앞에서 경찰의 검문에 걸려 체포된다.

> 3월 4일 밤 종로 쪽에 산책을 나왔다가 돌아오는 길에 송현동을 통과할 즈음 어두운 노상에서 망토를 입은 자가 와서, 나에게 이것을 내일 배부해달라고 하며 붉은 천 2권을 주었으므로 이것을 어찌하라는 것인가 하고 물었다. 그랬더니 내일 아침 대한문에 집합하는데 그때 이것을 배부해달라고 하고 다른 말은 없었는데, 그것을 듣고 또 독립운동이라는 것을 알았다. 나는 붉은 천을 하숙에 가지고 가서 여러 가지 생각해봤는데, 비록 내가 배부하지 않더라도 다른 사람이 누군가에게 배부할 것이다. 내가 배부하지 않아도 타인이 배부하면 나의 뜻은 아무것도 아니므로 나도 배부하기로 결심했다. 그래서 3월 5일 아침 9시 무렵 하숙을 나와 그 붉은 천을 배부하려고 대한문까지 갔다가 곧 경관에 붙잡혔다. 그때 나에게 붉은 천을 부탁한 자가 자기는 김재익(金在益)이라고 말했다.[75]

그는 경성지방법원 예심에서 판사가 "붉은 천을 가지고 있던 것은 많이 나누어주고 남은 것인가?"라고 묻자, 그것은 아니라고 부정한다. 그는 받은 그대로 한 장도 배부하지 않았고, 처음부터 그것뿐이라고 말했다.[76]

그러나 그가 어느 학교의 학생인지도 모르는 김재익에게 붉은 천을 받았다는 것은 허위 진술일 가능성이 높다. 고재완은 당시 현금으로 무려 570원의 돈을 가지고 있었다. 그는 이 돈에 대해 동경에 가서 하숙하기 위해 보유한 돈이라고 말한다.[77] 그는 그 돈의 일부로 붉은 천을 사서 이를 9시 무렵 남대문역 앞 광장에서 학생들에게 나누어주었고, 남은 것은 호주머니에 넣고 있다가 경찰의 검문에 의해 체포됐을 가능성이 높다.

연희전문의 이병주에 따르면, 3월 4일 배재고보에서 강기덕과 김원벽 등 학생대표가 회합했을 때, 붉은 천을 가지고 만세를 부르기로 협의한다.[78] 이는 학생단 지도부의 결정으로, 그 목적은 '독립운동에 나선 사람'이라는 표시를 명확히 하기 위해서였다.

시위대가 남대문 쪽으로 향하자, 경찰은 남대문 근처에 급히 저지선을 폈다. 이날 이른 아침 용산에서 출동한 일본군 보병 1개 중대는 덕수궁의 대한문 앞에 진을 치고 있었다. 경찰의 보고에 따르면 당시 상황은 이러했다.

> 5일 오전 9시 무렵 남대문역 앞에 일단의 학생이 때마침 승차하고 귀향길에 오르려 하는 다수의 조선인 속에 섞여 그 수가 약

○○○

중앙우편국(중앙)과 조선은행 전경(오른쪽)

중앙우편국과 조선은행(지금의 한국은행화폐박물관 건물)이 있었던 이 일대는 3·1운동 당시 만세 시위의 중심지로 지금의 대한적십자사 본사 인근에 있던 조선총독부 청사가 코앞이었다.

4,000~5,000에 달했다. 학생 중에는 붉은 천을 팔뚝에 두른 자가 있었고, 붉은 천 및 선동적 인쇄물을 군중에게 배포했다. 다수는 구 한국기를 들고 독립 만세를 고창하며 남대문 방면으로 전진해, 경계 중이던 순사가 이를 저지하려고 했으나, 학생들이 완강히 저항해 위험에 도달하게 됐다. 때마침 혼마치 경찰서에서 응원대를 현장으로 급행케 함으로써 학생들은 드디어 퇴산하기에 이르렀다. 이 학생단 중에는 평안남도 평양 방면에서 올라온 학생도 있었던 것 같다.[79]

위의 보고에서 평양 방면에서 학생들이 올라온 것 같다는 내용은 잘못된 것이다. 그러나 나머지 내용은 당시 상황을 잘 보여준다. 경찰은 일단 남대문에서 학생들을 저지하려 했지만 숫적으로 열세라 속수무책이었다. 그들은 저지선을 뚫고 나아가 그중 일부는 남대문통을 따라 조선은행 앞을 거쳐 종로 보신각 방면으로 향했고, 다른 무리는 남대문에서 덕수궁 대한문 앞, 무교정을 지나 종로 보신각에서 앞선 이들과 합류해 행진했다. 이들은 행진하면서 계속 '독립 만세'를 외쳤다. 경찰은 남대문 앞, 대한문 앞, 종각, 조선은행 부근에서 시위자 다수를 검거했다. 이날 검거된 이들 중 재판에 회부된 사람만 77명이었다. 그들은 대부분 학생이었고, 그중 여학생은 6명이었다.[80]

여학생들,
시위에 적극적으로 참여하다

이날 시위에는 여학생도 다수 참여했다. 여학교에는 학생 대표가 없었기 때문에 사적인 관계를 통해 이날 시위 소식을 들은 것으로 보인다. 당일 학생들의 고함 소리를 듣고 뒤늦게 시위에 참여한 경우도 있었다. 이화학당의 학생 노예달(盧禮達)은 당시 상황을 신문에서 이렇게 밝혔다. "3월 1일 독립운동이 있었을 때에도 참가하고

○○○

여학생들의 시위 사진

경성여자고등보통학교 학생들의 시위 사진으로 『오사카아사히신문』 1919년 3월 5일 자에 처음 실렸다. 앞머리가 불룩한 머리 모양이 인상적인데, 히사시 가미라 불린 것으로 당시 여학생들 사이에 크게 유행했다.

자 했다. 학교에서 외출을 시켜주기 않아서 가지 못했으나, 이후로도 계속 거기에 참가하려고 생각했다. 3월 5일에는 분명히 다시 독립운동이 있을 것으로 믿었고, 그 운동은 될 수 있는 한 많은 사람이 모이는 곳에서 일어날 것이라고 생각하고 남대문역 앞을 일부러 찾아갔다. 미리부터 그 운동이 있는 것을 알고 간 것은 아니다."

말로는 몰랐다고 하지만 실제로는 누군가로부터 연락을 받고 간 것이 분명하다. 노예달은 흰색 저고리와 흰색 치마를 입고 현장에 나갔고, 신발도 짚신을 신고 나갔다.[81] 그는 신문 과정에서 국장 때라 짚신을 신었다고 말했지만, 일부러 시위 현장에서 움직이기 편하도록 짚신을 신은 것으로 추정된다.

정신여학교의 김경순(金慶淳)도 아침 8시 반에 집에서 나와 남대문 쪽으로 갔다고 하는데, 그 역시 시위 소식을 미리 듣고 현장에 간 것으로 보인다.[82] 이화학당의 유점선(劉点善)은 "기숙사에서 청소를 하던 중 9시 무렵에 만세를 부르는 소리가 나서 또 독립운동을 시작했구나 생각해 기숙사를 뛰쳐나와 대한문 앞에 가니 독립 만세를 부르면서 오는 군중과 만났다. 그리하여 군중에 참가해 함께 독립 만세를 부르면서 종로까지 갔다가 체포당하고 말았다"라고 진술했다.[83] 당시 여학생들의 활약상에 대해 총독관방에서 만든 보고서에서는 이렇게 서술한다.

> 5일 아침 9시 남대문역 앞에 4,000~5,000의 학생 집단이 나타났다. 날이 밝아오기 전까지, 그들은 근처의 창고 뒤나 작은 골목에 몸을 숨기고 있던 것이다. 일단의 무리가 이루어지자 지휘자는 인력거를 타고 빨간 어깨띠를 매고 양손을 높이 쳐들고 선창을 했고, 군중은 이를 둘러싸고 각자 만세를 고창하며 서대문(남대문의 오기인 듯 -인용자) 방면으로 대행진을 시작했다. 이 행렬 중에는 여자 고등보통학교의 여학생이 더욱 빛을 내고 기세를 더했다. 이 군중이 대한문 앞에 이르자 경관에게 습격되고 해산을 명했으나 듣지 않았다. 전열이 매맞고 검거되면 다음이 또 열을 짓고 돌진했다. 할 수 없이 발포해 이

를 위협하지 않을 수 없었다. 검거된 자는 100인, 그중에는 많은 여학생이 포함되어 있었다.[84]

이날 시위에서는 부상자도 다수 발생한 것으로 보인다. 대한문 앞에서 군경이 발포해 시위대를 해산시키는 과정에서 틀림없이 부상자가 나왔을 것이기 때문이다. 정신여학교 학생 김경순(金慶淳)은 태평동(지금의 태평로) 부근에서 간호부가 붕대를 가지고 부상자를 치료하러 간다고 해서, 자신도 같이 가다가 체포된다.[85]

한편 이날 학생단 지휘부와 관계없이 개인적으로 남대문역 앞에서 연설을 한 사람도 있었다. 3월 2일 서울에 올라온 광주의 전도사 최흥종(崔興琮)은 5일 9시 무렵 귀향 인파가 많이 모일 것으로 예상되는 남대문역 앞에서 '정의와 인도의 민족자결주의'에 대해 연설을 막 시작하려는 찰나, 김원벽과 강기덕이 나타나 시위를 지도하는 바람에 연설을 중단하고 시위 대열에 합류한다. 조서에 따르면, 이후 그는 남대문에서 혼마치 쪽으로 향했다가 그곳에서 경찰이 막자 다시 대한문 쪽으로 갔다. 그곳에서 인력거꾼 행색의 사람이 '대한독립'이라고 쓰인 깃발을 가지고 있어, 그것을 받아들고 자신도 인력거 위에 올라타서 양손을 들고 깃발을 펄럭이며 시위 군중의 중간쯤에 서서 행렬을 지휘했다.[86]

노동자들의 봉기

5일의 학생 시위 이후 서울의 상황은 어땠을까. 서울에서는 대규모 시위가 계속 이어지지 않았지만, 책의 6장에서 살펴볼 수 있듯 지방 곳곳에서 격렬한 시위가 일어나고 있었다. 물론 서울에서도 여기저기에 격문과 지하신문이 계속 뿌려졌기에 긴장된 날이 이어졌다. 이를 날짜별로 살펴보면 다음과 같다.

5일 밤 11시 무렵, 송현동 이인식의 집에서 도쿄 유학생 및 서울 학생 63명이 회합해 밀의하는 것을 적발하고 이들을 검속함.

6일 경찰, 가택수색 등으로 경성부 내에서 학생 43명을 검속. 『조선독립신문』, 『국민회보』, 「경고문」 등 격문을 압수함.[87]

8일 밤, 「경성시 상민일동 공약서」라는 이름의 격문 발견. 9일 폐점과 시위운동 참여를 독려.[88]

9일 밤, 전기회사 차장과 운전수들이 경고문에 자극받아 파업을 시도. 일부 상인 폐점.

9일 밤 11시, 경성 시외 왕십리 부근에 약 100명의 군중이 모여 만세를 부름. 24명을 검속.

10일 0시 40분 무렵, 종로4정목에서 300명의 군중이 전차 차장 운전수에게 폭행을 가함.

10일 오전 10시를 기해 독립운동(시위)이 있을 것이라는 정보가 있어 조선군 사령관이 3개 중대 병력을 경성 시내에 배치함. 날이 밝은 뒤 기병 2소대를 추가로 배치. 야포 중대로 하여금 시내를 행군케 함.[89]

10일, 격문과 지하신문 발견. 관계자 6명을 체포(진민보 등). 조선인 상가 중에 폐점한 곳이 많음. 경성 내 각 회사의 직공, 동맹파업에 들어감.[90]

12일, 전기회사 차장과 운전수는 전원이 복업. 조선인 상가도 거의 개점.[91] 일부 상가는 이후에도 간헐적으로 폐점. 경성 서린동 요리점 영흥관에서 김백원(金百源: 기독교 목사), 문일평(文一平: 농업, 신지식층), 차상진(車相晋: 기독교 목사), 문성호(文成鎬: 농업, 유생), 조형균(趙衡均: 농업, 기독교), 김극선(金極善: 농업, 기독교), 백관형(白觀亨: 농업, 유생) 등 지식층이 모여 '13도 대표자'의 명의로 "조선 독립은 이천만 동포의 요구다. 우리들은 손병희의 후계자로서 조선 독립을 관철하지 않으면 안 된다"라는 취지의 '애원서'라는 제목의 글을 종로 보신각 앞에서 낭독하기로 하고, 그날 이를 실행에 옮김.[92]

20일, 상가는 종로통을 따라 점차 개점. 다소의 유언비어 유포.[93]

노동자대회, 서울의 시위를 다시 점화하다

이처럼 긴장된 날이 이어지는 가운데 노동자의 파업과 상인의 휴업이 이어졌다. 이런 상황이 깨지고 만세 시위에 다시 불이 붙은 계기가 된 것은 22일의 '노동자대회'였다. 17일 조선약학교의 김공우(金公瑀)가 휘문고보의 정지현(鄭志鉉: 훗날의 정백鄭栢)에게 "지난번 경성에서 학생들이 주동해 독립운동을 개시했으나 힘이 미약해 이 기회에 노동자 계급의 지원을 받지 않으면 당초의 목적을 달성하기 어려우니 지금부터 『노동회보』라는 인쇄물을 각 곳 노동자에게 배부해 이들에게 독립운동을 권유하라"라는 취지의 말을 듣고, 이를 지인인 잡화상 배희두(裵熙斗)에게 전했다. 두 사람은 의견을 같이 하고, "노동자는 조선 독립운동에 종사하기 바란다"라는 뜻이 실린 『노동회보』를 3월 29일경 경성부 화천정 부근의 노상에서 지나는 사람들에게 분배했다.[94]

김공우는 21일에는 정지현에게 '22일 경성부 봉래정 공터에서 노동자대회가 열린다'는 말을 듣고 이틀에 걸쳐 부내의 중림동 및 화천정 부근의 노동자들을 모아서 이 대회에 참여하도록 하고, 대회에 모인 군중과 함께 의주통에서 아현으로 행진하면서 시위운동을 펼쳤다.

노동자대회는 정지현이 개최한 것으로 보인다.[95] 이날 39세의 노동자 엄창근(嚴昌根)은 일행의 선두에 서서 태극기를 흔들며 시위를 주도했다. 또 곡물상 신형균(申衡均)은 군중의 사기를 북돋우기 위해 프랑스영사관 앞 등지에서 "조선의 독립을 도모하는 이때 각자는 이를 위해 신명을 다 바칠 각오를 해야 한다"라고 외쳤다.[96]

22일에는 종로3정목에 있는 영화관 단성사 앞에서 오후 11시 관람자의 퇴장을 기다려 만세를 고창했고, 일부 조선인 군중이 이를 따라 만세를 불렀다. 이들은 경찰과 순찰 중이던 군대가 등장한 뒤에야 해산됐다.[97]

23일부터 서울의 시위는 다시 불붙었다. 경찰 당국의 보고에 따르면 23일 오후 8시부터 50명에서 500명의 군중이 훈련원 부근 동대문 안팎, 동소문 내 미생정, 원정 등 곳곳에서 독립 만세를 불렀다. 경성부 인근 지역에서도 이날 밤에 시위가 대거 일어났다. 23일 오후 8시부터 당시 행정구역상 고양군 지역이던 동묘리, 돈암리, 청량리, 왕십리, 마포, 양화진, 수색, 녹번고개, 동막, 당인리, 행주, 창천리, 구파발리 등에서 50명에서 1,000명의 군중이 독립 만세를 큰 소리로 외쳤고, 이는 자정 즈음에야 진정됐다. 동대문 안팎의 청량리 및 동묘리 부근에서는 군중이 달리는 전차에 투석해 전차 20대의 유리창 105매가 파손됐다. 또 고양군 연희면 합정리에서 약 30명의 군중이 중국인 거주의 가옥을 파괴하기도 했다. 시위는 경성 외곽 경기도 여러 군으로 확산됐다. 연천군, 김포군, 시흥군, 양평군, 강화군 등지로 시위가 확대됐고 점점 더 과격해졌다.[98]

점점 과격해지는 시위

24일 경찰은 경성부 내에서 전차에 투석하거나 운동을 선동한 이들 105명을 검속했다. 하지만 소요는 쉽게 진정되지 않았다. 고양군 녹번고개에서는 약 100명의 군중이 몰려와 23일 검거된 주모자 7명을 탈취하기 위해 헌병주재소를 습격했다. 이에 경성에서 헌병이 파견되어 24명을 검거하고 군중을 해산시켰다. 또 고양군 성북리(동소문 밖)에서 약 60명이 만세를 불렀으며, 일산 헌병주재소 부근 3개소의 고지에서 약 50명의 군중이 만세를 불렀다. 또 고양군 한강리에서도 200명의 군중이 만세를 불렀다. 이날도 경성부 인근의 부천군, 강화군, 양평군 등지에서 크고 작은 시위가 일어났다.[99]

25일 밤에는 청운동 및 용산의 청엽정 부근의 산 위에서 약 100명의 군중이 만세를 불렀다. 또 용산 원정3정목 전차 정류장에서 70

여 명의 군중이 만세를 부르고 전차에 투석해 유리창을 파괴하고 해산했다. 또 이날 『독립신문』을 발행하던 장종건(張倧鍵)과 최치환(崔致煥)을 고양군 공덕리 남정훈(南政勳)의 집에서 체포했다. 이날 경기도에서는 부천군 계양면에서 약 300명이 면사무소에 들어가 기물을 파손했으며, 면서기의 집을 습격했다. 경찰은 이 일로 42명을 검거했다. 수원군에서는 수원 장날에 약 20명의 학생과 노동자가 시장에서 독립 만세를 불렀다.[100]

26일 밤 8시 무렵에는 경성부 누하동, 삼청동, 가회동, 옥인동, 한양공원 등지에서 30명에서 200명의 군중이 독립 만세를 외쳤다. 와룡동, 재동의 경찰파출소에도 26일 오후 10시에 약 50명의 군중이 몰려와 투석하며 창유리를 파괴했고, 내자동 종교(宗橋)의 경찰파출소 부근에는 약 100명의 군중이 모여 만세를 부르고 파출소에 돌을 던져 순사가 검을 빼들어 군중을 해산시켰다. 안감리에서는 26일 밤 약 200명의 군중이 만세를 부르고 전차에 돌을 던져 유리창을 깨뜨렸다. 종로통과 서대문통에서는 26일 밤에 여러 무리의 군중이 달리는 전차를 습격하거나 돌을 던져 차장과 운전수가 부상을 당했으며, 전차 19대의 유리창이 파손됐다. 이에 27일, 전차의 차장과 운전수 30명이 투석과 협박이 두렵다는 이유로 출근하지 않았다.

경기도에서는 26일 밤에 고양군 일산에서 군중이 만세를 부르며 시위했고, 광주군 중대면 송파리에서 300명의 군중이 면사무소를 습격해 유리창 등을 파괴하고 만세를 불렀다. 양주의 동두천에서는 시장에 모인 1,300여 명의 군중이 만세를 불렀으며, 면사무소에 몰려가 면장에게 선언서에 서명케 하고, 면장을 앞세워 만세를 부르며 마을을 돌아다녔다. 그 밖에도 파주군 파주, 용인군 금양장, 강화군 교동 등지에서 만세 시위가 있었다.[101]

26일의 상황에 대해 조선군 사령부는 다음과 같이 보고한다. "경성 부근, 시내 여러 곳에서 적은 경우 50명, 많은 경우 500명 내외의 군중이 소요하고, 그 가운데에는 경찰파출소에 투석한 자가 있다. 군대는 경무기관과 협력해 이를 해산시켰다. 기타 전차에 투석해 파괴한 자가 있다. 경기도 부근의 촌락에서도 5개소에서 소요해 혹은 면장을 위협하고 혹은 투석하는 등 점차 위험성을 띠게 됐다. 뚝섬에서는 곤봉을 휘두르며 폭행을 하고 헌병이 발포해 사상자가 발생했다."[102]

27일에는 전날 밤 안국동 경찰파출소에 투석한 29명을 체포하는 등 사태를 진정시키기 위해 노력했지만, 같은 날 만철 경성관리국 직공 약 800명이 다른 노동자들의 협박에 의해 원정3 · 4정목에서 만세를 부르고 휴업했다. 같은 날 시내 각 곳에서 군중이 독립 만세를 고창하는 등 소요는 멈출 기미가 없었는데, 그 가운데 약 100명의 군중은 거대한 제등(提燈)을 밝히고 태극기를 흔들면서 재동 경찰파출소를 내습해 투석으로 창유리를 파괴하기까지 했다. 경찰은 수모자를 체포하고 군중을 해산시켰지만, 군중 2명이 도주할 때 부상당해 그 후 사망했다고 한다. 경찰은 시내 여러 곳에서 시위 주동자 12명을 검거했다. 또 시위 군중은 같은 날 밤 서대문통, 종로통 및 미창정(米倉町: 지금의 중구 회현동 일대)에서 전차에 돌을 던져 창유리를 파괴했다.

이러한 흐름은 시외도 예외가 아니었다. 27일 안감천 부근에 약 500명, 돈암리 부근 산상에 약 50명의 군중이 운동을 개시해 시위 주동자 10명이 체포됐다. 이날 경기도에서는 양주의 용현리, 도봉리, 상봉리에서 시위가 있었고, 수원군 송산면, 장단군 동장리, 시흥군 양재리, 광주군 상일리, 파주군 교하면 교하 등지에서도 시위가 있었다. 적게는 수십 명에서 많게는 700명에 달하는 군중이 참여한 시위였다.[103]

이날 경기도 지역의 시위는 더욱 격화된 양상으로 나타났다. 광주군 산성리에서는 인근 주민이 남한산성에 집합해 운동을 개시했고, 중부면장의 머리를 곤봉으로 구타해 인사불성에 빠지게 했다. 이에 헌병이 공포탄을 쏘아 해산시켰다.

광주군의 구천면, 동부면, 서부면 등지에서도 시위가 있었고, 군중은 남한산에 올라가 모닥불을 피워놓고 만세를 불렀다. 광주군 상일리에서는 1,000여 명의 군중이 태극기를 들고 헌병주재소에 몰려가 헌병은 해산을 명했으나 듣지 않고 군중이 투석을 하자, 발포해 1명이 사망하고 2명이 부상당했다.

28일에는 경안면 경안리에서도 1,000여 명이 시위를 하면서 군청 앞으로 몰려와 만세를 부르고 군수를 협박하며 헌병보조원을 위협하자 헌병이 발포해 결국 사망자 5명, 부상자 10여 명의 희생이 발생했다.

그 밖에도 용인군 광탄면, 양주군 광적면, 수원군 송산면 등지에서 격렬한 시위가 전개됐다. 이들 지역에서는 결국 경찰이 발포해 사상자가 발생했다.[104]

서울 시위의 성격

서울 시내(경성부와 외곽 고양군 지역)의 시위는 대체로 27일 밤을 고비로 마무리됐다. 23일부터 27일까지의 시위에서 나타난 특징을 살펴보면 다음과 같다.

첫째, 우선 시위의 규모가 작게는 20명에서 많게는 1,000명 정도로 규모가 다양했다는 점을 알 수 있다. 시위 규모는 대개 수십 명 단위가 가장 많아서 시위의 규모가 점차 작아졌다.

둘째, 시위가 시내 중심부와 외곽에서 동시에 일어났다는 점이다. 23일 밤의 시위는 종로통, 동대문 밖 동묘 부근, 돈화문통, 사립 숭정학교 부근, 연건동, 훈련원, 고양군 용두리, 고양군 왕십리 등지에서 동시에 일어났다.[105] 26일 밤의 시위도 광화문통 기념비 부근, 누하동 신명학교 마당, 적선동, 안국동, 종교 경찰파출소 부근, 무교

정, 서대문1정목 부근 등 시내 곳곳에서 일어났다.[106]

셋째, 시위 참여자들이 전차나 진압 경찰을 향해 투석을 했다는 점이다. 특히 시내에서 운행 중인 전차에 투석하는 경우가 많았는데, 이에 대해 시위 군중은 "독립 만세를 부르면서 기세를 왕성하게 하기 위해 투석했다"라고 밝힌다.[107]

넷째, 시위 참여자가 거의 대부분 노동자나 상인층이었다는 점이다. 그런 점에서 3월 하순의 서울 시위는 그야말로 '민중시위'라고 부를 만하다.

그들은 어떤 생각을 갖고 '독립 만세' 시위에 참여했을까? 3월 23일 시위에 참여해 재판에 회부된 이들 가운데 다수는 검찰 신문에서 "다른 이들이 강요해서"라든가, "아무 생각 없이" 만세를 불렀다고 말했다. 처벌을 피하기 위한 자연스러운 변명이다.

그러나 이렇게 진술한 사람들도 있었다. 인쇄직공 박한주(朴翰柱), 구두직공 황인수(黃仁秀), 직물직공 낭완근(浪完根) 등은 모두 "만세를 불러야 조선이 독립된다고 해 만세를 불렀다"라고 검사 신문에서 답했다.[108] 26일 밤의 시위에 참여한 김교승(金教昇)은 "광화문통 기념비 앞에서 약 50명의 군중이 만세를 부르므로 나도 두세 번 만세를 불렀다. 사실은 학생들이 만세를 부르면서 나에게 만세를 부르라고 하므로 조선을 독립시키기 위한 운동이라 생각하고 만세를 불렀다"라고 진술했다.[109] 26일 밤 누상동 신명학교 마당에서 군중과 함께 횃불에 불을 붙여 지휘를 하면서 만세를 부른 유지제조업

자 김진영(金鎭永) 역시 "조선을 독립시키기 위해 만세를 불렀다"라고 진술했다. 같은 날 시위에 참여했던 직공 박흥준(朴興俊), 미국인 히치의 고용인 장석영(張錫永), 은(銀) 세공직공 김동익(金東益) 등도 역시 "조선을 독립시키기 위해 만세를 불렀다"라고 진술했다.[110]

지하신문과 격문들

한편 이처럼 시위가 곳곳으로 확산되고 또 지속될 수 있었던 데에는 3월 1일 이후 제작되어 뿌려진 각종 지하신문과 격문의 역할도 컸다. 그 가운데 가장 대표적인 것이 박인호(朴寅浩), 이종일, 이종린(李鍾麟), 윤익선(尹益善) 등이 만든 『조선독립신문』, 그리고 청년 학생들이 만든 『각성호회보』, 『반도의 목탁』, 『자유민보』 등이다. 특히 『조선독립신문』은 3월 1일 만세운동의 시작과 함께 배포되기 시작해 4월 말 제27호까지 인쇄 배포되는 놀라운 지속성을 보여줬는데, 발행 부수 또한 많아서, 제1호는 5,000부에 달했다.

이들은 당시 상황을 제대로 전달해줄 언론이 없어 민족의 의사를 대변할 수 없는 상황에서 일종의 대안언론으로 기능했다. 서울을 비롯해 전국 각지에서 전개된 만세 시위의 소식을 전하고, 아울러 국외에서의 각종 독립운동 관련 소식을 전하는 역할도 했다. 물론 그 소식이 전부 정확한 것은 아니었고, 과장과 오보도 있었지만 당시 대중에게 전국 각지에서 만세 시위가 진행된다는 소식을 전함으로써 서울과 인근 지역의 시위운동이 지속될 수 있도록 했다. 기사를 통해 3·1운동 주체 세력의 입장을 전했을 뿐 아니라, 국내외에서 진행된 독립운동에 대한 구체적 소식과 일제의 잔혹한 탄압 등도 다루었다. 또 사설을 통해 독립운동의 당위성을 주장했는데, 이는 독립을 원하는 한국인의 의사를 적극 대변한 것이다.

지하신문과 격문을 만들어 뿌린 이들은 대체로 청년 학생이었다. 이들은 주로 등사판을 구해 지하신문을 만들어 뿌렸지만, 탄산지를 구해 격문 수십 장을 만들어 뿌리기도 했다. 이들은 체포되면 보안법과 출판법 위반으로 기소되어 단순 시위 가담자보다 무거운 1~3년의 형을 선고받았다. 총독부 경찰 당국은 지하신문과 격문이 시위를 계속 이어지게 만드는 매개물로 보고, 이를 매우 위험하게 여겼다.

6장 전국으로 확산된 만세의 함성

만세시위가 전국에 퍼지다

1919년 3월 1일 시작된 만세시위는 3월 1일 서울과 평양 외에도 6개 군 단위에서 일어났다. 이러한 움직임은 곧 전국으로 확산되어 3월 초순에는 북부지방을 중심으로 주로 전개되다가, 중순에는 남부지방, 하순에는 중부지방으로 퍼진다. 그리고 4월 초가 되면 전국적으로 만세시위가 절정에 달한다. 이 시기 대부분의 한국인은 시위에 나서거나 이를 강력하게 지지했다. 갑자기 일어난 대규모 시위에 일본은 당황했고, 헌병과 경찰, 군인을 동원한 강력한 탄압으로 맞섰다. 이에 시위는 4월 중순 이후 점차 줄어들기 시작한다.

국사편찬위원회의 삼일운동 데이터베이스에 따르면, 이 시기 전국에서 발생한 시위는 1,600여 건에 참가자만 100만 명이 넘는다. 각각의 시위는 그 양상이 매우 다양한데, 지역마다 사정이 다르고, 운동을 준비한 주동 세력과 참여 세력이 다르기 때문이다. 정확하지는 않지만, 만세시위의 성격을 대략적으로 가늠해보기 위해 이를 세 가지 유형으로 나누면 다음과 같다.

첫째, '평화 시위 유형'이다. 주로 기독교나 천도교 같은 종교인이 주도하거나 마을 단위에서 일어난 시위 형태다. 도시에서는 시위가 대규모로 전개됐지만, 마을 단위의 소규모 시위는 경찰이 시위가 일어난 줄 모르는 경우도 있었다. 평화적인 시위에 대해서는 헌병경찰이 강경 진압하지 않은 경우도 있었지만, 발포로 사상자가 발생하는 경우도 있었다.

둘째, '항의 시위 유형'이다. 평화적인 시위 도중 연행자나 사상자가 발생해, 군중이 헌병경찰의 주재소에 몰려가 항의하는 시위 형태다. 말로 항의하기도 했지만 연행자를 구하기 위해 주재소를 강하게 압박하고 돌을 던지는 경우도 많았다. 이 경우에는 경찰이 발포하거나 총검을 휘둘러 사상자가 많이 발생했다.

셋째, '공공기관 접수 및 공격 유형'이다. 시위에 나선 주민들이 총독부의 통치정책에 불만을 품거나, 조선은 이미 독립되었다거나 곧 독립될 것이라며 면사무소나 헌병경찰 주재소, 우편소 같은 공공기관을 접수하거나 공격한 시위 형태다. 이 경우에도 경찰이 발포하거나 총검을 휘둘러 다수의 사상자와 검거자가 발생했다.

사례의 빈도수로 보면 첫 번째 유형이 가장 많았다. 다음이 두 번째 유형으로 일본 군경이 '폭력 시위'라 보고하고 기록한 것은 대부분 이 유형이다. 세 번째 유형은 소수였다. 이러한 점에서 본다면, 3·1운동은 전체적으로 보면 평화 시위, 비폭력 시위였다고 볼 수 있다. 물론 평화롭게 시위가 치러지다가 헌병경찰이나 군인이 발포하거나, 주동자를 연행해 항의 시위로 이어지기도 했고, 그 과정에서 폭력이 사용되기도 했다.

여기서는 앞서 언급한 유형별로 몇몇 주요 시위들을 소개하고자 한다. 그중에는 평화 시위로 진행된 평양의 만세운동, 우리가 너무나도 잘 알고 있는 유관순의 아우내장터 시위. 주민들이 면사무소를 접수해버린 의주군 옥상면 시위가 있다. 또한 앞의 세 유형으로 분류하기는 어렵지만 캐나다인 선교사 스코필드에 의해 전 세계에 널리 알려진 제암리 학살 사건도 있다.

평화 시위 유형

비폭력 원칙을 지키다

"이제부터 독립선포식을 갖겠습니다"

기독교와 천도교가 합작한 평양의 만세시위

평양에서는 이미 2월 8일~9일 무렵, 상하이 신한청년당의 선우혁이 기독교 목사와 장로 등을 만나 독립운동을 촉구한 일이 있었다. 이승훈은 직접 서울로 가서 송진우를 만나 기독교와 천도교의 합작을 논의했다(3장 참조). 24일 양측의 합작이 성사된 가운데, 안세환은 평양에 내려가 길선주 목사 등에게 상황을 알린다.

25일에는 숭현여학교에서 만세시위를 위한 제4차 회의를 열고, 거사에 관한 구체적 계획을 수립한다. 다음 날인 26일에는 시내 각 교회에 3월 1일 오후 1시부터 고종의 봉도식을 장대현교회 옆 숭덕학교 교정에서 지낸다는 통지를 전달했고, 27일에는 숭현학교에서 최종 회합을 갖고 준비 작업을 점검한다. 한편, 장로교는 숭덕 · 숭현학교 학생들을, 감리교는 광성 · 숭의학교 학생들을 통해 태극기도 제작한다.[1]

이들의 계획은 거사 당일 평양 시내 세 곳에서 동시에 시위를 벌인다는 것이었다. 장대현교회 옆 숭덕학교 교정에서는 장로교 집회가, 광성학교 근처 감리교 남산현교회 뜰에서는 감리교 집회가, 시내 설암리 구 대성학교 뒤 천도교구당에서는 천도교 집회가 열릴 계획이었다. 28일 밤에는 서울의 함태영이 인편으로 보낸 「독립선언서」 200장도 무사히 도착했다.[2]

마침내 3월 1일 오후 1시, 숭덕학교에서는 1,000여 명의 교인과 학생이 참석한 가운데 고종의 봉도식이 시작됐다. 그 자리에는 선교사 모펫과 일본 경찰도 있었다. 봉도식은 찬송가와 기도로 간단히 끝났다. 그런데 식이 끝날 무렵, 돌연 대형 태극기가 단상에 게양되고, 도인권이 단상에 뛰쳐 올라가 이렇게 외쳤다. "자, 그럼 이제부터 독립선포식을 갖겠습니다!"

이어 정일선(丁一善) 목사가 「독립선언서」를 낭독하고, 강규찬 목사가 그 취지를 설명했다. 숭덕학교 교사 황찬영(黃贊永)과 윤원삼은 태극기를 가져와 참석자들에게 나누어주었다. 이 소식을 들은 평양경찰서는 정복 경찰 수십 명을 급히 출동시켰으나, 이미 그들은

'독립 만세'를 부르면서 장대현의 언덕길을 내려와 관후리를 거쳐 종로 큰 거리로 진출했다. 시위 행렬은 도중에 설암리 천도교구당에서 진출한 천도교 시위대와 합세한 뒤, 종로 거리를 행진해 남문거리 평양경찰서 앞까지 당도했다. 이때 남산현교회의 감리교 시위대도 합류했다. 시위대는 두 갈래로 나뉘어 한 갈래는 도청과 재판소 앞 큰 거리를 거쳐 평양역 광장으로 나아갔고, 다른 한 갈래는 평양 부청과 일본인 중학교 부근을 거쳐 서성리, 서문밖 큰 거리를 돌았다.[3]

오후 7시 무렵에는 군중이 낮보다 곱절로 늘었다. 그들은 평양경찰서를 포위했다. 경찰이 소방대원까지 동원해 펌프로 물을 뿌려가며 해산시키려 했지만, 소용이 없었다. 일부는 돌을 던져 경찰서 유리창을 깨기도 했다. 이에 경찰도 공포를 쏘기 시작했고, 발포에 흥분한 시위대가 경찰에 달려들어 난투극이 벌어졌다. 소방대원은 불을 끄는 쇠갈고리까지 던졌다. 부상자가 속출하는 가운데, 경찰은 시위대를 체포해 경찰서 구내로 잡아들였다. 체포된 이들은 유치장, 유도장도 모자라 노천에까지 구금될 정도였다. 상황이 심각해지자 도장관의 요청으로 보병 1개 중대가 출동해 경찰과 헌병을 지원하러 나섰고,[4] 군대가 도착한 뒤에야 비로소 시위대는 해산됐다.[5]

경찰은 다음 날부터 시위 참가자를 검거하기 시작했다. 평양 시내에서만 400여 명이 검거됐다. 대부분 훈방되거나 즉결로 넘어가 태형을 받았고, 48명은 검찰에 넘어가 기소됐다. 기소된 이는 기독교인 11명, 천도교인 10명, 교사 9명, 학생 9명, 직공 3명, 기타 6명이었다. 평양에서는 3월 3일과 4일에 다시 학생들의 시위가 벌어졌고, 9일까지도 산발적인 소규모 시위가 이어졌으며, 3월 26일과 4월 1일에도 소규모 시위가 있었다.[6] 3월 1일의 평양 시위는 이후 평안도 지역 만세운동의 기폭제 역할을 했다. 시위 과정에서 약간의 충돌이 있었지만, 기본적으로는 평화적인 만세시위 유형에 속한다.

경상도 만세운동의 시발점이 되다

기독교인과 학생이 중심이 된 대구 만세시위

경상도 일대의 시위는 3월 8일 대구에서 시작됐다. 1918년 당시 대구의 인구는 3만 5879명이었는데, 그 가운데 일본인이 9,997명으로 전체 인구의 28퍼센트를 차지할 정도로 많았다. 일본인들은 대구의 경제권을 거의 장악하다시피 했다.

3·1운동을 준비하는 가운데, 기독교 측은 청원서에 서명할 대표자를 구하기 위해 이갑성을 영남지방에 보냈다. 2월 24일, 대구에 도착한 이갑성은 목사 이만집과 한의사 이상백(李相伯: 일명 이범교李範教), 교사 백남채(白南埰) 등을 만나지만 확답은 듣지 못한 채 서울로 돌아가고 만다. 그사이에 독립운동의 방향은 '독립청원'에서 '독립선언'으로 바뀌었고, 2월 27일 마침내 「독립선언서」가 인쇄된다.

이갑성은 선언서를 호남과 영남지방에 보내는 책임을 맡았다.

3월 1일, 그는 세브란스의전의 이용상에게 대구와 마산에 선언서를 각각 200장씩 전달하게 했고, 이용상은 당일로 대구에 내려가 남산정교회의 이만집 목사에게 이를 전달한다.[7] 이만집은 교회 장로 김태련(金兌鍊)과 계성학교 교사 김영서(金永瑞)를 불러 논의한 뒤, 오는 8일 오후 3시, 서문밖시장이 열리는 날 거사하기로 결정한다. 이들은 교인은 물론 학생들도 포섭하기 시작했고, 김태련은 남산정 자택에서 선언문 100장을 등사하고, '대한 독립'이라고 쓴 큰 깃발과 크고 작은 태극기 40개를 만든다.[8]

한편 이들과는 다른 독자적인 움직임도 있었다. 대구고보의 허범(許範), 백기만(白基萬) 등이 자교 학생은 물론 신명여학교 등 다른 학교 학생들을 포섭하고, 훗날 시인으로 활동하는 대구고보 학생 이상화(李相和)도 계성학교 학생들에게 연락해 독립운동을 꾀했다.

드디어 3월 8일이 됐다. 아침부터 시내 각지에 '독립 만세'라고 쓰인 태극기, '대한 독립 만세'라고 쓴 벽보가 나붙었다. 심지어 도청 정문에도 '대한 독립 만세'라고 쓰인 벽보가 붙을 정도였다. 경찰은 삼엄한 경비를 폈다.

오후 3시 서문밖시장, 이만집과 김태련 등이 교회 사람 수십 명과 함께 장꾼들 틈에 끼어 모여들었다. 계성학교 학생 100명과 신명여학교 학생 50명도 수업을 마치고 집에 돌아가는 것처럼 각각 흩어져 시장 주변에 와서 기다렸다. 곧 대구고보 학생 200여 명도 모여들었다. 사람들이 하나둘 모이자, 마침내 쌀가마니를 포개어 만든 임시 연단 위에 이만집과 김태련이 올라섰다. 그리고 독립선언서를 낭독하기 시작했다. "우리는 지금 조선의 독립국임과 조선인의 자주민임을 선언한다!"

학생들은 숨겨온 독립선언서와 태극기를 시장에 있는 군중에게 재빨리 나누어주었다. 김태련이 독립선언서를 낭독하다가 너무 길어 중단하자, 이만집은 군중에게 이렇게 외쳤다. "여러분! 지금이 바로 한국이 독립할 시기이니, 우리는 독립을 달성하기 위해 힘차게 독립 만세를 부릅시다!" 군중이 이에 호응해 독립 만세를 거듭 외치기 시작했고, 이들은 곧 시위행진에 들어갔다.[9]

30세의 농민 안경수(安敬秀)는 대형 태극기를 들고 맨 앞에 서서 시위대를 이끌었다. 헌병 기마대와 경찰이 시위대를 가로막았지만, 학생들은 장대와 돌로 말의 엉덩이를 때려 달아나게 하고, 경관을 밀면서 돌진했다. 이날 오전에는 비가 와서 길이 질퍽했지만, 이들은 전혀 아랑곳하지 않고 그 길을 달리며 '독립 만세'를 외쳤다.

700~800명에 달하는 군중이 경찰서 앞에 이르자, 경찰은 저지선을 폈으나 막을 수 없었다. 군중은 이를 돌파한 뒤 종로 쪽으로 전진했고, 종로통에서 중앙파출소 앞을 돌아 달성군청 앞 삼각지에 이르렀다. 그곳에는 대구 주둔 일본군 80연대가 출동해 기관총을 걸어놓고 시위대를 기다리고 있었다. 시위대는 더 이상 전진하지 못한 채, 구호를 외치기 시작했다.

곧 헌병과 경찰은 시위대를 덮쳤고, 시위 주동자와 학생을 닥치는 대로 폭행하고 연행해갔다. 이날 연행된 이는 모두 157명에 달했다. 이때 교회 장로 김태련의 아들이자 계성학교 학생이던 김용해(金湧海)는 아버지가 마구 구타당하는 것을 보고 군인들에게 덤벼들었다가 하수구에 처박히고 마구 짓밟혀 빈사 상태가 됐다. 그는 그 상태로 아버지와 함께 수감됐다가 건강 악화로 가출옥되었으나 이내 사망하고 말았다.[10]

학생 시위대는 10일 동문밖장터의 장날에 다시 거사하기로 하고 일단 해산했다. 그러나 이날 밤 8시 무렵에 대구고보 학생 80여 명은 대구경찰서로 몰려가 "구금된 학생들을 석방하라! 우리도 독립운동에 가담했으니 우리도 구금하라!"라고 외쳤다. 이날 시위와 관련해 검거된 인물은 모두 157명이고, 재판에 회부된 이도 67명에 달했다. 대부분 6개월에서 3년 형을 선고받았고, 주동자인 이만집은 징역 3년, 김태련은 징역 2년 6월을 선고받고 복역한다.[11]

해산한 학생들은 3월 10일 다시 봉기하기 위해 태극기를 만드는 등 준비를 서둘렀다. 그리고 10일 오후, 태극기를 품은 채 시장에 잠입했지만, 장터에는 헌병과 경찰 수가 장꾼보다 더 많았다. 그런 상황에서도, 학생들은 '대한 독립 만세'라고 쓴 큰 깃발을 들고 소리 높여 독립 만세를 외쳤다. 100~200명의 군중이 일제히 호응했고, 이내 만세의 함성이 온 시장을 진동케 했다. 그러나 헌병과 경찰이 곧바로 주동자들을 덮쳤고, 65명이 현장에서 체포된다. 이들 중 9명이 재판에 회부됐고, 징역 6개월에서 2년을 선고받는다.[12]

항의 시위 유형

폭력에 당당히 맞서다

"이놈들아, 내 나라를 내놓아라!"

군경의 탄압에 격렬히 맞선 단천군 시위

함경남도 단천군은 천도교 교세가 강한 곳이었다. 1902년 천도교가 들어온 이후 교세가 크게 늘어나, 1919년에는 군내 9개 면에 모두 교당이 있을 정도였다. 단천에는 3월 3일 천도교의 조직을 통해 「독립선언서」가 전달된 것으로 보인다. 선언서를 전달받은 천도교인들은 긴급회의를 열고 거사를 논의했다. 그 결과 교조 최제우의 순도기념일인 3월 10일을 거사일로 정했다.[13]

3월 10일 오전 11시 각 면에서 온 300여 명의 신도가 천도교당에 모였고, 먼저 순도기념식이 거행됐다. 그리고 기념식이 끝나자 이어서 독립선언식이 열렸다. 교인들은 선언서를 낭독하고 만세를 부른 뒤, 대형 태극기를 앞세우고 시위행진에 들어갔다. 시위 군중은 천도교당을 출발해 용현리와 하서리를 거쳐 헌병대 건물로 향했다. 이들이 헌병대에 이르렀을 때, 군중의 수는 1,000명 정도로 늘어났다.

이들은 연이어 독립 만세를 외치며, 일제의 식민통치를 신랄하게 규탄했다. 그중 서봉화(徐鳳化)가 헌병분대장을 향해 외쳤다. "이놈들아, 내 나라를 내놓아라!" 이에 헌병분대장은 태극기를 든 그의 어깨를 군도로 내리쳤다. 격노한 서봉화는 가슴을 헤치고 "이놈아, 찌를 테면 찔러 보아라"라고 외쳤고, 이번에는 군도가 그의 배를 찔렀다. 서봉화는 '대한 독립 만세'를 외치며 숨졌다.

이 광경을 지켜본 군중은 분에 못 이겨 헌병분대로 쳐들어갔다. 헌병들은 마구 총을 쏘았고 많은 사람이 쓰러졌다. 7명이 그 자리에서 즉사했고 8명이 부상을 입었다. 헌병들은 군중 142명을 체포했다.[14]

다음 날인 11일, 전날의 참극이 전해지자 사람들은 너 나 할 것 없이 거리로 쏟아져 나왔다. 오전 11시, 300여 명의 시위 군중이 모여 태극기를 흔들며 성진 쪽에서 단천 읍내를 향해 행진해왔다. 읍내에서도 800여 명의 군중이 이에 호응했다. 이들은 시내를 돌다가 결국 헌병분대로 향했다. 이즈음 시가행진에서 갈라진 일대의 군중은 단천 군청을 습격했다. 급히 출동한 헌병대가 군청 앞의 군중에 사격을 가해 시위 군중 18명이 현장에서 즉사했고, 14명이 부상당했다. 체포된 사람은 143명에 달했다. 이때 체포된 이들은 대부분 천도교인이었다. 이들은 단천소학교에서 취조를 받고 12명이 검사국에 넘겨졌다. 단천의 상황이 심상치 않게 돌아가자, 북청 헌병분대에서 16명의 지원 병력이 단천에 파견된다.[15]

3월 22일에는 북두일면 대신리 신복장에서 천도교가 중심이 된 만세시위가 일어났다. 시위 주동자인 임용선은 천도교 교도와 군중에게 헌병의 해산 명령에 응하지 말고, 체포되지 않도록 주의하며, 한 사람이라도 체포당하면 모두 일어나 구조하고, 대신리 신복장에서 만세를 부른 후 헌병주재소를 습격해 유치 중인 사람들을 탈출시킬 것과, 만약 헌병이 방해하면 돌을 던지고 몽둥이를 휘둘러 반드시 실행할 것 등을 당부했다.

임용선이 이끄는 군중 500여 명은 대신리 헌병주재소에 들이닥쳤다. 헌병주재소장과 헌병이 이들을 막아서고 해산을 요구했으나, 군중은 고함을 지르면서 연거푸 독립 만세를 외쳤다. 그런 와중에 군중이 돌을 던져 헌병 보조원이 맞았고, 헌병들이 돌을 던진 이를 체포하려 하자, 군중이 막아서면서 몸싸움이 벌어졌다. 주재소장은 발포를 명해 8명이 현장에서 사망했고, 여러 명이 부상당했다. 이 사건으로 5명이 재판에 회부됐다.[16]

단천의 시위는 군경의 강력한 탄압에 군중이 격렬히 맞선 시위였다. 3월 한 달 동안 시위 현장에서 군경의 총칼에 의해 사망한 사람만 33명에 달했으며, 중경상자가 24명, 피검자가 290명이나 되는 격렬한 시위였다. 이러한 피해 규모는 함경도에서 가장 큰 것이었다.[17]

유관순의 아우내장터 시위

천안 병천면 시위

충청남도 천안군에서는 3월 20일 양대리 시장에서 600~700명이 모인 만세시위, 28일 직산금광 광부 200여 명의 만세시위와 헌병주재소 습격, 29일 천안 읍내 장터의 3,000명 군중 시위, 30일 풍세면 풍서리 20개소의 산상 횃불시위 등이 있었다. 이러한 시위에 이어 발생한 것이 바로 천안 병천면 아우내장터의 만세시위다.

당시 병천 시위는 두 갈래로 준비되고 있었다. 하나는 수신면의 홍일선(洪鎰善)을 중심으로 김교선(金敎善) 등 20대 청년들의 조직이고, 또 다른 하나는 동면의 조인원(趙仁元)과 유관순(柳寬順)을 중심으로 조인원의 아들 조병호(趙炳鎬), 유관순의 부모 유중권(柳重權)과 이소제(李少悌), 숙부 유중무(柳重武), 그리고 수신면, 갈전면의 주민들이었다. 양측은 서로의 존재를 모르는 가운데 따로 만세시위를 준비하고 있었다.

용두리 지령이골 유중권과 이소제의 딸 유관순은 서울의 이화학당에 재학 중이었다. 3월 5일 남대문시위에 참여한 뒤 독립선언서를 가지고 귀향해, 동네 어른인 조인원, 부친 유중권, 숙부 유중무 등에게 보여주고 서울의 상황을 자세히 보고한다. 그들은 4월 1일 병천(아우내)시장에 장이 서는 날 거사를 하기로 의견을 모으고, 밤에 교회에서 몰래 태극기를 만든다.[18]

4월 1일, 수신면의 홍일선, 김교선 등은 장터 앞에서 사람들에게 만세운동에 참여할 것을 독려하고 있었다. 바로 그때 동면에서 온 조인원이 '대한 독립'이라고 쓴 큰 깃발을 들고 군중 앞에 나타났다. 그는 「독립선언서」를 낭독한 뒤 '대한 독립 만세'를 선창하기 시작했고, 유중권, 유중무, 조병호 등도 함께 큰 소리로 만세를 외쳤다. 이에 군중도 호응하기 시작했고, 홍일선, 김교선 등도 합세해 만세를 불렀다.

장터에서 50걸음 정도 떨어진 병천 헌병주재소의 소장 등 헌병 5명은 이 소리를 듣고 출동해 해산을 종용했다. 군중이 그 말을 듣지 않자 소장은 칼을 휘둘러 한 청년을 쓰러뜨렸다. 이에 화가 난 군중이 압박하자, 헌병들은 주재소로 철수했고, 군중은 이를 쫓아 주재소로 쳐들어갔다. 맨 앞에는 조인원과 김구응(金球應), 조병호, 유관순이 앞장을 섰다. 헌병 하나가 달려 나와 유관순의 태극기를 부러뜨리고 머리채를 붙잡아 끌고 갔다. 이에 유중권과 이소제가 뒤쫓아 나와 주재소 앞까지 뛰어가서 말렸다. 이때 다른 헌병 하나가 총

○○○

유관순(1902~1920년)

이화학당 학생으로 서울의 3 · 1운동에 참여했다. 이후 학교가 휴교에 들어가자 고향에 내려간 그는, 다시 한번 만세시위를 이끌다가 부모까지 잃게 된다. 1920년 9월 28일, 감옥에서 목숨을 잃었을 때 유관순의 나이는 만으로 채 18세가 못 되는 어린 나이였다. (국사편찬위원회 소장)

을 쏘고 총검을 휘둘렀고, 유중권은 옆구리와 머리에 칼을 맞고 빈사상태에 빠진다.[19]

유중무는 쓰러진 형을 업고 유관순, 조인원 등 40여 명과 함께 주재소로 밀고 들어갔다. 이때 시장에서 김교선 등이 약 100명의 군중을 이끌고 주재소로 들어왔다. 몰려드는 군중은 점점 늘어나 1,500명에 달했다. 이들은 헌병들에게 달려들어 탄창을 잡아당기고, "소장을 죽여라!"라고 외치며 소장을 끌어내려 했다.

"너는 보조원을 몇십 년을 하려고 하느냐?" 이들은 조선인 헌병보조원을 윽박지르며 꾸짖었다. 유관순은 주재소장에게 이렇게 항의했다. "제 나라를 되찾으려고 정당한 일을 하고 있는데, 어째서 무기를 사용해 같은 민족을 해치는 겁니까?"

수신면 주민 김용이(金用伊)는 헌병에게 돌을 던지고 총기를 빼앗으려 했으며, 헌병보조원에게 "너는 조선 사람이면서 왜놈의 헌병보조원을 하느냐?"라고 호통을 쳤다. 그러던 중 한 헌병이 총을 발사해 조인원이 총에 맞고 총검에 찔렸다. 총소리에 놀란 군중은 잠시 흩어졌지만, 시장 곳곳에서 다시 주재소를 공격할 기회를 엿보고 있었다.[20]

오후 4시 무렵, 천안에서 헌병 1명과 천안철도엄호대 보병 6명이 자동차로 도착했다. 이들은 헌병과 함께 총을 쏘며 군중을 해산시키기 시작했다. 이때 많은 사상자가 발생했다. 총에 맞아 사망한 이는 15명 정도로 추정되며, 부상자는 모두 43명이었다. 부상자 중 2명은 후유증으로 사망했다. 유관순의 어머니 이소제도 바로 이때 총에 맞아 사망했다.

갈전면 가전리의 김구응도 이때 헌병주재소 앞 시위를 주도하다가 총에 맞아 쓰러졌다. 그가 쓰러지자 헌병들이 달려들었고, 개머리판과 총검으로 그의 두개골을 박살냈다. 이 소식을 들은 그의 어머니가 뒤늦게 달려와 항의하자, 헌병들은 오히려 총을 쏘아 쓰러

뜨리고 총검으로 마구 찔러 죽였다.[21]

이날 주재소의 유리창이 모두 깨지고 벽도 일부 파손됐다. 우편소에서는 군중에 의해 천안-병천 간 전화선이 절단되고, 전신주 한 개가 쓰러졌으며, 면사무소 입구 문도 부서졌다. 군인들과 헌병은 시위 주동자 24명을 체포했다.[22] 이 일로 조인원 등 11명, 김교선 등 5명은 각각 별건의 재판에 회부되어 옥고를 치렀다. 조인원, 유관순, 유중무는 징역 3년, 김용이, 조병호는 징역 2년 6월을 선고받았고, 다른 이들도 징역 2년 정도를 선고받았다.[23]

유관순은 이 시위에서 부친과 모친을 모두 잃고, 서대문감옥(서대문형무소)에서 복역한다. 그러나 모진 현실에 굴하지 않고 이듬해인 1920년 3월 1일, 옥중에서 다시 한번 만세시위를 결행한다. 결국 그는 고문 끝에 그해 9월 순국하고 만다.

헌병과 격렬히 충돌하다

강서군 반석면 모락장 사건

평안남도 대동군과 강서군은 평양 서쪽에 있는 군이다. 3월 4일에 있었던 강서군 반석면 모락장 사건은 3·1운동 초기에 벌어진 일본 헌병경찰과 한국인 시위대 사이에 가장 크게 충돌한 사건 중 하나였다. 이 사건이 일어난 곳은 반석면 모락장이지만, 관련자는 대부분 동쪽 약 10킬로미터 지점에 있는 대동군 금제면 원장리 사람이었다.

사건은 반석면의 반석교회 장로 조진탁(曺振鐸)이 3월 1일 평양에 갔다가 만세시위를 보고 돌아오면서 시작된다. 시위에 고무된 그는 중간 지점에 있던 원장에 들러 원장교회 지도자들을 만나 평양에서 있었던 일을 전하고, 원장과 반석 두 교회도 합동 시위를 벌이자고 요청한다. 이에 원장교회 인사들이 동의했고, 반석면의 모락장교회 송현근(宋賢根) 목사에게 이 사실을 알린다. 반석교회, 원장교회, 모락장교회는 모두 장로파 교회였기에 의견이 빠르게 모일 수 있었고, 3월 4일 원장 장날에 거사를 하기로 약속한다.

그런데 모락장교회 교회 간부들이 모여 거사 준비를 하던 도중 헌병보조원에 발각되어 10여 명이 체포된다. 송현근 목사는 몸을 피해 반석교회 조진탁 장로의 집에 숨었다. 그는 4일 원장에서 군중 시위가 벌어지면, 여세를 몰아 모락장까지 진격해 구금된 이들을 유치장에서 구출할 계획을 세웠다.

3월 4일 오전 10시, 원장 합성학교에서 주로 원장면과 반석면 교인들이 모여 독립선언식을 거행했다. 「독립선언서」의 낭독과 독립선언 취지 연설이 있은 후, 군중은 태극기를 들고 원장 장터로 행진하기 시작했다. 경찰주재소에서는 그 수에 기가 눌려 차마 막지 못했다. 군중은 시장과 거리를 한 바퀴 돌아서 다시 운동장으로 돌아와 만세를 불렀다. 이때 반석교회 장로 최능현(崔能賢)과 모락장교회 목사 송현근이 단 위에 올라 모락장교회 교인들이 헌병분견소 유치장에 갇혀 있다는 사실을 알리고, 이들을 구해내자고 호소했다. 오후 1시, 군중은 대형 태극기를 앞세우고 그들을 구해내기 위해 원장에서 약 10킬로미터 떨어진 반석면 모락장으로 출발한다.[24]

그런데 원장을 출발한 수천 명의 군중이 모락장에 거의 다다랐을 즈음, 나무꾼 행색의 젊은이가 나타나 이렇게 전한다. "반석 면장 김종화가 오늘의 거사를 밀고해, 지금 일본 헌병들이 시장 초입에 매복하고 행렬이 도착하기만 기다리고 있습니다."

지도부는 계속 앞으로 나아갈지 후퇴할지 논의했다. 그러나 결국 군중의 요구에 따라 계속 전진하기로 한다. 마침내 시위 행렬의 선두가 사천시장 초입에 다다랐을 때, 헌병들의 총 쏘는 소리가 들리기 시작했다. 처음에는 공포였으나, 군중이 더 전진하자 이번엔 조준 사격을 가했다. 사망자와 부상자가 발생했으나, 시위대는 흩어지지 않고 오히려 돌을 던지며 달려들었다.

헌병주재소장 사토 지쓰고로(佐藤實伍郎)와 보조원 3명은 주재소 숙소 건물로 피신해 총을 계속 쏘아댔고, 조선인 헌병보조원은 뿔뿔이 흩어져 달아났다. 군중은 사토가 있는 건물에 불을 질렀다. 사토는 밖으로 나와 달아났지만 이내 시장 부근에서 시위대에 사로잡혀 살해된다. 나머지 보조원 3명도 밭고랑과 민가에 숨어 있다가 역시 군중에 붙잡혀 살해됐다. 시위대에서도 모두 13명의 사망자와 40명의 부상자가 발생했다.[25]

사토의 아내는 강서군 읍내로 가서 이 사건을 경찰에 전했고, 평양에서 경찰과 군대가 대거 출동했다. 3월 7일, 반석면의 한 마을에 출동한 군인들은 교회 기물을 파괴하고, 남성 5명과 여성 1명을 나체로 만든 뒤 총과 곤봉으로 구타하고, 성냥으로 남성 1명의 몸을 지졌다.[26] 경찰은 원장면과 반석면에서 400여 명을 검거해 평양경찰서와 강서경찰서에서 가혹한 고문을 가했다. 체포된 사람들은 평양의 헌병분대로 압송되어 혹독한 고문을 당했으며, 경찰은 고문을 견디지 못하고 사망한 이들의 시신을 피검자들에게 보여주면서 협박하고 자백을 강요하는 만행을 저지른다.[27]

경찰은 49명을 검사국에 송치하고, 나머지는 증거불충분으로 석방한다. 모락장교회의 송현근 목사와 최능현, 임이걸(林利杰), 지석용(池錫湧) 장로 등은 만주로 망명했다. 조진탁 장로는 국내에서 피신 생활을 계속하다가 2년 뒤에 체포되어 사형을 선고받고, 1922년 처형된다. 그 외에도 무기징역을 받은 두 사람과 장기징역을 받은 여러 사람이 옥고를 견디지 못하고 옥중에서 사망했다.[28]

또한 일본은 원장리와 주변 마을에 헌병과 군인을 파견해 보복을 가했다. 교회를 파괴하고 많은 사람을 체포하고 고문을 가했다. 반석면에서도 비슷한 보복을 가해 교회가 거의 파괴된다.[29] 모락장 사건은 연행자 구출을 위한 압박 시위가 결국 헌병과 충돌해 많은 희생자를 낳은 사례다.

공공기관 점거 및 공격 유형

일본의 통치를 전면 거부하다

면사무소를 장악하다

자치를 실행한 의주군 옥상면 시위

평안북도 의주군에서는 3월 1일 읍내에서 시위가 전개된 이후, 움직임이 잠시 잠잠해졌다가 3월 말 이후 다시금 만세운동이 시작된다. 시위는 각 면에서 연일 계속되었으며, 결국 의주군은 평안도에서 가장 많은 시위를 펼친 지역이 되었다. 그 가운데 특히 주목되는 사례는 옥상면 시위다.

4월 2일 정오, 옥상면 삼하동에 살던 기독교인 김시항(金時恒), 박경득(朴擎得)은 각 동리 주민 3,000여 명을 규합해 면사무소로 몰려갔다. 박경득과 김시항은 이미 3월 초부터 삼하동과 인근 마을에서 여러 차례 만세운동을 일으킨 적이 있었다. 그러다가 마침내 4월 2일에는 각 동리의 주민 3,000여 명을 동원해 나팔을 불며 곤봉을 들고 면사무소로 몰려간 것이다.

이들은 면사무소를 포위하고 독립 만세를 불렀다. 이어서 면사무소 직원을 구타하며 이렇게 요구했다. "우리는 이미 독립을 선언했다. 오늘 이후로 면사무소는 폐지할 것이니, 우리가 새로 조직할 자치민단에 면사무소 청사와 비품, 재산을 모두 넘겨라." 이들은 그곳 비품과 장부, 현금을 압수하고, 한때 사무소를 점거하기도 했다. 그러나 자치민단을 조직했는지는 불분명하다.[30]

이 과정에서 박경득은 선봉대장 역할을 했고, 모든 일은 김시항이 지휘했다. 재판 기록에 따르면, 이들은 "이미 손병희 외 32인이 독립을 선언함에 따라 조선은 장래 일본제국의 굴레를 이탈해 독립국이 될 것이다. 그렇다면 일본 관헌인 옥상면사무소는 존재할 필요가 없다고 생각했다. 차라리 이를 폐쇄하고 면사무원이 사무를 집행하는 것을 막는 편이 낫다고 생각해, 군중의 힘으로 목적을 달성했다"라고 진술한다.[31]

한편 조선총독부 고등법원 검사국에서는 의주 옥상면 시위와 수안군 수안면 시위, 안성군 양성 · 원곡면 시위에서 시위 군중이 '조선이 이미 독립됐으니 면사무소나 헌병분견소를 넘기라'고 요구한 사실을 들어, 민족대표 33인을 내란 교사죄로 엮으려 했다.

그러나 고등법원은 이를 거부한다. "내란 교사죄가 성립하려면 폭동을 수단으로 정부를 전복하거나, 또는 국토를 참절(僭竊)하며 기타 국가의 법규를 문란케 할 것을 교사한 행위가 있어야" 하는데, 「독립선언서」에는 "폭동을 수단으로 조선 독립의 목적을 달성할 것을 교사한 문구는 없으므로, 선언서를 배포하고 독립 만세를 부르자고 전달했다 하더라도 내란죄 교사로는 볼 수 없다"라고 판결한 것이다.[32] 이후 총독부 법원은 3·1운동 관련자들에게 내란죄 대신 보안법 위반, 출판법 위반, 소요죄 등을 적용해 재판을 진행하게 된다.

주재소와 면사무소를 파괴하다

유생들이 중심이 된 격렬한 안동 시위

안동군에서 일어난 시위 가운데 가장 큰 시위는 예안면, 안동면, 그리고 임동면의 시위였다. 여기서는 그중에서도 가장 격렬했던 임동면의 시위를 살펴보기로 한다.

이 지역의 시위는 영남의 거유(巨儒) 유치명(柳致明)의 증손인 유동시(柳東蓍)가 3월 초 고종의 국상에 가서 「독립선언서」를 가져오면서 시작됐다. 유동시는 임동면 수곡리에 있던 협동학교의 유동태(柳東泰), 이균호(李均鎬), 그리고 임북면(현 월곡면) 계곡동에 사는 유연성(柳淵成)과 거사를 논의한다. 협동학교에서는 태극기와 「독립선언서」를 준비했다.

3월 15일 편항시장(챗거리장)에서 유연성 등은 모임을 갖고 21일 장날에 만세시위를 벌이기로 결의한다. 많은 사람을 참여시키기 위해 각각 지역을 나누어 주민을 동원하기로 했다.[33]

3월 21일, 마침내 임동면 편항시장에 장이 섰다. 오후 2시가 되자 유연성을 비롯한 주동자들이 시장 중앙에 나타났다. 유연성이 군중에게 독립 만세를 불러야 하는 이유를 설명했고, 10여 명의 주동자들이 일제히 '대한 독립 만세'를 선창했다. 군중이 호응해 열렬히 만세를 부르자, 주재소의 경찰 2명이 달려와 유연성과 배대근(裵大根)을 연행하려 했다.

"왜 치안을 방해하는가?" 일본 경찰이 묻자, 배대근은 이렇게 대꾸했다. "우리가 독립 만세를 부르는 것은 자유다. 조선인은 너희 일본인 때문에 박해받고 있다." 이에 일본 경찰이 배대근의 빰을 때리며 해산하라고 소리치자, 1,000여 명의 군중이 "저놈 죽여라"라고 외치며 몰려들었다. 일본 경찰은 당황해 칼을 빼어든 채, 주재소 안으로 숨어버렸고, 군중은 유연성 등을 선두로 주재소로 몰려갔다.

500~600명의 군중이 주재소 앞에 쇄도했고, 경찰은 군중이 계속 몰려오자 권총을 한 발 발사했다. 그러나 의도와 달리 군중은 더욱 흥분했고, 유연성 등이 가슴을 풀어 헤치고, 일본 경찰 앞으로 다가서 "쏠 테면 쏘아보라"라고 달려들었다. 이 순간, 군중은 주재소 안으로 몰려 들어가 책상, 의자, 유리창 등을 파괴하고 각종 서류와

장부도 파기해 창문 밖으로 내동댕이쳤다. 군중은 일본 경찰로부터 빼앗은 대검과 권총, 그리고 무라다소총 2자루, 경찰 칼 3자루, 탄환 44발, 순사 제복 등을 압수해 파괴한 뒤 우물 안에 던져버렸다. 경찰 2명은 겁을 먹고 신덕리로 달아나버렸고, 나머지 1명은 군중에게 붙잡혀 차이고 밟혀 거의 반죽음이 됐다.[34]

주재소를 함락한 군중은 이번엔 면사무소로 몰려갔다. 이때가 오후 5시 무렵이었다. 군중은 입구 문을 파괴하고 구내로 들어가 유리창과 벽판, 비품과 가구 등을 모두 부수고, 장부와 문서 등도 파기했다. 주재소와 면사무소를 완전히 파괴한 1,500여 명의 군중은 해방감에 젖어 독립 만세를 크게 외쳤다. 이들은 밤 12시부터 새벽 3시까지 주재소의 판자로 모닥불을 피우면서 만세를 계속 부르다가 해산했다.[35]

도주한 경찰은 임하면의 신덕경찰주재소로 달려가 안동경찰서로 연락을 했다. 안동경찰서는 경찰과 수비대 13명을 곧바로 파견했고, 이들은 새벽 5시 무렵 도착해 주동자 색출에 나선다. 체포된 이는 수십 명에 달했고, 임북면 시위자까지 포함해 유연성 등 58명이 재판에 회부됐다. 일부 주동자들은 도망갔지만, 추가로 체포되어 재판에 회부된 사람도 7명에 달했다. 주동자인 유연성은 징역 7년, 그 밖의 사람들도 각각 징역 1년에서 6년 형을 선고받고 대구감옥에서 옥고를 치른다.

한편 임동면에서 주재소와 면사무소를 파괴한 군중 가운데 권태환(權泰煥) 등 9명은 이웃한 임북면 사월동으로 잠입한다. 이들은 22일 오후 2시 사월동에서 주민 300여 명과 함께 '대한 독립 만세'를 고창한 뒤, 사월동에 있는 임북면사무소로 몰려가 면사무소와 숙직실 건물을 파괴하고 사무실 내에 있던 집기와 서류 등을 파기했다. 이들은 오후 5시까지 만세시위를 전개한 뒤 자진 해산했다. 이날 시위의 주동자인 권태환 등은 모두 체포되어, 편항시장 사건 관련자들과 함께 재판을 받는다.[36]

임동면에서는 왜 이런 격렬한 시위가 일어났을까? 이 사건과 관련해 재판에 회부된 58명 가운데 전주 유씨는 17명에 달한다. 임동면 시위의 주동자인 유연성은 당시 63세로, 임북면 계곡동에 살고 있었다. 임동면 수곡동과 박곡동은 전주 유씨들의 동성마을이다. 그런데 이 마을 사람들은 1915년 총독부가 반포한 이른바 '묘지취체규칙'이라는 법령 때문에 큰 고통을 겪는다. '묘지취체규칙'의 핵심 내용은 향후 모든 묘지는 공동묘지에만 써야 하고, 기존의 묘는 모두 '묘적계'라는 것을 써내 신고하라는 것이었다. 임동면 수곡동의 전주 유씨들은 묘적계 제출을 거부하기로 뜻을 모으지만, 이 일로 안동 수곡동의 전주 유씨 종손 유정희(柳鼎熙)가 구속된다. 이때 유정희가 받은 죄목은 어처구니없게도 '보안법 위반'이었다. 그는 총독부의 법령에 저항한 '보안법 위반'으로 징역 8개월을 선고받고 복역해야 했다.

전주 유씨 집안은 이황의 제자인 유치명의 후손들로 안동에서도 이름 있는 가문이었다. 이들 가문의 사람들은 아마도 이 일에 절치부심하면서, 일본의 통치 아래에서는 도저히 살 수 없다고 생각했을 것이다. 묘지취체규칙만이 임동면 시위의 원인이라 할 수는 없겠지만, 이러한 정서가 큰 영향을 준 것은 분명하다. 시위가 일어나고 환갑이 넘은 유연성이 앞에 나서자, 20~30대의 청년층이 그를 따라 임동면에서의 만세운동에 적극 참여했고, 일본의 통치 말단 기관인 순사주재소와 면사무소를 습격해 박살을 낸 것이다.

일제의 통치기관을 파괴하다

안성군 양성면 · 원곡면 시위

경기도 안성군은 1914년 죽산군, 안성군, 양성군이 합쳐져 만들어진 군으로, 1919년의 만세운동도 세 곳에서 각각 일어났다. 여기서는 옛 양성군에 해당하는 양성면과 원곡면의 시위를 살펴보기로 한다. 당시 양성면과 원곡면에는 모두 면사무소가 있었지만, 경찰주재소와 우편소는 양성면에만 있었다. 장시 또한 양성면에만 섰기 때문에, 원곡면 주민들은 양성리까지 가서 시위를 벌이게 된다.

원곡면에서의 만세운동은 3월 25일~26일 무렵부터 시작된 것으로 보인다. 28일에는 원곡면 내가천리에 주동자들이 모여 의논한 뒤, 가까운 동리와 칠곡리에 연락해 면사무소 앞에 모여 만세를 불렀다. 원곡리에는 경찰주재소가 없어 군경과 충돌하지는 않았고, 주민들은 29일~31일 동안 계속해서 면사무소 앞에서 시위를 벌였다.

4월 1일 저녁에도 주민들은 면사무소 앞에 모여 만세를 불렀다. 그런데 이날은 외가천리, 내가천리, 월곡리, 칠곡리 등 여러 마을에서 많은 사람이 가담했다. 그날 밤, 양성면 쪽으로 가서 만세를 부르기로 했기 때문이다. 이들은 원곡면사무소 앞에서의 시위 뒤에 양성면 쪽으로 출발했는데, 이때 일부 사람은 각 동리로 돌아가 주민을 더 모아 성은고개에서 합류했다.[37]

저녁 8시 무렵, 횃불과 등불을 든 이들이 원곡면 사무소 앞에서 만세를 불렀다. 이날 시위를 주도한 이는 33세의 서당교사 이유석(李裕奭) 등으로 군중은 1,000여 명에 달했다. 이유석은 군중에게 이렇게 외쳤다. "면장을 끌어내어 국기를 쥐어주고, 그를 선두에 세워 만세를 부르면서 양성주재소로 갑시다!"

군중은 면장과 면서기를 끌어내 손에 태극기를 쥐어주고 만세를 부르게 한 뒤, 그들을 앞세우고 양성으로 향했다. 그리고 원곡면과 양성면의 경계인 성은고개에 이르자, 일부 사람이 앞에 나섰다. "조선은 독립국이 될 것이니, 일본의 정책을 시행하는 관청은 필요가 없습니다. 우리 모두 원곡면과 양성면의 순사주재소, 면사무소, 우편소 등을 파괴해버립시다. 또 일본인을 양성면에서 쫓아냅시다!" 이에 군중은 근처의 나뭇가지를 꺾어서 몽둥이를 만들고, 바지에는 돌을 넣고 양성면의 동항리로 향했다.[38]

한편 양성면 쪽에서는 덕봉리, 산정리, 도곡리, 추곡리 등의 주민들이 4월 1일 밤 각기 자기 마을에서 만세를 부르거나, 마을 뒷산에 올라 만세를 불렀다. 9시 무렵, 그들은 동항리 주재소 앞에서 만세를 부르기 위해 보통학교 근처로 가고 있었는데, 마침 그때 원곡면 주민들이 동항리로 들어왔다. 양성면 주민은 원곡면 주민과 함께 순사주재소로 향했다. 어느덧 2,000여 명으로 불어난 군중은 옛 군청 자리에 있던 주재소 앞에서 만세를 불렀고, 원곡면 사람을 중심으로 주재소에 돌을 던지기 시작했다.

주재소 안에 있던 순사 1명과 순사보 2명은 주재소에서 뛰어나와 도주했고, 군중은 주재소와 숙직실에 불을 질렀다. 일부는 전선을 끊기 위해 우편소로 몰려갔다. 일본인 우편소장은 도주했고, 군중은 우편소에 들어가 기구와 사무실 비품들을 문밖으로 날라 불태워버리고, 전신주 3개를 넘어뜨리고 전선도 끊어버렸다.[39]

성난 군중은 양성읍내에서 고리대금업을 하던 일본인의 집을 비롯해 일본인 상점들을 파괴했다. 또 양성면사무소로 몰려가 호적원부를 꺼내 불태우고 기물도 모두 파괴한 뒤, 뒷산에 올라가 만세를 부르고 해산했다. 원곡면으로 돌아가던 군중은 외가천리에 있던 원곡면사무소에 들러 불을 질렀다.[40]

이튿날인 4월 2일, 긴급 연락을 받은 경기도 경무부장은 헌병 11명으로 구성된 부대를 양성 방면으로 출동시켰다. 4월 2일 밤 10시, 평택에 도착한 그들은 보병 상등병 이하 4명과 대기하고 있던 우편소원 3명과 함께 원곡면을 거쳐 양성면에 도착했다. 이들은 사건 관련자들을 검거하고, 다음 날인 4월 3일에 압송해 안성경찰서에 도착한다.[41]

또한 당일에는 79연대 소속 장교 이하 25명이 지원 병력으로 원곡과 양성에 파견됐는데, 이들 역시 추가로 사건 관련자들을 검거하기 시작했다. 이 과정에서 1명이 피살되고 20여 명이 부상당했으며, 가옥 9채가 소실됐다. 그러나 시위 참여자가 대부분 피신한 상태여서 검거가 부진하자, 원곡면장을 시켜 경찰서장의 연설을 듣고 나면 사면해주겠다고 약속한다. 면장은 사람들을 지금의 원곡초등학교 뒷산에 모이도록 했다.

일부 피신했던 사람이 이 말을 믿고 모이자, 헌병대는 이들을 포위한 채 총칼로 위협하고 몽둥이를 닥치는 대로 휘둘러 사건 참여자는 일어서라고 명령했다. 이때 일부 사람들이 저항하거나 도주하자, 3명을 사살하고 나머지 사람들을 줄줄이 묶어서 안성경찰서까지 10킬로미터를 넘게 걸어서 연행했다.

이렇게 했음에도 주동자 대부분을 검거하지 못하자, 가족들을 통해 유인하거나 붙잡아다 매질을 했다. 이 사건으로 3명이 사망했고, 혹독한 고문을 받아 안성경찰서에서 5명, 서대문감옥에서 9명이 사망했으며, 부상 후유증으로 사망한 이도 7명이었다. 피검자 수는 361명이고 옥고를 치른 사람은 127명(원곡면 105명, 양성면 22명)이었다.[42] 원곡면 칠곡리의 구속자가 50명으로 가장 많이 나왔는데, 칠곡리는 경주 이씨의 동성마을이었다. 게다가 원곡에서 양성으로 넘어가는 길목에 있었기 때문에 주민들이 많이 합류했던 것으로 보인다. 양성면에서 가장 많은 구속자 7명이 나온 덕봉리는 해주 오씨 동성마을로 구한말 대원군의 서원철폐 이후에 남아 있던 47서원 가운데 하나인 덕봉서원이 있는 유력한 양반 마을이었다.[43]

일제의 통치 자체를 거부한 채 통치기관을 파괴한 양성 · 원곡면의 시위는 일제로서는 충격적인 시위였다. 앞서 살펴본 것처럼, 조선총독부 고등법원 검사국은 이곳의 시위를 의주 옥상면 시위, 수안군 수안면 시위와 함께 묶어서, 민족대표 33인을 내란 교사죄로 엮으려 했으나 고등법원의 반대로 결국 실패한다.

일제의 대표적 만행

제암리 학살 사건과 맹산 사건

제암리 학살 사건과 그 진실을 알린 스코필드

마지막으로 살펴볼 시위는 앞선 세 유형으로 구별해 이야기할 수는 없지만, 일본이 저지른 대표적인 만행인 제암리 학살 사건과 맹산 사건이다.

경기도 수원군 장안면의 동북쪽에 붙어 있는 향남면 제암리에는 기독교 교회당이 있었다. 농촌으로서는 개화된 편으로, 안씨들이 많이 사는 동성마을이었다. 이미 3월 10일 무렵 안종린(安鍾麟) 등은 「독립선언문」과 격문을 입수해, 25일 마을 뒷산에 올라가 봉화를 올리고 독립 만세를 불렀다. 또 4월 5일에는 이웃한 팔탄면의 발안장날을 이용해 장터에서 만세를 불렀다. 제암리는 발안리와 불과 1.5킬로미터 떨어진 곳에 위치한 마을이었다. 발안장터에서의 시위 주동자는 안상용(安相鎔) 등 5명으로 알려져 있다.[44]

당시 발안장터에는 1,000여 명의 군중이 모여 태극기를 앞세우고 시장을 행진했다. 그러다 시위 행렬이 경찰과 충돌해 3명이 부상당하는 일이 발생한다. 군중은 분노해 일본인 순사부장에게 일제히 돌을 던졌고, 결국 순사부장이 사망한다. 군중은 근처에 있던 일본인들에게도 응징을 가해 부상자가 생겼다.[45]

이튿날부터 경찰, 헌병, 군인은 이웃한 마을들을 뒤지며 사람을 닥치는 대로 끌고 갔다. 이들은 발안 장터 주재소의 순사보와 일본 거류민의 제보를 받아 제암리를 주목했다. 4월 15일 오후, 아리타 도시오(有田俊夫) 중위가 인솔하는 군인 10여 명이 제암리를 포위한 채, 16세 이상 남자는 모두 예배당으로 모이라 지시했다. 그리고 사람들이 모이자 일본군은 예배당의 문을 밖에서 잠그고 못까지 박은 후, 건물에 석유를 뿌리고 불을 질러버렸다.

불길이 예배당을 휩싸자 안에 있던 사람들이 밖으로 뛰쳐나오려고 해, 순식간에 아비규환 생지옥이 됐다. 몇 사람이 뛰쳐나오는데 성공했으나, 밖에서 대기하고 있던 군인들의 총탄에 맞아 죽임을 당했다. 예배당에 모였던 사람이 대부분 사망했고, 오직 노경태(盧慶泰) 한 사람만 살아서 달아났다. 당시 예배당에서 희생된 이는 모두

○○○

프랭크 윌리엄 스코필드(1889~1970년)

캐나다의 장로교 선교사이자, 수의사였던 스코필드는 소아마비를 앓아 다리가 불편했다. 1916년 세브란스의전의 교수로 부임해, 스스로 '강하고 굳센 호랑이(虎)의 마음으로 한국에 필요한(必) 사람이 되겠다'는 뜻으로 석호필이라는 이름을 지었다. 1919년, 이갑성의 부탁을 받고 3·1운동 당시의 사진을 찍고 글을 써서 외신에 기고했으며, 제암리 학살 사건 등을 조사해 세계에 알렸다. 이후로도 독립운동을 도운 공을 인정받아 1968년 건국훈장 독립장을 수훈받았다. 1970년 81세로 별세한 뒤 현충원에 안장됐다. (국가보훈처 소장)

23명으로, 남자가 21명, 여자가 2명이었다. 발안장터의 시위에 참여했던 안상용 등도 이때 모두 피살됐다. 군인들은 다시 인근 고주리로 가서 천도교도 김흥렬(金興烈) 등 일가 6명을 칼로 찔러 죽이고 집에 불을 질렀다. 이들은 다시 제암리로 돌아와 거의 모든 집에 불

을 지르는 끔찍한 만행을 저질렀다.[46]

캐나다에서 온 선교사이자 세브란스의전 교수 프랭크 윌리엄 스코필드(Frank William Schofield: 한국명 석호필)는 4월 17일 제암리 교회 사건에 대한 소식을 전해 듣는다. 다음 날, 그는 불편한 몸을 이끌고 직접 수원까지 가서 사건 현장을 찾는다. 그는 학살이 벌어진 제암리 곳곳의 사진을 찍고 상황을 조사한 뒤, 당일 오후 수촌리도 방문한다. 그 이후 서울로 돌아와 「제암리의 대학살」이라는 제목의 보고서를 작성했다.

스코필드의 보고서는 중국 상하이에도 보내진다. 상하이 영자 신문 『상하이 가제트(The Shanghai Gazette)』는 1919년 5월 27일에 서울 주재 익명의 특별통신원이 4월 25일 보내온 소식이라며 제암리 학살 사건 기사를 실었다. 스코필드는 또한 「수촌리 만행 보고서」를 작성해 비밀리에 미국으로 보냈고, 이는 장로회 기관지 『프레즈비티리언 위트니스(Presbyterian Witness)』 1919년 7월 26일 자에 실린다. 이와 같은 스코필드의 노력을 통해 일제의 만행은 전 세계에 널리 알려지게 된다.

맹산 학살 사건

맹산군은 평양 동북쪽, 대동강이 발원하는 산간 지역에 있다. 인구는 적은 편이지만 천도교 신자가 많았다. 3월 6일, 천도교인 50여 명이 맹산면 소재지에서 「독립선언서」를 배포하며 만세를 부르자, 주민과 기독교인이 합세해 수백 명의 군중이 시위를 벌였다. 헌병이 출동하자 군중은 해산했지만, 시위 인원은 다음 날에도 계속 늘어났다. 군수와 경찰이 해산을 종용했지만 천도교인은 해산하지 않고, 3월 9일에는 지방 촌락의 교인들까지 읍내 만세운동에 가담했다. 시위가 계속되자 보병 77연대장은 이노우에 중위 및 10명의 군인을 맹산으로 파견했고, 이들은 3월 10일 오전 9시 20분 맹산에 도착한다.[47]

맹산의 천도교인 100여 명은 당일 오후 3시에 만세운동을 준비하고 있었다. 정보를 입수한 헌병분견소장은 오후 2시 헌병을 시켜 천도교인 100여 명을 맹산보통학교에 모은 뒤, 주모자로 추정되는 4명을 분견소로 연행하려 했다. 교인들은 이를 가로막고 완강히 저항했지만, 결국 5명이 분견소로 끌려갔다. 이에 교인들은 분견소로 몰려가 돌을 던지고 건물 안까지 들어가 몸싸움을 하며 끌려간 이들을 구하려 했다.

이에 이노우에 중위는 군인과 헌병을 건물 밖으로 나오게 한 뒤, 건물 안에 있는 이들에게 사격을 가하도록 명령했다. 건물 안에 있던 51명이 즉사했고, 3명은 부상을 입고 탈출하다가 사망했으며, 13명은 부상당했다. 그 밖에 군중에 휩싸여 미처 건물을 빠져나오지 못한 일본인 헌병 1명이 사망하고, 조선인 헌병 보조원 1명도 부상당했다.

당시 이들이 쓴 실탄은 38식 보병총 실탄 38발, 16년식 권총 실탄 28발이었다고 한다. 66발의 실탄으로 54명이 죽고 13명이 부상당했으니, 사실상 조준 사격으로 학살을 자행한 것이다.

당시 상황을 보고한 선교사에 따르면, 그들은 총격으로만 그친 것 같지는 않다.

> [맹산(Maungsan)] 3월 초 맹산 지역 주민들이 독립 만세를 외쳤다. 그 후 헌병주재소에 56명의 한국인을 불러 가두고 문까지 닫은 뒤 사격을 가했다. 그런 뒤 그들이 살아 있는지 확인하며 칼로 찔렀다. 56명 중 53명이 사망했고, 3명만 살아서 도망쳤는데 생사는 알 수 없다.[48]

군인과 헌병은 사망자 54명의 시신을 면장을 통해 공동묘지로 운반해 유족에게 인도했다고 한다. 부상자 중에는 도망친 뒤 소재를 알 수 없는 이들이 많았다고 하니, 부상자수는 더 많을 가능성이 있다.[49] 맹산에서 벌어진 이 참극은 3·1운동 시기 단일 사건으로는 가장 인명피해가 많았던 사건이다. 맹산 시위는 기본적으로 평화 시위에 속했는데, 연행자가 발생하면서 이들을 구하기 위해 항의 시위로 이어졌고, 이것이 군인의 발포로까지 이어져 큰 희생을 낸 경우였다.

만세시위 그 이후

이처럼 1919년 3월 1일 서울에서 처음 시작된 함성은, 3~4월에 걸쳐 한반도 전역으로 널리 확산된다. 국사편찬위원회의 삼일운동 데이터베이스에 따르면 연인원 100만 명 이상, 박은식의 『한국독립운동지혈사』에 따르면 200만 명 이상이 시위에 참가했다. 독립만세를 외치는 목소리는 해외로도 이어졌다. 미국 필라델피아, 연해주, 간도 등지에서 만세시위가 일어났다.

한편 3·1운동의 진상과 일본의 만행은 스코필드와 AP통신사 임시특파원 앨버트 테일러(Albert Wilder Taylor)에 의해 해외에 널리 알려진다. 일본에서도 여러 신문이 3·1운동을 상세히 보도했다. 국내에서는 『매일신문』이 3월 7일부터 「각지소요사건」이라는 제목으로 전국 각지의 시위 소식을 전했다. 비록 검열을 거쳤지만 『매일신문』의 보도는 다른 지역 주민들에게 큰 자극이 됐다.

이때 이완용은 『매일신문』에 4월 5일과 9일, 5월 30일 세 차례에 걸쳐 「경고문」을 싣고 "만세는 망동"이라며 시위를 비난했다. 또 대구에서는 4월 들어 박중양을 중심으로 자제단이 조직되어, 사람들에게 만세를 부르지 않겠다는 서명을 받았다.

그럼에도 도시와 농촌, 산간벽지를 가리지 않고 확산된 3·1운동이 던지는 메시지는 명확했다. 한국인이 일본의 식민지 지배에서 벗어나 독립과 자주를 바란다는 것이다. 하지만 시위 과정에서 일본의 의사 역시 뚜렷하게 드러난다. 독립 만세를 외치는 한국인의 목소리를 어떠한 폭력적인 수단을 써서라도 막겠다는 것이다. 4월 들어서 시위가 전국으로 확산되고 또 격렬해지자, 일본 정부는 본토에서 헌병 400명과 보병 6개 중대를 추가로 보내기로 결정한다. 4월 중순 이들이 전국 각지에 배치되고, 자제단의 조직도 전국으로 확산되면서 만세시위는 급격히 줄어든다.

결국 한국인에게 남은 길은 하나였다. 스스로의 힘으로, 또 장기적인 싸움으로 독립을 쟁취하는 것이다. 그리고 그것을 위해서는 새로운 구심점이 필요했다. 바로 임시정부의 탄생이다. 이제 다시, 1919년 3월 상하이로 돌아가보자.

7장 대한민국의 탄생

1919

희망의 싹이 돋아나다

1919년 3월 1일, 뜨거운 함성이 한반도를 뒤덮기 시작하던 바로 그때, 현순은 중국 상하이에 도착한다. 미국 하와이에서 목회 활동을 하다 국내로 돌아왔던 그가 상하이로 향한 이유는 무엇일까? 앞서 3장에서 살펴본 것처럼, 국내에서 3·1운동을 준비하던 천도교와 기독교 인사들은 해외로 나가, 한국인이 파리평화회의와 미국 대통령에게 「독립청원서」를 발송하고 독립을 선언하고 만세 시위를 한 사실을 세계만방에 널리 알려줄 사람이 필요하다고 보았다. 영어에 능숙한 기독교 목사 현순은 그 적임자였다.

독립운동의 중심지, 상하이

현순은 천도교 측으로부터 받은 운동자금 2,000원을 들고 2월 23일 서울을 떠났다. 그리고 사전에 약속된 대로, 상하이로 가던 도중에 펑톈(지금의 랴오닝성 선양)에서 최창식(崔昌植)을 만나 동행한다. 최창식은 독립선언서를 노끈처럼 종이에 말아 몰래 숨겨서 갖고 있었다. 그렇게 무사히 상하이까지 가져온 독립선언서를 현순은 한문과 영어로 번역해서 기자들에게 배포했다.

그런데 왜 하필 상하이였을까? 당시 상하이는 대표적인 강대국들의 조계지로 많은 외국인이 거주하고 있었다. 제1차 중영전쟁, 이른바 아편전쟁 이후 체결된 난징조약에 따라 가장 먼저 개항된 곳 중 하나로, 영국, 프랑스 등 서구 열강의 제국주의적 침략 야욕을 대표하는 장소이면서, 역설적으로 그들의 힘의 균형에 따라 중국 어느 도시보다 자유롭고 활기찬 도시였다. 특히 프랑스 조계는 일본의 영향력에서도 비교적 자유로울 수 있었기에 독립운동을 하기에 최적의 장소였다.

3월 1일 상하이에 도착한 현순은 신한청년당의 신규식, 이광수, 김철, 선우혁 등을 만나 국내의 만세운동 준비 소식과 독립선언서를 전한다. 신규식은 대한제국 육군참위 출신으로 독립운동에 투신해 쑨원(孫文)의 신해혁명에 가담하기도 한 인물이었고, 김철 또한 메이

○○○

상하이 황푸강 주변 와이탄 일대

임시정부가 자리했던 1920년대 상하이의 모습. 상하이의 프랑스 조계는 한국 독립운동의 주요 거점이 되었다.

지대학 법과를 졸업한 뒤 상하이로 망명해 독립운동에 투신한 인물이었다.

현순은 이들과 함께 프랑스 조계 내에 독립임시사무소를 개설한 뒤, 국내에서의 만세운동 소식을 언론을 통해 널리 알린다. 이에 따라 해외에서도 소식을 듣고 상하이로 모여드는 독립운동가가 크게 늘어났다. 3월 말까지 상하이에는 일본에서 온 신익희, 윤현진(尹顯振), 만주와 러시아에서 온 이동녕, 조성환(曺成煥), 이시영(李始榮), 조소앙, 김동삼(金東三), 국내에서 온 최창식, 이봉수(李鳳洙) 등이 본

래 상하이에 머물고 있던 신규식, 김철, 선우혁 등과 함께 독립임시사무소에 참여한다.[1]

상하이 독립임시사무소에 모인 독립운동가들은 향후 독립운동을 이끌어갈 최고 기관을 만드는 일을 두고 논의를 벌였다. 크게 임시정부를 수립하자는 의견과 정당을 설립하자는 의견이 양립했는데, 전자가 다수를 차지했다. 이미 3월 1일부터 국내에서도 꾸준히 제기된 주장이었고, 임시정부를 수립함으로써 대외에 독립 의지를 확실하게 보여줄 필요가 있다는 것이었다. 결국 3월 말, 다수파의 의견에 따라 임시정부를 만드는 일이 급물살을 타는데, 현순이 내각 구성은 국내의 의견에 따르자고 주장해 잠시 속도를 늦춘다.

4월 초, 1차로 이동녕, 이시영, 이회영(李會榮), 신헌민(申獻民), 신정(申檉: 신규식), 신익희, 신채호(申采浩), 조성환, 조소앙, 이광수, 이광(李光), 현순 등이 난징루(南京路) 선시공사여관에 모여 논의했지만 의견이 모이지 않는다. 이후 이들은 2차로 프랑스 조계의 바오창로(寶昌路) 어딘가에서 다시 모여, 우선 임시의정원을 조직하기로 정한다. 그런 가운데 4월 8일, 국내에서 강대현(姜大鉉)이 「신한민국 임시정부안」을 가지고 상하이에 도착한다.

이에 따라 이들은 프랑스 조계 진션푸루(金神父路) 부근의 양옥을 빌려 4월 10일 임시의정원을 여는데, 그 자세한 내용은 뒤에서 다시 살펴보자.

신한민국 임시정부안

강대현이 상하이로 가지고 왔다는 「신한민국 임시정부안」은 무엇일까? 여기서는 먼저 그 내용을 살펴보도록 하자. 이것을 만든 이들은 홍진의(洪鎭義, 일명 홍도洪濤)와 이춘숙(李春塾)으로 추정된다. 홍진의는 일본 메이지대학 법과 졸업생으로 재학 도중인 1915년에 비밀결사 신아동맹당을 만든 인물이고,[2] 이춘숙은 보성전문 법과와 일본 주오대학 전문부 경제과를 졸업한 인물이다. 둘 다 함경도 출신으로 학교를 졸업한 뒤인 1918년 7월에 귀국, 함께 만주와 시베리아 일대를 여행하면서 니콜스크에서 한족회를 이끌던 문창범과 윤해를 만나기도 했다. 이춘숙은 이듬해인 1919년 2월에 서울로 돌아와 국내 정세를 관망했고, 3·1운동이 일어난 뒤인 4월 하순께 상하이로 떠난다.[3]

이들과 접촉 가능성이 있는 인물이 함경도 출신으로 메이지대학 재학생이자, 1919년 3월 당시 상하이에 머무르고 있던 이봉수(李鳳洙)다. 그는 3월 말 이광수의 요청으로 국내로 들어가는데, 상하이 임시정부의 조직 구성에 대해 국내의 민족대표 33인의 의사가 어떤지 확인하기 위해서였다. 이는 3월 초순 무렵 현순이 이규갑에게 편지를 보내 국내에서 국민대회를 열어 임시정부 구성 절차를 밟도록 요청한 일과도 관련 있는 것으로 보인다. 조소앙과 신익희 등은 왜 국내에서 내각 명단을 받아와야 하냐고 반발하기도 했지만, 현순은 새 정부가 정통성을 갖기 위해서는 필요한 절차라고 생각했다. 그러지 않고 전 세계 각지에서 정부를 만들면 곤란하다고 여긴 것이다.

하지만 현순이 편지를 보낸 뒤 3월 하순이 되도록 국내에서는 별다른 회답이 없었다. 이광수는 이봉수를 파견해 천도교의 정광조나 국내의 김성수, 송진우, 현상윤 등을 만나게 한다. 이때 이광수는 만약을 대비해 새 나라의 이름과 내각 직제, 각원 명부를 만들어 가지고 가게 하는데, 국내에서 정부 조직 준비가 없을 때에는 이 안을 참고하거나 그대로 승인해달라고 요청한다.[4]

현순은 자서전에서 "이봉수는 천도교 측 청년으로 국내외로 출몰하며 정부 조직을 위해 노력했고, 손병희로 대통령, 박영효로 부통령, 이승만으로 국무총리로 천거할 뜻을 가졌다"라고 했고, 4월 4일 이승만에게 보낸 전문에서는 "임시정부가 대표자들에 의해 조직됐소. 대통령 손병희, 부통령 박영효, 국무장관 이승만, 내무 안창호, 재무 윤현진, 법무 남형우(南亨祐), 군무 이동휘, 사령관 유동렬(柳東說), 파리 대표 김규식. 곧 공표될 예정이오"라고 밝히고 있는데,[5] 그렇다면 이봉수가 가져간 정부안은 현순이 이승만에게 보낸 것과 같았을 것이다.

이봉수는 서울에 들어와 메이지대학 선배인 홍진의와 이춘숙을 만나고, 이내 천도교계의 안상덕도 만난다. 안상덕은 홍면희(洪冕憙), 이규갑 등이 임시정부(한성정부) 구성을 추진 중이라고 말하는데, 이에 이봉수는 홍진의에게 자신을 대신해 홍면희를 만나달라고 요청한 것으로 보인다.

4월 3일, 홍진의는 홍면희를 만나 자신이 상하이에서 왔다고 말한다. 이는 상하이에서 온 인물의 대리인이라는 뜻이다. 홍진의는 홍면희와의 만남에서 임시정부를 위한 국민대회를 추진 중이라는 사실과 임시정부 각원의 시안에 대해 설명을 들었다. 이때 홍진의는 상하이의 급한 사정을 이봉수로부터 충분히 전해 들었기에, 국내에서 서둘러 국민대회를 열어 임시정부를 선포해줄 것을 요청한다. 하지만 홍면희는 준비 부족을 들어 그의 요청을 거부한다.[6]

아마 홍면희로서는 홍진의가 정말 상하이에서 온 사람인지도 의심스러웠을 것이다. 그는 상하이에 이미 임시정부가 수립됐다는 말도 있어, 한남수(韓南洙)에게 상하이로 가서 정말 임시정부가 이미 수립됐는지 확인하게끔 지시한 것 같다. 아무튼 홍진의는 홍면희에게 받은 임시정부 각원 명단의 시안을 입수해 이봉수에게 전달했고, 이봉수는 강대현을 급히 상하이에 파견해 이를 전달하게 한다.

그렇다면 이 중대한 임무를 맡은 강대현은 누구일까? 상하이 일본영사관이 외무대신에게 보낸 보고에 따르면, 그는 평안남도 출신으로 당시 37세 전후였으며, 천도교의 대표로 1919년 3월(4월의 오기인 듯하다)에 상하이에 왔다고 한다.[7]

이봉수는 강대현을 상하이로 파견한 뒤, 홍면희 측의 움직임을 며칠 더 주시하다가 자신도 상하이로 돌아간다. 상하이에 도착한 날짜는 강대현이 4월 8일, 이봉수는 4월 10일이다. 이렇게 신한민국 정부안이 전달된 후, 국내에 남아 있던 홍진의와 이춘숙은 내각 명단을 담은 전단지를 「신한민국 정부선언서」라는 이름으로 만든 뒤, 4월 17일 천도교 조직을 이용해 평북 철산, 선천, 의주 등지에 뿌리고 상하이로 간 것으로 보인다.

4월 8일, 강대현은 상하이에 도착해서 곧 현순 등을 만나는데, 이때 전달한 명단은 본래의 신한민국 임시정부안과는 약간 차이가 있다. 부장 대신 총장이란 명칭을 썼고, 노동부장과 차장이 없는 대신 안창호가 내무총장으로 올라가 있으며, 교통차장에 이희경(李喜儆) 대신 현순이 들어갔다. 당시 상하이 현지의 분위기를 감안해 명단을 약간 수정한 것으로 보이는데, 이는 4월 11일 구성된 상하이 임시정부 각료 명단의 기초가 된다.[8]

서울의 한성정부

그런데 다음 〈표1〉에서 볼 수 있듯, 상하이 임시정부 각료 명단의 기초가 된 신한민국 임시정부안은 사실 이른바 '한성정부'안을 참고한 것으로 보인다. 두 안은 비슷하면서도 차이가 있는데, 가장 큰 차이는 집정관과 국무총리 자리를 놓고 이동휘와 이승만의 이름이 서로 바뀐 점이다. 신한민국 임시정부안을 작성한 이춘숙과 홍진의는 니콜스크에 다녀온 경험이 있어서, 그 지역 지도자 이동휘의 지명도와 위상에 깊은 인상을 받아 한성정부안을 수정한 것으로 보인다.

아무튼 한성정부안은 3·1운동 이후 발표된 여러 정부안 중에서도 주목할 만한 것이었다. 원래 한성정부란 4월 23일 13도 대표의 국민대회의 이름으로 발표된 것(당시에는 정부 명칭이 없었다)을 훗날 가리키는 명칭인데, 그동안의 연구에 따르면 실질적으로 이를 준비한 사람은 13도 대표에 포함되지 않은 홍면희, 이규갑, 한남수, 김사국 등이다.

표1. 한성정부, 신한민국 정부, 상하이의 강대현 제시안의 비교

한성정부안		신한민국 정부안		상하이의 강대현 제시안	
집정관 총재	이승만	집정관	이동휘	집정관	이동휘
국무총리 총재	이동휘	총리	이승만	총리	이승만
내무부 총장	이동녕	내무총장		내무총장	안창호
		차장	조성환	차장	조성환
외무부 총장	박용만	외무총장	박용만	외무총장	박용만
		차장	김규식	차장	김규식
재무부 총장	이시영	재무총장	이시영	재무총장	이시영
차장	한남수	차장	이춘숙	차장	이춘숙
교통부 총장	문창범	교통총장	문창범	교통총장	문창범
		차장	이희경	차장	현순
군무부 총장	노백린				
법무부 총장	신규식				
노동국 총판	안창호	노동부장	안창호		
		차장	민찬호		
참모부 총장	유동열				
차장	이세영				

한성정부의 주역,
홍면희와 이규갑

홍진(洪鎭, 뒤에 洪震)이라는 이름으로 더 잘 알려진 홍면희는 풍산 홍씨 양반 가문에서 태어나 법관양성소를 졸업한 뒤, 한성재판소 주사와 충청북도 재판소 검사 등을 지낸 인물이다. 그는 1908년 5월 검사를 그만두고 평양에서 변호사로 활동할 때 이규갑을 만난 것으로 보인다.[9] 이규갑은 충남 아산 출신으로 한성사범학교와 협성신학교를 졸업한 뒤 3·1운동 당시 민족대표 33인에 이름을 올린 신홍식이 목사로 있던 평양 남산현교회에서 전도사 생활을 하고 있었다.

둘은 산발적으로 진행되는 만세운동을 보고, 독립운동을 체계적으로 전개하기 위해 임시정부를 세워야겠다는 생각을 했다고 나중에 재판정에서 진술한다. 하지만 실제로 이들이 정부 구성에 착수한 것은 상하이에서 보낸 현순의 편지를 받은 영향으로 보인다. 앞서 언급한 것처럼, 현순은 3월 초순 무렵 이규갑에게 편지를 보내 국내에서 임시정부의 수립을 부탁한다.[10] 이규갑은 이 편지를 홍면희에게 보이며 도움을 요청했고, 이후 둘은 힘을 합친다.

먼저 홍면희는 법조계 인사들인 한성오(韓聖五), 권혁채(權赫采) 등과 접촉했다. 한성오는 현직 검사였고, 권혁채는 법관양성소 출신의 변호사였다. 그리고 수완이 좋기로 유명한 한남수도 접촉한다. 한남수는 영암 출신으로 족보에는 와세다대학을 졸업했다고 기록되

○○○

홍진(1877~1946년)

본래 이름은 홍면희. 1910년 한일병합 이후, 안정적인 직업인 검사직을 버리고 변호사가 되어 체포된 독립운동가들을 변호했다. 1919년 이후 한성정부 구성에 힘썼으며, 이후 상하이로 망명해서 대한민국 임시정부의 국무령과 임시의정원 의장 등을 지내며 독립운동에 헌신했다. 사진은 1943년 3월, 임시의정원 의장 자격으로 중국 쓰촨성 충칭에서 열린 자유한인대회에 참석한 모습. (대한민국 국회 제공)

어 있다고 하나, 실제 와세다대학 졸업생 명단에 한남수라는 이름은 없다. 1910년 11월부터 동양척식주식회사의 토지매매 중개인으로 일했는데, 1914년 5월에 경편철도 경영에 뛰어들었다가 파산하고 배임죄로 대구복심법원에서 징역 1년 3월을 선고받기도 한다. 정화암(鄭華岩, 정현섭)의 회고에 따르면, 한남수는 워낙 팔방미인으로 두

루 아는 사람이 많았다고 한다.[11]

한편 이규갑은 장로교인 연동교회의 박용희(朴用熙), 장붕(張鵬)과 접촉하고, 김사국(金思國)을 포섭하는 데 성공한다. 김사국은 충남 논산 사람으로 한성중학을 졸업하고 교사 생활을 했는데, 1918년 6월 만주 철령으로 넘어가 농장에서 일하다가 1919년 2월 26일에 다시 서울로 돌아온 24세의 청년이었다.[12]

홍면희와 이규갑은 3월 초순에서 중순 사이에 이헌교(李憲教), 윤이병(尹履炳), 윤용주(尹龍周), 최전구(崔銓九), 이용규(李容珪), 김규(金奎) 등 유림도 접촉한다. 이들 사이에서 가교 역할을 한 이는 김규다. 그는 충남 유성 사람으로, 1907년 무렵 충청도와 강원도에서 의병으로 활동한 적이 있었다. 이헌교, 김규 등은 당시 대동단 결성을 준비하고 있었는데, 이규갑, 홍면희는 이들과 힘을 합쳐 국민대회를 추진하기로 한다. 그리고 이를 위해 '비밀독립운동본부'를 조직해 임시정부 수립과 국민대회 추진을 위한 준비위원회를 구성한다.[13]

국민대회를 준비하다

4월 2일, 홍면희, 이규갑 등은 각 방면의 인사를 모아 인천 만국공원에서 회의를 연다. 20명 정도가 참석한 이 자리에는 기독교계의 박용희, 장붕, 유교계의 김규, 불교계의 이종욱(李鍾郁) 등이 있었는데,[14] 천도교계에서는 안상덕(安商悳)이 관계하고 있었으나 당일에는 참석하지 않았다.

이들은 회의에서 서울에서 국민대회를 갖고 임시정부 조직을 선포하기로 뜻을 모았다. 그런데 한남수는 상하이에 임시정부가 수립되어 있다는 소문이 있는데, 이를 확인할 필요가 있다고 보았다. 그는 이렇게 말했다. "지금 막연히 국민대회나 임시정부를 만들려고 하더라도, 만약 성공하지 못하면 도리어 하지 않은 것만 못하다. 먼저 상하이로 가서 그곳에 과연 임시정부가 있는지 아닌지, 또 강화회의의 상황은 어떻게 되는지 확인하겠다. 만약 조선에서 국민대회를 열어서 임시정부를 수립해야 할 형편이라면 전보로 그 뜻을 알리겠다." 이 의견이 받아들여져, 한남수는 이규갑에게 300원의 여비를 받아 상하이로 출발한다.

4월 8일에 떠난 한남수는 4월 16일이 되어서야 상하이에 도착한다. 그런데 그가 상하이에 도착했을 때는 이미 4월 11일에 임시의정원 회의에서 임시정부를 수립한 상황이었다. 그는 임시정부 측 인사들과 뒤늦게 접촉이 가능해 21일이 되어서야 상황을 파악할 수 있었다. 4월 21일, 그는 상하이의 일본 우편국에서 전보로 "인삼의 시세가 좋지 않으니 사지 말라"라고 알린다. 이는 사전에 약속된 암호로, 상하이에 임정이 이미 수립되어 있으니 국민대회를 열지 말라는 뜻이었다.

한편 서울의 홍면희와 이규갑은 상하이에서 올 전보를 기다리며 국민대회 준비에 착수했다. 이들은 4월 12~13일 무렵과 17일, 두 차례에 걸쳐 현직 검사 한성오의 집에서 관계자들을 모아 준비위원회를 소집한다. 이규갑은 회고록에 3월 17일 한성오의 집에서 모임이 열렸다고 기록했다. 이는 음력 3월 17일, 양력으로 4월 17일을 말하는 것으로 보인다.[15] 이 사실은 나중에 재판 과정에서 이헌교의 진술로 확인할 수 있다. 이헌교는 음력 3월 12~13일 무렵 한성오의 집에서 이규갑, 한남수, 김규 등을 만났고, 이들이 취지서를 만드는 일로 걱정하는 것을 봤다고 진술한다.[16] 그러나 4월 8일에 이미 한남수는 상하이로 떠난 상태였기 때문에, 그가 말하는 한남수는 아마도 홍면희였을 가능성이 높다.

훗날 이규갑은 회고하는 글에서 3월 17일 당시의 모임에 홍면희, 이규갑, 한남수, 김사국은 물론, 이헌교, 윤이병, 윤용주, 최전구, 이용규, 김규, 이민태(李敏台), 민강 등 준비위원이 거의 모두 참석했다고 밝힌다. 이 역시 음력 3월 17일(양력 4월 17일)의 모임으로, 모두가 참석했다고 한 것은 착각이다.[17] 당시 상하이에 가 있었던 한남수는 참석하지 못했기 때문이다.

이날 모임에서는 「국민대회 취지서」와 「결의사항」, 「약법」을 정하고, 임시정부 각원, 평정관, 그리고 파리강화회의에 파견할 국민대표 등도 모두 정한다.[18] 취지서는 이규갑, 이동욱(李東旭), 현석칠(玄錫七) 등이 상의해 이동욱이 집필한 것으로, 13도 대표자의 서명이 실렸다. 각원 명단 등은 이미 3월 중·하순부터 시안이 만들어져 꾸준히 검토되어 이날 확정된 것으로 보인다.

이들은 「국민대회취지서」 외에 「선포문」을 만들어 현석칠이 목각으로 6,000장을 인쇄했다. 또 메이지대학 학생 이춘균(李春均)은 「임시정부령 제1·2호」를 만들어 장채극, 전옥결, 이철 등에게 등사판으로 1,500장을 인쇄하게 했다.[19]

민족이 하나가 되어

"우리 민족은 손병희 등 33인을 대표로 정의와 인도를 토대로 독립을 선언했다. 지금 그 선언의 권위를 높여 독립의 기초를 단단히 하며, 인간으로서 필연적 요구에 보답하기 위해 민족이 하나가 되어 단결하고, 각 지방 대표를 모아 본회를 조직해 세계에 선포한다!"

「국민대회 취지서」는 이처럼 국민대회가 독립의 기초를 공고히 하기 위해 조직됐다는 점을 밝힌다. 또한 우리는 오랜 세월 자주국으로 창조적인 문화를 유지해 이민족의 압박에 결코 복종하거나 동화되지 않을 것이기에, 조선의 독립은 정당하고 적법한 요구라는 점을 밝힌다. 정의와 인도의 시대를 맞아 일본이 조속히 군국주의와 침략주의를 버리지 않으면, 조선 민족은 최후의 일인까지 싸워 완전한 독립을 이룰 것이라는 내용을 담고 있다. 이어서 「결의사항」에는 임시정부를 조직한다는 것, 일본 정부에 대해 조선 통치권을 포기할 것과 군대를 철수할 것 등 6개 조항이 실려 있다.

다음으로 「약법」을 살펴보면, 제1조에서 "국체는 민주제를 채용함"이라고 밝히고, 제2조에서 "정치체제는 대의제를 채용함"이라고 하여 대의민주제를 표방한다.

한성정부의 직제와 인선

정부에서 가장 중요한 직제와 인선을 한번 살펴보자. 〈표2〉를 보면 최고 권력자가 '집정관 총재'로 되어 있는데, 이는 이헌교, 김규 등 유림 측이 '대통령'이라는 표현을 껄끄럽게 여겼기 때문으로 보인다. 「약법」에서 공화라는 용어를 쓰지 않은 것도 같은 이유에서였을 것이다. 이규갑은 당시 분위기를 "우리가 제국의 이름으로 결단이 났기 때문에 정부 조직을 대통령제로 하지 말고 제국식의 이름을 그대로 이어받는 것이 좋겠다는 것이었다"라고 전한다.[20]

표2. 한성정부 각원의 명단

직위	이름	생몰년	출신지	활동 지역	종교 및 경력
집정관 총재	이승만	1875~1965	황해 평산	미주	기독교(감리교), 외교운동론자
국무총리 총재	이동휘	1873~1935	함남 단천	러시아	군인 출신
외무부 총장	박용만	1881~1928	강원 철원	미주	무장투쟁론자
내무부 총장	이동녕	1869~1940	충남 천안	만주, 상하이	대종교
군무부 총장	노백린	1875~1926	황해 송화	미주, 국내	일본 육사, 군인
재무부 총장	이시영	1869~1953	서울	만주, 상하이	한말 판사
차장	한남수	미상	전남 영암	국내	사업
법무부 총장	신규식	1879~1922	충북 청원	상하이	동제사 이사장
학무부 총장	김규식	1881~1950	강원 홍천	상하이	미국 유학, 기독교
교통부 총장	문창범	1870~1934	함북 경원	러시아	한족중앙총회 회장
노동국 총판	안창호	1878~1938	평남 강서	미주	흥사단
참모부 총장	유동열	1877~?	평북 박천	러시아	일본 육사, 군인
차장	이세영	1869~1938	충남 청양	만주	군인, 대종교

이규갑은 당시 상황에서 망명정부 수립이 불가피하다고 보고, 해외 인사로 모든 각원을 인선했다고 밝힌다. 이 인선이 갖는 특징으로는 세 가지를 들 수 있다. 첫째, 국외(만주, 러시아, 미주, 상하이 등)에서 활동한 인물로 구성된 망명정부이고, 둘째, 기독교인과 대종교

인이 일부 있지만 그 비중이 그리 크지 않으며, 셋째, 출신 지역 비중을 생각할 때, 대체로 당시 국외 활동가 가운데 인지도가 높은 인물을 중심으로 짜여 특별한 편향은 보이지 않는다는 점이다.

국민대회 준비가 대강 마무리되자, 이규갑과 홍면희는 국민대회를 개최하는 일은 학생 조직 담당자인 김사국, 현석칠에게 인계한 뒤 상하이로 떠난다. 재판 기록에서 이규갑과 홍면희는 4월 19일까지 서울에 있던 것으로 확인되고, 상하이에서 한남수가 서울로 전보를 친 것이 4월 21일로 확인되므로, 이규갑과 홍면희가 서울을 떠난 것은 20일에서 21일 사이다.

이규갑과 홍면희가 상하이로 떠난 뒤, 국민대회의 개최와 정부 수립 선포의 일은 학생 조직에 맡겨진다. 4월 23일의 국민대회를 준비한 학생들은 김유인(金裕寅), 이춘균, 장채극, 전옥결, 이철 등이다. 4월 23일 서울 서린동 봉춘관에서 열리기로 예정된 13도 대표자회의는 대표자의 부재로 무산됐고, 학생들이 자동차에 '국민대회, 공화 만세' 등의 문구가 쓰인 깃발을 달고 임시정부 수립을 알리는 취지서, 선포문, 임시정부령 등 세 가지 전단을 뿌리는 일만 예정대로 진행된다.[21] 여기서 주목할 것은 4월 23일 학생들이 자동차에 매단 깃발에 다름 아닌 '공화 만세'라는 문구가 쓰여 있었다는 점이다. 이 일의 주동자들은 「약법」에는 공화라는 말을 쓰지 않았지만, 내심 '공화제 임시정부'를 만드는 것을 크게 의식했던 것이다.

4월 23일 서울에 뿌려진 전단을 통해 한성정부안이 발표된 뒤,

25일에는 『국민신보』 11호라는 전단에 이를 알리는 사설과 기사가 실린다. 「가정부 조직에 대해」라는 사설에는 "조선 13도 대표자가 모여 우리 이천만의 뜻을 모아, 세계에 부끄러움이 없을 만한 세밀하게 가정부를 조직해 열국에 공포했다"라면서, "우리 민족은 이천만을 대표한 가정부의 지도를 각별히 따라서, 완전히 공고한 독립과 자유를 수립할 때까지 일거수일투족을 일치"해야 한다고 주장했다.

또한 이 신문은 "4월 23일 오전 11시에 경성 모처에서 조선 13도 대표 25인이 모여 가정부를 선포했는데, 집정관 이승만 이하 각부 각원이 구성됐다"라고 보도하는 한편, 「가정부 부령 반포」라는 기사를 통해 "일체 관리는 퇴직할 것", "일체 납세 신청과 소송을 정지할 것" 등을 주장한다. 이는 국민대회의 「결의사항」에도 실려 있는 내용으로, 아마 『국민신보』를 제작하고 배포한 이들은 4월 23일 국민대회를 통해 한성정부안을 발표한 이들과 연관이 있는 것으로 보인다.[22]

또 다른 임시정부안

그런데 이보다 앞선 4월 9일, 서울에서 뿌려진 한 전단에 나타난 또 다른 임시정부안이 있다.[23] 바로 천도교 최고 책임자인 손병희를 '정도령'으로 하고 이승만을 '부도령'으로 하는 「조선민국 임시정부안」이다. 포고문에 따르면, 국민대회 일동과 자주당 일동이 경성에서 연합회를 열고 '조선민국 임시정부'를 선포했다고 한다. 국민대회와 자주당이 정말 있었는지 실체는 알 수 없지만, 총독부 경찰 당국에 따르면 경성에서 만들어진 이 포고문은 조선 각지는 물론 중국 펑톈, 상하이 일대에도 배포됐다.

경찰 당국은 수사 끝에 포고문을 만들어 배포한 4명을 체포하는데, 의사인 권희목(權熙穆)을 포함, 허익환(許益煥), 박이근(朴理根), 이임수(李林洙) 등이다. 권희목에 따르면, 이들은 2월 하순 박이근의 집에 모여 천도교의 교주 손병희 등이 가까운 시일에 독립운동을 개시한다는 말을 전해 듣고 거사에 참여할 뜻을 밝혔다. 하지만 허익환이 일이 극비리에 추진되고 있어 참여가 어려울 것이라고 답하자, 독자적으로 일을 추진하기로 결심한다.

이들은 중국 다롄에서 환전상을 하는 이정(李政)을 서울로 불러 자금 지원을 요청했다가 거절당한 뒤, 3월 15~16일 무렵에는 허익환을 다시 만나 이번에는 천도교 측의 자금 지원을 요청한다. 4~5일 뒤, 허익환은 천도교 재정부원 이(李) 모의 말이라면서 운동자금을 지원하기는 어렵지만, 인쇄물을 출판한다면 등사판과 종이를 지원해줄 수 있다는 말을 전한다. 이에 4월 7일 저녁, 네 사람은 박이근의 집에 모여 밤새 「조선민국 임시정부 조직 포고문」, 도령부령 제1호, 제2호 400통을 등사했고, 다음 날 아침 허익환이 이를 모두

가져간다.[24]

그런데 허익환, 박이근, 이정 세 사람은 모두 보성전문 법과 제7회(1914년) 졸업생이다. 따라서 이들의 배후에 보성전문의 교장 윤익선(尹益善)이 있지는 않았을까 하는 추론이 있다.[25] 윤익선은 다름 아닌 '가정부 조직설'을 처음 퍼뜨린 『조선독립신문』의 사장이기도 했기 때문이다.

그러나 윤익선은 3월 1일~2일 사이에 경찰에 체포되어, 위의 세 사람과 직접 만날 기회는 없었던 것으로 보인다. 권희목은 원고를 가져온 것이 허익환이라고 밝히고 있는데, 그렇다면 작성자도 그였을 가능성이 높다. 허익환은 보성전문 법과를 나왔기 때문에 포고문 등을 작성할 만한 능력을 충분히 갖고 있었다.[26]

조선민국 임시정부의 포고문 뒤쪽에는 '조선민국 임시정부 창립 장정'이 덧붙여 있다. 그 내용은 앞선 한성정부나 신한민국 임시정부의 약법과 비교해도 가장 상세해, 12장 33조에 걸쳐 법안을 제시한다. 그 내용을 대략 살펴보면, 크게 정도령(손병희)과 부도령(이승만)을 두고 그들의 합의에 의해 통치하도록 하는데, 내각 총무 및 각 부(외무부, 내무부, 군무부, 재무부, 학무부, 법무부, 식산무부, 교통무부)에도 무경(務卿)과 부관 각각 1인씩을 두어 다스리게 했다.

도령부와 내각 각원은 천도교계에서 손병희, 윤익선, 오세창, 기독교계에서 이승만, 민찬호, 유교계에서 김윤식, 신학문을 한 유학생으로 조소앙을 지명했다. 그러나 이 정부안에 나오는 손병희, 오세창, 윤익선 등은 모두 감옥에 갇혔기 때문에 현실적으로도 실현 불가능한 안이었고, 따라서 별다른 호응을 얻지 못했다.

상하이 임시정부의 수립

이쯤해서 다시 상하이의 상황을 살펴보자. 앞에서 본 것처럼, 4월 8일 상하이에 도착한 강대현은 현지 상황을 감안해 명단을 약간 수정해서 현순에게 전달한다. 맨 처음 신한민국 정부안에는 내무총장이 이동녕으로 되어 있는데, 강대현이 수정해서 전달한 명단에는 내무총장 자리에 안창호의 이름이 대신 들어가 있다(295쪽 〈표1〉 참고). 당시 상하이에 있던 독립운동가들 사이의 여론은 안창호가 임시정부에서 중요한 역할을 해야 한다는 것이 대세여서, 강대현이 이를 고려한 것으로 보인다.

도산(島山) 안창호는 당시에도 많은 사람의 신망을 받는 인물이었다. 그는 1897년 독립협회에 가담해 만민공동회를 개최하는 데 힘을 보탰으며, 강서지방 최초의 근대학교인 점진학교(漸進學校)를 세워 운영하다가, 1902년에 미국으로 건너갔다. 이후 1907년에 국내로 돌아와 신민회를 조직하는데, 이동휘를 비롯해 임시정부의 중요 인사가 대부분 신민회 출신이었다. 이 때문에 상하이에서는 사람들을 폭넓게 포섭해 결속할 수 있는 인물로 안창호를 꼽고 있었다. 강대현은 이러한 이유로 안창호의 이름을 내무총장 자리에 넣어 전달한 것이다. 신한민국 정부안을 받아든 상하이는 4월 10일 임시의정원을 구성하고 임시정부 구성을 구체적으로 논의하기 시작한다.

임시의정원이 열리고, '대한민국'이라는 국호를 정하다

4월 10일 임시의정원 의사록에 따르면 이날 먼저 각 지방의 대표들로 의회를 구성하기로 하고, 그 이름을 '임시의정원'이라 정한다.[27] 훗날 현순은 자서전에서 임시의정원이 열리기 이전인 4월 초에도 정부 조직안에 대해 두 차례 논의가 있었다고 밝히는데, 이동녕을 의장으로 한 임시의정원을 조직하되 통령제를 피하고 총리제를 도입하기로 정했다고 한다. 또 4월 12일 「임시헌장」과 「임정조직 선포문」을 국내에 들어가서 선포하게 했다고 한다.

초대 의장 이동녕과 부의장 손정도에 의해 진행된 임시의정원

○○○

대한민국 임시의정원

1919년 9월 17일 임시의정원 제6회 기념식 사진. 맨 아래 첫 번째 줄 가운데가 안창호다. 그 밖에 신익희, 손정도, 김구, 여운형 등도 보인다. (국립중앙도서관 소장)

의 첫 번째 회의는 저녁 무렵 시작해서 다음 날 새벽에서야 끝이 난다. 그리고 바로 그날, 그러니까 1919년 4월 11일 새벽, 임시의정원은 '대한민국'이라는 국호와 '민국'이라는 연호를 제정한다. 이날 논의된 '대한민국', '조선공화국', '고려공화국' 등 여러 국호 중에서 신석우(申錫雨)가 제안한 대한민국이 채택된 건, '대한'에는 일본에 빼앗긴 나라를 되찾는다는 의미가 있으며, '민국'은 1911년 신해혁명으로 탄생한 '중화민국'처럼 새 나라가 공화제 국가임을 분명히 보

여주는 의미가 있다는 이유에서였다.[28]

이들은 정부조직 구성과 국무원에 관한 문제도 토의했다. 관제는 신한민국 임시정부안을 참고했지만, 집정관제를 없애고 총리제만 두어 법무부, 군무부를 증설하기로 한다. 이에 따라 국무총리를 수반으로 하는 국무원 안에는 내무, 외무, 재무, 법무, 군무, 교통의 6부를 두고, 각 부에 총장과 차장을 두게 됐다. 국무원의 인선과 관련해서는 우선 국무총리에 이승만, 국무원 비서장에 조소앙을 선임했다.

국무총리의 선거와 관련해서는 신석우, 조완구의 동의와 재청으로 국내의 신한민국 정부안에서 나온 대로 국무총리에 이승만을 선출하자는 제의가 있었다. 그러나 신채호가 강하게 반대하고 나섰다. "이승만은 전에 위임 통치 및 자치 문제를 제창하던 자이니 국무총리로 선임할 수 없습니다!"

이에 따라 의원들은 이승만과 다른 후보자 둘을 구두로 추천해 투표하기로 했다. 안창호와 이동녕, 이승만 세 사람이 후보자가 됐으며, 무기명 단기식 투표의 결과, 이승만이 당선된다. 임시의정원은 이어서 각부 총장과 차장으로 내무총장 안창호, 차장 신익희, 외무총장 김규식, 차장 현순, 재무총장 최재형(崔在亨), 차장 이춘숙, 군무총장 이동휘, 차장 조성환, 법무총장 이시영, 차장 남형우, 교통총장 문창범, 차장 선우혁 등을 선출했다.[29]

이는 다음 〈표3〉에서 보듯이 강대현이 제시한 신한민국 정부안 가운데 국무총리 이승만, 내무총장 안창호, 교통총장 문창범, 재무차장 이춘숙만 그대로 채택하고, 나머지 집정관 이동휘, 내무차장 조성환, 외무총장 박용만(朴容萬), 외무차장 김규식, 재무총장 이시영, 교통총장 현순 등의 안은 받아들이지 않은 것이었다. 수정한 부분이 더 많다. 즉, 상하이 임시정부안은 국내에서 가져온 안을 참고하기는 했지만, 이를 대폭 수정한 것이라 할 수 있다. 특히 집정관 자리를 없애고, 이동휘를 집정관 대신 군무총장으로 한 것은 큰 변화였다.

표3. 신한민국 임정안과 상하이 임정안

신한민국안(강대현 제시안)		상하이 임시정부 내각 구성	
집정관	이동휘		
총리	이승만	국무총리	이승만
내무총장	안창호	내무총장	안창호
차장	조성환	차장	신익희
외무총장	박용만	외무총장	김규식
차장	김규식	차장	현순
재무총장	이시영	재무총장	최재형
차장	이춘숙	차장	이춘숙
교통총장	문창범	교통총장	문창범
차장	현순	차장	선우혁
		법무총장	이시영
		차장	남형우
		군무총장	이동휘
		차장	조성환

임시의정원은 같은 날, 「대한민국 임시헌장」을 선포한다. 임시헌장은 서두에 헌법 전문 형식의 선포문과 10개 조항으로 구성됐다. 그 내용을 보면 아래와 같다.

제1조 대한민국은 민주공화제로 함.

제2조 대한민국은 임시정부가 임시의정원의 결의에 의해 이를 통치함.

제3조 대한민국의 인민은 남녀, 귀천 및 빈부의 계급이 없고 일체 평등임.

제4조 대한민국의 인민은 신교(信敎), 언론, 저작, 출판, 결사, 집회, 신서(信書), 주소 이전, 신체 및 소유의 자유를 향유함.

제5조 대한민국의 인민으로서 공민(公民) 자격이 있는 자는 선거권 및 피선거권이 있음.

제6조 대한민국의 인민은 교육, 납세 및 병역의 의무가 있음.

제7조 대한민국의 인민은 신(神)의 의사에 의해 건국한 정신을 세계에 발휘하며, 나아가 인류의 문화 및 화평에 공헌하기 위하여 국제연맹에 가입함.

제8조 대한민국은 구황실을 우대함.

제9조 생명형, 신체형 및 공창제를 전폐함.

제10조 임시정부는 국토 회복 후 만 1년 내에 국회를 소집함.[30]

이처럼 임시헌장은 제1조에서부터 "대한민국은 민주공화제로 한다"라는 것을 선언한다. 이는 당시 국내외에서 발표된 다른 정부안들은 명확히 천명하지 않은 대목이다. 당시 상하이의 독립운동 세력은 이 점을 분명히 해둘 필요가 있다고 생각한 것으로 보인다.

또한 임시헌장의 제2조에서는 "임시정부는 임시의정원의 결의에 의해 통치한다"라고 명기해 정부의 통치권을 임시의정원이 뒷받침한다는 것을 분명히 하고, 제10조에서도 국토 회복 후 1년 내에 '국회'를 소집한다고 명기한다. 현재 대한민국 '국회'의 명칭은 여기서 온 것이다.

제3조부터 제6조까지는 민주공화국에 걸맞은 인민의 권리와 의무에 대해 규정했다. 이 가운데 제5조에서 대한민국 국민은 누구나 선거권과 피선거권이 있음을 천명했는데, 성별과 재산 보유 여부를 따지지 않은 보통선거를 의미하는 것으로 매우 선진적인 것이었다. 미국과 영국에서 여성들에게 남성과 동등한 선거권이 부여된 것은 각각 1920년, 1928년이었다. 일본에서는 패전 이후인 1945년에서야 여성들에게 참정권을 부여했다.

이상과 같이 임시의정원은 4월 11일 제1차 회의에서 정부를 구성하고 임시헌장 발표 등을 통해 사실상 임시정부의 골격을 마련한다. 하지만 국무총리 이하 각부의 총장들이 상하이에 거의 없는 상황에서 실질적인 업무 추진은 어려울 수밖에 없었다. 그렇다고 해서 차장들이 대신 일을 추진하기도 어려운 상황이었다. 당시 상하이에는 많은 독립운동가가 모여 있어, 소장파에 해당하는 차장들의 권위가 서기 어려웠다. 이에 차장급 인사들은 임시의정원에 사직청원서를 제출했고, 4월 22일 열린 제2차 임시의정원에서는 이들의 청원을 수리하는 한편, 아예 임시정부 관제 중 차장제를 폐지하고 각부에서 다수의 위원을 두는 위원제를 통한 집단지도체제로 방향을 수정한다. 이에 따라 각부에는 3~11명의 위원들이 선임된다.[31]

한편 임시의정원은 4월 25일 임시의정원법을 제정한다.[32] 13장 57조로 구성된 임시의정원법의 장 제목은 강령, 집회 및 폐회, 의원, 의장과 부의장, 위원회, 의사 및 제안, 탄핵·건의·질문·사변·청원 수리, 국무원·정부 위원 출석 및 발언, 징계, 서기, 경위(警衛) 및 기율, 경비, 부칙 등으로 되어 있다.

제1장의 강령을 보면, 임시의정원은 각 지방 인민의 대표위원으로 조직하고, 위원의 자격은 대한 국민으로서 중등교육을 받은 만 23세 이상 남녀에 한정한다고 했다. 의원 수는 인구 30만 명에 각 1인을 선출하는 것으로 하되, 정밀한 인구조사 전에는 경기 · 충청 · 경상 · 함경 · 평안도에서 각 6인, 전라 · 강원 · 황해도에서 각 3인, 중국 · 러시아 · 미국령에서 각 3인을 선출하도록 했다. 이에 따르면 의원 정수는 48인이다. 임기는 2년으로 했다.

임시의정원법에 의하면, 임시의정원은 법률안 일체의 의결, 임시정부 예산 및 결산의 의결, 전국의 조세·화폐·도량형 준칙의 의결, 공채 모집과 국고 부담에 관한 사항의 의결, 국무원 및 주외 공사의 선정, 선전(宣戰) · 강화(講和)와 조약 체결의 동의, 대사(大赦) · 특사 · 감형 · 복권의 동의, 임시정부의 자문에 대한 답변, 인민의 청원 수리, 국무원에 대한 질문서 제출과 답변 요구, 국무원의 탄핵 등의 권리를 갖는다. 이러한 임시의정원의 설립은 1898년 독립협회 운동기에 시작된 의회설립운동이, 1919년에 와서야 비로소 결실을 거둔 것을 뜻한다. 이처럼 상하이 임시정부는 4월 11일 정부를 구성한 이후 차츰 체제를 정비해 나갔다. 물론 아직 가장 큰 과제, 즉 러시아령의 대한국민의회와 통합을 해야 하는 과제는 남아 있었다.

진짜 임시정부의 수립 기념일은?

그렇다면 정부 구성이 끝나고 '대한민국'의 성립이 공식 발표된 시점은 언제일까? 1989년 12월, 대한민국 정부는 4월 13일을 대한민국 임시정부 수립 기념일로 지정한다. 그런데 학계 일각에서는 이 날짜가 잘못됐다고 오래전부터 지적해왔다. 단국대 한시준 교수는 임시정부 수립 기념일을 4월 13일로 정한 것이 『조선민족운동연감』에 따른 것이라고 지적했다. 『조선민족운동연감』은 1932년 상하이의 일본총영사관 경찰부가 상하이 임시정부의 문건을 입수해 만든 것으로, 1932년은 바로 윤봉길 의거가 있었던 해다. 이때 임시정부 사람들이 모두 피신한 가운데, 일본 경찰들이 상하이 대한교민단 사무소를 습격해 압수한 여러 자료 중에 임시정부 문건들이 있었던 것이다. 한시준 교수는 여기까지 설명을 하는데, 그럼 일본총영사관 경찰이 '13일설'을 어디서 따왔을까 하는 것은 여전히 의문으로 남아 있었다.

임시정부에서 박은식을 중심으로 만든 『한일관계사료집』을 보면 정부를 구성할 당시의 이야기가 자세하게 기록되어 있다. 그에 따르면 임시정부가 구성된 것은 4월 11일이며, 이틀 뒤인 4월 13일 안승원(安承源), 김병조(金秉祚), 김구(金九) 등이 내지로부터 잇달아 와서 한인들이 1,000여 명이 됐고, 그 결과 도 대표들을 의원으로 선정하고 각 부 위원들을 선임할 수 있었다.

그런데 다른 기록을 보면 각 부 위원을 선임한 것은 4월 22~23일 임시의정원 회의에서의 일이다. 즉, '4월 13일'이라고 앞에 쓴 문단에 22~23일 임시의정원 회의의 내용도 들어 있는 것이다. 각 부 위원 선임에 대한 설명 뒤에는 "평화회 열방(列邦) 대표와 내외 인민에게 정부 수립을 공포하고, 김규식은 외무총장 겸 전권대사의 신임장을 발송한다"라고 쓰여 있다. 한편 현재 남아 있는 또 다른 기록인 4월 22~23일 임시의정원의 회의록 말미에는 "내지에 있는 국민대회에 대해 임시의정원이 성립된 것을 발포하자는 이춘숙의 동의와 조완구의 재청이 가결됐다"라는 내용이 있다.

이날 회의를 마칠 때쯤 이춘숙은 서울에서 열릴 국민대회를 언급하면서 "우리도 상하이에 이미 임시의정원이라는 국민대표 기구가 만들어졌고, 임시정부도 만들어졌다는 것을 선언합시다"라고 제안했고, 참석자들이 이를 받아들여 임시의정원이 성립된 사실을 4월 23일에 선포하기로 의결한 것이다. 『한일관계사료집』은 이 회의록을 기초로 요약해서 "평화회 열방 대표와 내외 인민에게 정부 성립을 공포"했다고 쓴 것으로 보인다.

그렇다면 앞에 나온 '4월 13일'이라는 날짜는 단순히 김구 등 몇 명이 국내에서 상하이로 왔던 날에 불과하다. 실제로 김구는 13일 무렵 배를 타고 상하이에 도착했다. 그러나 그 뒤에 나오는 내용은 4월 13일 당일 상황에 대한 설명이 아니다. 일본경찰은 『조선민족운동연감』을 만들 때 참고한 『한일관계사료집』에 4월 13일이라는 날짜 뒤에 임시정부 인사들의 명단과 정부 성립을 공포했다는 내용까지 나오자, 이를 한날에 일어난 일로 오해해 "4월 13일에 정부 수립을 공포했다"라고 써버린 것이다. 과거 임시정부 연구자들을 포함한 후대 사람들은 『조선민족운동연감』에 쓰인 이 기록을 아무 의심도 없이 받아들였고, 그 결과 정부에서도 4월 13일을 임시정부 수립기념일로 잘못 지정한다. 하지만 앞에서 살펴본 것처럼 『조선민족운동연감』의 기록은 명백하게 잘못됐다.

임시정부 수립일이 11일이라는 증거는 많다. 1919년 이후 임시정부는 정부 수립 기념행사를 여러 차례 가졌는데, 그 날짜는 항상 4월 11일이었다. 4월 13일에 기념식을 치른 적은 한 번도 없었다. 특히 1945년 4월 11일, 충칭(重慶)에 있던 임시정부는 정부대례당에서 정부 요인과 직원, 의원 모두가 참석한 가운데 임시정부 수립 26주년 기념식을 가진다. 『임시의정원회의 제38회 속기록』에 따르면 이날 임시의정원 의장 홍진은 "오늘이 본 의정원과 임시정부 성립하던 제26주년 기념일"이라고 분명하게 말하고 있다. 임시정부 수립일이 오랫동안 잘못 기념된 셈인데, 100주년을 맞은 올해에 날짜가 바로잡혀 천만다행이다.

흩어진 임시정부들을 하나로

3·1운동 이후 국내외 곳곳에서 만들어진 여러 임시정부 성격의 단체들에는 공통적으로 한 가지 과제가 있었다. 조직의 힘을 집중시키고 대표성을 강화하기 위해서라도 정부를 하나로 통합해야 할 필요성이 있었던 것이다.

그중에서도 러시아 블라디보스토크의 대한국민의회와 상하이의 대한민국 임시정부의 통합운동은 향후 독립운동을 이끌어 나갈 중심축을 마련하기 위해서라도 반드시 필요했다.

러시아의 대한국민의회

러시아에서 임시정부 성격의 단체가 등장한 것은 상당히 이른 시기였다. 1918년 초, 이미 러시아의 동포들은 '전로한족회 중앙총회'를 만들었고, 그해 말부터 1919년 초까지 회의를 이어가고 있었다. 1919년 1월 니콜스크에서는 파리강화회의 대표 파견을 결의하고 윤해와 고창일을 대표로 뽑기도 했다. 2월 들어 이곳에도 2·8독립선언 소식이 전해졌고, 또 신한청년당의 여운형이 니콜스크에 와서 상하이와 도쿄의 독립운동 소식을 전하기도 했다.

2월 25일, 전로한족회 중앙총회에서는 니콜스크에서 독립운동 단체 대표회의를 열고 '대한국민의회'라는 임시정부 성격의 중앙기구를 조직하기로 결정한다. 그리고 3월 17일에는 대한국민의회 의장 문창범 등의 명의로 독립선언서를 발표함으로써 그 성립을 대외에 알린다. 그리고 3월 21일 회의에서 대통령 손병희, 부통령 박영효, 국무총리 이승만, 군무총장 이동휘, 내무총장 안창호 등 행정부 임원을 선정한다.

이후 상하이 임시정부와의 통합 논의가 진행됨에 따라, 1919년 4월 29일 대한국민의회는 블라디보스토크 신한촌 회의에서 상하이 임시정부를 '가승인'하기로 하고, 일본군이 시베리아를 떠난 뒤 상하이 임시정부를 러시아령으로 이전시킨다는 방침을 세운다.

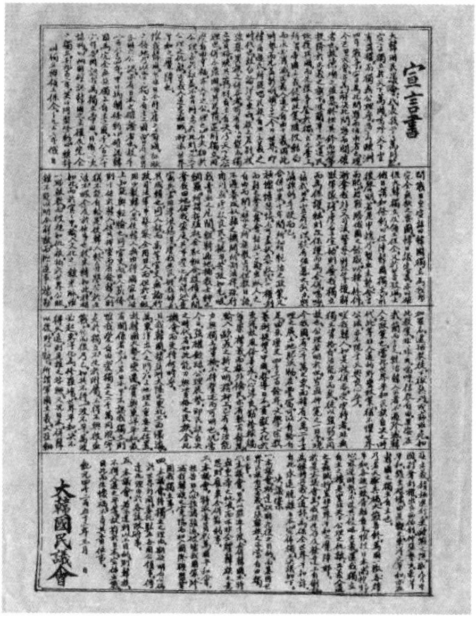

宣言書

大韓國民議會

○○○

대한국민의회의 독립선언서

대한국민의회는 문창범 등을 중심으로 그해 3월 연해주 블라디보스토크에서 설립됐다. 대한국민의회는 3월 17일 니콜스크에서 「조선독립선언서」를 발표했다. (독립기념관 소장)

그들은 이러한 뜻을 전달하기 위해 원세훈을 교섭 특사로 선출해 파견한다. 5월 7일, 상하이에 도착한 원세훈은 러시아의 국민의회를 상하이의 임시의정원과 통합해, 장차 정부를 러시아로 옮기자는 통합 방안을 제시한다.[33]

안창호,
새로운 통합 방안을 제시하다

상하이 임시정부도 임시의정원과 대한국민의회의 통합 필요성은 느끼고 있었다. 하지만 본격적인 논의는 5월 25일 안창호가 상하이에 도착한 이후에 진행된다. 6월 17일, 국무원에서 국무총리 이승만의 명의로 의정원에 제출된 「공함」은 첫째, 임시정부는 상하이에 두고, 둘째, 임시의정원과 대한국민의회를 통합해 의회를 구성하되 국민의회 측에서 그 위치를 러시아에 두자고 할 때에는 이를 허용하고, 셋째, 의회는 단순한 의사기구로서만 기능해야 한다는 등의 내용을 담고 있다.

임시의정원은 이 문제를 논의했으나, 임시정부는 상하이에 두고 통합의회는 러시아령에 둘 수 있다는 안을 받아들이기 어려웠던 것으로 보인다. 결국 임시의정원은 이 안건을 국무원에 돌려보낸다.[34]

양자의 이해관계가 충돌해 타협이 어려워 보였지만, 이때 안창호는 획기적인 방안을 찾는다. 상하이 임시정부의 내각 구성을 접어두고, 그동안 무시한 채 묵혀두었던 「한성정부안」을 통해 정부를 만들자는 것이다. 그는 「한성정부안」에 국민의회의 유력한 지도자인 이동휘가 서열 2위 국무총리직에 이름이 올라 있었기 때문에 주요한 통합 방안이 될 수 있다고 여겼다. 이에 따라 8월 20일, 현순과 김성겸이 대한국민의회에 파견된다.[35]

현순과 김성겸은 러시아 연해주로 가서 이동휘 등 대한국민의회 사람들을 만났다. 예전부터 서로 아는 사이였던 현순과 이동휘는 만나자마자 서로 손을 부여잡고 울음을 터뜨렸다. 현순과 김성겸은 대한국민의회와 상하이 임시의정원을 모두 해산하고, 13도 대표가 서울에서 국민대회의 이름으로 조직하고 발표한 한성정부를 봉대한 뒤, 임시의정원은 한성정부 각원이 취임해 적법한 신국회를 소집할 때까지 남은 일만을 처리하기로 했다고 전한다. 이들은 그 자리에서 국민의회의 의원 5분의 4가 임시의정원에 참여할 수 있도록 하겠다고 약속한다.

그러나 여기에는 한 가지 문제가 있었다. 이것이 상하이 임시의정원이나 안창호와 사전에 상의하지 않은, 임기응변으로 내놓은 안이라는 점이었다. 어쨌든 대한국민의회는 이 조건을 받아들이기로 하고 8월 30일 총회를 열고 만장일치로 해산을 결의한다. 그리고 국무총리로 지명된 이동휘, 교통총장으로 지명된 문창범 등은 곧 상하이로 출발한다.[36]

이승만, 대통령을 자처하다

그사이 상하이에서는 또 다른 일이 진행되고 있었다. 7월 20일,

안창호는 임시정부의 국무총리로 지명된 이승만에게 전보를 보내와줄 것을 요청한다. 그리고 7월 29일 전보를 통해 상하이 임시정부에는 대통령이 없고 국무총리만 있지만, 국무총리는 다른 나라의 대통령과 동일한 권한을 갖고 있다고 전한다. 이는 이승만이 한성정부의 집정관 총재로 지명된 이후, 줄곧 'President'라고 쓰인 명함을 만들어 사용했기 때문이다. 안창호는 이승만에게 이를 중지하고 상하이 임시정부의 국무총리로서 활동해줄 것을 요청한 것이다. 전보를 받은 이승만은 바로 답신을 보내 이미 자신은 대통령 명의로 한성정부의 선포 소식을 열국에 통보했기 때문에 이제 와서 바꾸기에는 너무 늦었으며, 한국에 두 개의 임시정부가 존재한다는 것이 알려지면 대의만 해칠 뿐이라고 답한다.[37] 안창호의 요청을 단호하게 거절한 것이다.

한성정부안으로 통합정부를 만들고자 했던 안창호로서는 집정관 총재 대신 대통령이라는 직함을 계속 사용하겠다는 이승만의 주장을 따를 수밖에 없었다. 결국 안창호는 8월 8일 미주의 국민회 중앙총회에 "이승만은 대통령"이라는 암호 전문을 보낸다. 한성정부의 존재와 이승만의 대통령 지위를 인정하겠다는 뜻이었다.[38]

그런데 여기서 한 가지 의문이 있다. 3·1운동 이후 여러 정부안이 나올 때마다 왜 멀리 미국에 있던 이승만이란 이름이 빠지지 않고 집정관 총재나 국무총리 등으로 자주 거론된 걸까?

1875년생인 이승만은 배재학당 출신으로, 1890년대 서재필

○○○

상하이에 도착한 이승만

1919년 12월, 임시정부의 대통령 이승만은 드디어 상하이에 도착하지만, 이듬해 6월에 다시 미국으로 돌아간다. 사진은 12월 28일 상하이에서 열린 대통령 이승만의 도착 환영회. 왼쪽부터 손정도, 이동녕, 이시영, 이동휘, 이승만, 안창호, 박은식, 신규식, 장붕 등이다. (독립기념관 소장)

등의 계몽운동가와 활발히 교류하면서 독립협회 활동에 참여했다. 그리고 이후 독립협회가 강제로 해산되는 과정에서 투옥되어 무려 6년 가까이 복역한다.

1904년 특별사면을 받고 석방된 그는 『황성신문』 등을 통해 이름을 알리는데, 이후 미국에 가서 불과 5~6년 만에 학사, 석사, 박사 과정을 마친다. 조지워싱턴·하버드·프린스턴대학교 같은 미국 명문대에서 국제정치학과 국제법을 전공한, 한국인 최초의 '박사'가 된 것이다. 신문에 대서특필된 것은 당연했다. 『매일신문』은 이승만의 이러한 행적을 거듭 소개한다. 이승만은 당대 한국인으로서 가장 지적 수준이 높고 성공한 사람, 거기다 독립협회 운동을 한 독립운동가, 문명개화에 매진하는 인물 등으로 소개됐다. 많은 사람의 신망을 얻게 된 것은 자연스러운 일이었다. 그러나 신문에 소개되지 않은 것이 한 가지 있었으니, 바로 이승만 개인의 성품이다. 이승만은 임시정부 최고 지도자이면서도 1919년 12월까지 상하이에 오지 않아 많은 원성을 샀다. 또한 상하이에 도착한 뒤에도 오래 머물지 않고, 1920년 6월 다시 자신의 활동지인 미국으로 돌아가버린다.

통합정부가 된 상하이 임시정부

이후 안창호는 임시의정원에 임시정부 개조안과 헌법 초안을 제출한다. 집정관 총재의 명칭을 대통령으로 바꾸고, 총리에 이동휘, 내무총장에 이동녕, 외무총장에 박용만, 군무총장에 노백린(盧伯麟), 재무총장에 이시영, 법무총장에 신규식, 학무총장에 김규식, 교통총장에 문창범, 노동국 총판에 안창호 등의 이름을 올린다. 한성정부

의 내각안을 그대로 따른 것이다.[39]

그런데 주목할 것은 이 개조안이 '한성정부의 집정관 총재를 대통령으로 고친다'고 하지 않고, '총리제를 대통령으로 고친다'고 한 것이다. 즉, 형식상 한성정부안이 아니라 상하이 임시정부안을 고친 것이다. 다시 말해, 기존의 상하이 임시정부를 '개조'하는 형식을 취한 것이었다. 한성정부를 승인, 봉대하면 서울의 국민대회를 인정하고 상하이의 임시의정원과 임시정부를 모두 해산하는 형식이 되어야 하는데, 기존 임시의정원의 권위와 정통성을 부정할 수는 없었기 때문이다.

9월 6일, 임시의정원은 정부 개조안과 임시헌법안을 심의 끝에 통과시킨다. 그 뒤 9월 18일 이동휘가 상하이에 도착했고, 문창범과 박은식도 뒤를 이어 도착한다. 이들은 당연히 상하이 임시의정원도 해산되고 정부를 새로 만들 것으로 기대했지만, 상황은 러시아에서 들은 것과 달랐다. 상하이의 임시의정원은 그대로 있고, 다만 정부만 한성정부안을 토대로 '개조'된 것이다.

결국 화가 난 이동휘와 문창범은 통합정부의 내각 취임을 거부하기에 이른다. 결국 문창범은 민의에 부합하지 않는 정부의 각원에는 참여할 수 없다고 밝히고 블라디보스토크로 돌아가 대한국민의회를 다시 세운다. 임시정부와 대한국민의회의 완전한 통합은 사실상 물거품이 된 것이다.

하지만 다행스럽게도 11월 3일에는 상하이 임시정부에 참여하는 쪽으로 마음을 돌린 이동휘가 국무총리에 취임했고, 내무총장 이동녕, 재무총장 이시영, 법무총장 신규식 등도 함께 취임식을 가진다.[40] 이로써 상하이 임시정부는 불완전한 형태로나마 통합정부의 모습을 갖출 수 있게 됐다.[41]

임시헌장에 담긴 민주공화국의 의미

대한민국 임시정부의 성립 과정에서 우리가 반드시 눈여겨봐야 할 것이 있다. 바로 4월 10일 임시의정원에서 통과된 대한민국 임시헌장이다. 임시헌장은 신익희, 조소앙, 이광수 등이 만드는 데 참여해 모두 10조로 구성되는데, 특히 제1조 "대한민국은 민주공화제로 함"이라는 문장은 대한민국 현행 헌법의 제1조 1항 "대한민국은 민주공화국이다"와 2항 "대한민국의 주권은 국민에게 있고, 모든 권력은 국민으로부터 나온다"와도 직결된다. 우리에게는 매우 익숙한 내용이지만, 사실 대한민국 외에는 전 세계 어떤 나라의 헌법에도 이렇게 쓰여 있는 경우가 없다.

중국에서도 1925년 「중화민국 헌법초안」, 이른바 단기헌법(段

記憲法)에서야 '민주공화국'이라는 표현이 나타나지만, 이때 공화국의 의미는 연방국(聯省國)을 가리키는 것이었다.[42] 또 1905년 결성되어 신해혁명을 추진한 혁명파의 중국혁명동맹회도 공화제 혹은 입헌공화제 국가의 수립을 주장했지만, '민주공화제'라는 표현을 쓰지는 않았다. 혁명파에 반대했던 량치차오(梁啓超)는 「개명전제론」(1906)이라는 글에서 중국에서는 입헌공화제가 아닌 입헌군주제의 실현을 도모해야 한다고 주장했다.[43] 중국 인민의 민도가 아직 낮기 때문에 입헌공화제를 도입하는 것은 시기상조라고 생각한 것이다. 이와 달리 쑨원은 삼민주의를 제창하면서 군주정체를 전복하고 민주입헌정체를 수립해야 한다고 주장했지만,[44] 그 역시 민주공화제라는 표현까지는 쓰지 않았다. 역시 중국 인민의 민도를 고려했던 것으로 보인다.

유럽에서도 민주공화국(Democratic Republic)이라는 용어가 헌법에 사용되기 시작한 것은 1920년 2월의 체코슬로바키아 헌법과 그해 10월의 오스트리아 연방헌법부터다. 1919년 8월 11일에 공포된 바이마르 헌법조차 "독일제국은 공화국이다"라고만 했을 뿐이다. 이처럼 대한민국 임시정부가 1919년 4월 임시헌장에서 민주공화국이라는 단어를 사용한 것은 세계사적으로 볼 때에도 선구적인 것이다.[45]

공화제
정부의 꿈

그렇다면 임시헌장에는 어떻게 민주공화제라는 단어가 들어가게 됐을까? 먼저 공화제 논의의 역사를 살펴보자. 공화제 논의의 뿌리는 멀리 신민회까지 거슬러 올라간다. 이들이 분명하게 공화주의를 표명한 것은 아니지만, 사실상 신민회의 기관지 역할을 한 『대한매일신보』의 「20세기 신국민」이란 글을 살펴보면 한국인들이 '입헌적 국민'이 되어야 한다고 말한 것을 알 수 있다.[46] 게다가 글의 마지막 부분에서는 "국민적 국가가 아닌 나라(입헌국이 아니고, 한두 사람이 전제 통치하는 나라)와 세계 대세를 거스르는 나라는 반드시 망한다"라고 단언하고 있다. 여기서 '국민적 국가'란 곧 국민국가를 가리키는 것이니, 이 글이 공화제의 국민국가를 염두에 두고 쓴 것을 알 수 있다.

공화제에 대한 일부 신민회 회원들의 관심은 1911년 중국에서 신해혁명이 일어난 이후 본격화한다. 당시 베이징에 머물고 있던 신민회 회원 조성환(曺成煥)은 1912년 1월 초 미국의 안창호에 보낸 편지에서, 신해혁명이 아시아인을 위해 환호하고 찬미할 일이며 한민족에게는 더욱 긴밀한 관계가 있는 사건이라고 말한다. 신해혁명의 성공이 자기들의 꺼져가는 혁명 사상을 되살려, 머지않아 한반도 강산에도 새로운 해와 달이 뜨게 할 것이라고 기대한 것이다.[47] 공화제에 대한 이러한 기대와 열정은 1914년 제1차 세계대전의 발발과 함께 잠시 유보되지만, 이미 시대의 흐름은 달라지고 있었다.

1917년 3월에는 러시아에서 혁명이 일어난다. 이어 4월에는 제1차 세계대전을 관망하던 미국이 참전 선언을 한다. 이처럼 급변하는 세계정세에 따라, 1917년 7월 해외 각지의 독립운동 세력에게 단결을 호소하는 이른바 '대동단결선언'이 나온다. 선언문을 기초한 것은 조소앙으로,[48] 발기인은 신규식, 조소앙, 신석우, 박용만, 한진(한진교로 추정), 홍휘(홍명희洪命憙로 추정), 박은식, 신채호, 윤세복(尹世復), 조성환, 박기준(朴基駿), 신빈(申斌), 김규식, 이일(李逸: 이용혁李龍爀) 등 14인이다.[49] 이들은 대부분 베이징과 상하이에서 활동하고 있었는데, 이 선언을 통해 '복벽주의'와 '보황주의'를 확실히 청산하면서 국민주권론을 확고히 한다. 그동안 복벽주의, 보황주의를 주장하던 대표적 독립운동가인 유림 출신의 독립운동가 유인석(柳麟錫)이 1915년 1월, 신한혁명당을 이끌던 이상설(李相卨)이 1917년 3월에 각각 작고한 것은 상징적인 일이었다. 독립운동 진영의 분위기는 확실히 바뀌어 있었다.

당시 베이징과 상하이를 중심으로 한 국외 독립운동가의 공화주의에 대한 지향은 확고했다. 국내에서도 마찬가지였다. 3·1운동 이후 새로운 나라는 제국이 아니라 민국이 되어야 한다는 데 국내외 독립운동 진영은 대부분 공감하고 있었다. 1917년 11월에는 러시아에서 볼셰비키혁명으로 공산주의 정권이 수립됐고, 1년 뒤인 1918년

11월에는 전쟁에서 패한 독일에서도 혁명이 일어나 바이마르공화국이 수립된다. 이러한 사건들 역시 한국인들에게 제정의 시대는 가고 공화정의 시대가 왔다는 확신을 심어주기에 충분했다. 이러한 '공화제로의 여정'은 1924년 3월 나경석이 잡지 『개벽』에 쓴 「사상의 귀추와 운동의 방향」이라는 글에도 잘 나타나 있다.

> 조선의 사상계는 3·1운동을 기회 삼아 일대 전환했다. 그전까지의 조선 사상의 주된 흐름은 정치적 자유주의, 즉 독립주의였다. 을사조약이 성립됐을 때에 우리의 선배는 은근히 월남망국사를 가리키며 폴란드 망국기를 밀담케 했고, 또 조선의 전제정치가 멸망을 가져왔다고 하여 군주입헌정체를 목표 삼은 근왕애국주의를 고조했다. 지금 생각해보면 우스운 일이나 그 당시에는 은연히 세력 있던 정치사상이었다. 그 후 정치의 변동이 다시 일보를 나아가 일본이 조선을 병합했다고 발표하게 되매, …… 근왕 선동은 졸지에 퇴색되어 극소수의 전 관료와 양반, 완고한 유생을 제한 외에는 일반 청년은 민주적 애국의 색채가 농후하게 됐다. 그리하여 말살되려던 조선 역사를 연구하여 민족적 자부심을 배양하려 했고, 또 근대 정치의 최고 이상이 공화대의제인 줄로 생각한 까닭에 소위 지사들이 국내외에 분주할 때에 지방 열병에 전신이 마비되면서도, 장래 조선의 정체(政體)의 이상에 관하여는 거의 이론 없이 이에 귀일했다. 조선총독부 당국에서는 그것이 조선에서 자연히 생겨난 정견인 줄 모르고, 미국 선교

사가 교회와 학교에서 조선 학생들에게 미국 정신을 양성한다는 걱정 끝에 일본 야소인(기독교인 -인용자) 조합교회를 들여오는 일까지 있었다.[50]

즉, 1905년 이후 입헌군주제론이 대세였지만, 1910년대 이후에는 공화대의제론(공화제론과 대의민주제론)이 강하게 대두해 3·1운동 당시에는 공화대의제론으로 대세가 기울었다는 것이다. 그리고 이러한 흐름은 미국인 선교사들의 영향이 아닌, 한국인 스스로 발전시켜왔다는 게 나경석의 주장이다.

당시 국내 지식인들의 이러한 사상적 동향은 손병희의 진술에서도 잘 나타난다. 그는 경성지방법원 예심에서 총독부 판사의 "조선이 독립되면 어떤 정체의 나라를 세울 생각이었는가?"라는 질문에 이렇게 답한다. "민주정체로 할 생각이었다. 그것은 나뿐만 아니라 일반적으로 그런 생각인 것으로 안다. 구주전쟁(제1차 세계대전)이 한창일 무렵, 교도들과 우이동에 갔을 때, 전쟁이 끝나면 세계의 상태가 완전히 달라져 세계에 임금이란 것이 없어지게 된다는 말을 한 적이 있다."[51]

3·1운동의 성과물 가운데 가장 중요한 것이 바로 이와 같은 공화제론에 입각한 대한민국 임시정부의 수립이다. 3·1운동이 진행되는 과정에서 국내에서는 여러 전단들을 통해 정부 수립안이 제시되는데, 모두 한결같이 공화제 정부를 전제로 했다. 이들 전단 가운데

처음으로 정부 수립 문제를 언급한 것은 1919년 3월 3일 자로 발행된 『조선독립신문』 제2호인데, 여기서는 「가정부 조직설」이라는 제목 아래 "일간 국민대회를 개최하고 가정부를 조직하며 가대통령을 선거한다더라. 안심, 안심. 머지않아 좋은 소식이 있으리라"고 보도했다.[52]

한자의 '가(假)'는 전통적으로 '임시'라는 뜻을 갖고 있다. 그런데 이 신문은 천도교 대도주 박인호의 의뢰 아래, 보성전문학교 교장 윤익선이 발행인을 맡고 천도교 월보 편집원인 이종린이 실무를 맡아 발행했다. 3·1운동이 천도교의 주도 아래 일어났음을 생각할 때, 천도교에서는 이미 운동 준비 단계에서부터 임시정부의 수립을 고려하고 있었던 것을 알 수 있다. 그리고 그 임시정부는 당연히 공화제 정부였다.[53] 이런 생각은 기독교계 유학생들 역시 같았다. 이는 1919년 당시 발표된 여러 임시정부안들에서도 분명히 나타난다.

민주공화제의 의미

이제 다시 처음으로 돌아가서, 왜 대한민국 임시정부의 임시헌장에 그냥 공화제가 아니라 민주공화제란 말이 들어갔는지 살펴보자. 1908년 6월에 나온 『대한협회회보』 3호에 실린 원영의(元泳義)

의 글에는 정체에는 크게 군주정체와 공화정체가 있고, "군주정체에는 다시 두 가지가 있으니, 전제와 입헌"이 있으며, "공화정체에도 다시 두 가지가 있으니, 귀족과 민주"라고 밝히고 있다.[54] 또 이보다 다소 앞선 1907년 일본 유학생들이 만든 『대한유학생회보』 제2호에 실린 「국가의 주동력」이라는 논설에서는 미국을 "민주공화국의 개조(開祖)"라고 표현한 적이 있다.[55] 그리고 1909년 서북학회에서 발행한 『서북학회월보』 제12호에 실린 「국가론의 개요」라는 글에서도 '귀족공화제'에 대비해 "전 인민의 의지가 직접 또는 간접적으로 독립적이고 고유한 최고권이 되는 경우"라고 설명하면서 민주공화제라는 단어를 사용하고 있다.[56]

이처럼 대한제국 시기에 이미 유학생이나 국내 지식인 사이에서는 민주공화제, 민주공화국이라는 용어가 사용되고 있었고, 1910년 이후에는 앞으로 건설할 새 나라에는 민주공화제가 가장 바람직하다는 공감대가 형성되고 있었다. 1914년 하와이의 국민회지방총회에서 발간한 『국민보』에 실린 김태희(金泰熙)의 기고문에는 장차 국민회가 "대조선국 민주공화정부를 세울 기초"가 될 것이라는 대목이 담겨 있다.[57] 이처럼 구한말 대한협회, 일본 유학생, 그리고 미주 동포는 모두 몽테스키외(Charles-Louis de Secondat Montesquieu)가 제시한 민주공화제 유형과 미국의 민주공화제 모델을 염두에 두면서, 새로 세워질 나라는 민주공화제 국가가 되어야 한다고 믿고 있었다.

1919년 상하이 임시정부의 임시헌장은 이시영의 주도 아래 조소앙, 남형우, 신익희, 한기악이 기초한 것으로 알려져 있다.[58] 이시영은 1908년부터 약 2년간 법관 생활을 한 적이 있으며, 조소앙은 1904년 일본 메이지대학에서 법학을 전공했다.[59] 남형우는 보성전문을 나와서 1911년부터 모교에서 학생들에게 법률학을 가르쳤고, 신익희는 관립한성외국어학교를 졸업한 뒤 1913년 일본에 유학해 와세다대학 정경학부를 졸업한 뒤 중동학교와 보성전문에서 학생들을 가르쳤다. 한기악 역시 보성전문 법과 졸업생이었다.

이들은 모두 법학을 공부한 이들이어서 민주공화제에 관한 기본 지식을 갖고 있었다. 즉, 몽테스키외의 공화제의 두 유형 가운데 민주공화제가 있으며, 미국의 정치체제를 민주공화제로 부른다는 것을 잘 알고 있었을 것이다. 이와 같은 상황을 배경으로, 1919년 대한민국 임시정부의 임시헌장에는 민주공화국이라는 단어가 자연스럽게 들어갈 수 있었던 것으로 보인다.

특히 조소앙의 역할이 컸다. 실제로 이 조항이 1919년 9월 1차 개헌 당시 빠졌을 때는 조소앙이 만국사회당대회에 참석하기 위해 파리에 가 있을 때였다. 이후 임시정부의 헌법 개정의 역사를 보면, 조소앙이 관여했을 때에는 대체로 민주공화제라는 표현이 들어가지만, 관여하지 않았을 때에는 그 문장도 빠진다. 그렇다면 조소앙을 비롯한 임시헌장을 기초한 이들은 왜 민주공화국을 임시정부의 임시헌장에 명시해야 한다고 생각했을까? 그들은 새로운 공화국이 자칫 지주나 자본가가 주도권을 쥐는 새로운 '귀족 공화국'이 될 수 있는 점을 우려해, 헌법에 단순한 공화제가 아닌 '민주공화제'를 못 박으려 한 것이다. 이러한 임시헌장의 정신을 이어받아 1948년 제헌 헌법 제1조도 대한민국이 민주공화국임을 명기한다.

민주공화국 대한민국의 태동

대한민국 원년 3월 1일에 이미 우리 민족이 자유민임을 선언했고, 이에 따라 금년 4월 10일에 임시의정원과 임시국무원이 성립됐다. 우리 민족은 모두의 일치된 뜻과 희망으로 대한민국의 국민이 된 것이다. 일본이 아직 무력으로 우리 삼천리의 국토를 점령하고 있지만, 이는 벨기에의 국토가 독일의 무력 아래 점령된 상황과 같다. 우리 민족은 대한민국의 국민이요, 우리 민족을 통치하는 자는 대한민국의 임시정부이니, 이제 우리 민족은 영원히 다시는 일본의 지배를 받지 않을 것이다. 일본이 무력으로 우리 민족을 포로로 삼을 수 있을지는 몰라도, 아주 잠시라도 우리 민족을 신민(臣民)으로 삼지는 못할 것이다. 따라서 우리 민족은 지금까지 강제로 당해오던 일본 국가에 대한 모든 의무를 폐기하고, 일본 정부에 대해 조선총독부와 그에 소속된 모든 관청과 육해군을 철거하고 대한민국의 완전한 독립을 확인하기를 요구하노라.[60]

1919년 11월 3일, 새로운 정부의 출발에 대한 상하이 교민들의 기대와 환호 속에서 상하이의 민족대표자 30인은 위와 같은 선언서와 공약을 발표한다. 이제는 엄연히 한민족도 정부를 가진 국민임을 세계에 선언하고, 새로운 정부에 대한 전 민족적인 분발과 협력을 촉구한 것이다. 이 선언문은 대한민국 임시정부가 민족의 일치된 의사에서 나온 것임을 분명히 하고 있으며, 독립에 대한 굳건한 의지를 표명하고 있다.

1919년 4월 11일에 태어난 대한민국 임시정부는, 이처럼 그해 가을 무렵에는 임시헌법을 공포하고 새 내각과 의정원의 구성을 마침으로써 본격적인 출범을 알렸다. 민주공화제 국가의 정부로서 대한민국 임시정부가 수립된 것은 대한제국 시기부터 공화제를 꿈꿔 온 이들에게는 더할 나위 없이 감격스러운 일이었다. 물론 여전히 가야 할 길은 멀고도 험했지만, 오랜 세월에 걸친 '공화제로의 여정'이 마침내 그 첫 결실을 맺은 것이다.

그렇게 탄생한 새 나라는 어떤 나라인가? 『독립신문』 1920년 1월 8일 기사는 그해 임시정부 신년축하회에서 도산 안창호가 했던 연설을 전한다. 그의 말은 100년이라는 긴 시간을 뛰어넘어 오늘날까지, 우리가 살아가고 있는 민주공화국 대한민국이 그 뿌리를 어디에 두고 있는지 분명하게 보여주고 있다.

> "오늘날 우리나라에는 황제가 없나요? 있습니다. 대한 나라의 과거에는 한 사람의 황제밖에 없었지만, 오늘날에는 이천만 국민 모두가 황제입니다. …… 황제란 무엇입니까? 바로 주권자를 말하는 것입니다. 과거에 주권자는 오직 한 사람이었지만, 지금은 여러분 모두가 주권자인 것입니다."[61]

지금으로부터 꼭 100년 전인 1919년 3월의 봄날, 다른 나라의 침략에 짓밟혀 나라의 주권마저 잃어버린 바로 그 땅 위에서 자유와 독립을 목놓아 부르짖은 사람들이 있다. 그리고 그들 한 사람 한 사람이 흘린 피땀과 간절한 바람에 의해 비로소 국민이 주권자가 된 나라, 민주와 자유, 그리고 평등을 기치로 내세운 민주공화국이 탄생한 것이다.

나가며

1919년의 의미를 되새기다

1919년은 우리가 나라를 빼앗긴 지 햇수로 10년째 되던 해다. 분명 절망적인 시대였지만, 동시에 처음으로 희망을 품을 수 있었던 시기이기도 했다. 그해 3월 1일, 한반도 전역은 물론 중국 상하이, 일본 도쿄, 미국 등 세계 곳곳에서 한국인이라면 남녀노소를 막론하고 한목소리로 '독립 만세'를 외칠 수 있었던 것은, 독립이 먼 미래의 일이 아니라 지금 이룰 수 있는 일이라는 희망이 있었기 때문이다. 1919년에 일어난 3·1운동은 20세기 우리 근현대사에서 한국인이 하나로 뭉친 유일한 역사적 사건이었다.

독립과 자주를 선언하다

3·1운동에서 가장 중요한 것은 역시 한국의 독립과 한국인이 자주민임을 선언한 것이다. 1910년 일본에 의해 강제 병합된 이후, 일본은 '한국'을 '조선'으로 고쳐 부르고, 형식상으로는 '외지'라고 불렀지만 실제로는 '식민지'로 대우했다. 병합 당시만 해도 친일파를 포함한 일부 한국인 중에는 이제 한국인도 일본인과 대등한 '대일본국 국민'이 될 수 있을 거라고 기대한 이들도 있었다. 그러나 일본은 말로는 동화를 외치면서도 한국을 식민지로, 한국인을 식민지인으로 대했다. 게다가 헌병경찰제도, 조선태형령, 경찰범 처벌규칙, 범죄즉결례 등을 동원해 한국인을 무력으로 억압하고 가혹한 형벌을 가했다.

그뿐만 아니라, 일본은 자국이 안고 있었던 인구 과잉 문제, 식량 부족 문제를 식민지 조선을 통해 해결하려 했다. 일본인에게 한국으로의 농업 이민이 장려됐고, 한반도에서 일본으로 대량의 쌀이 실려 나갔다. 또 일본인 자본가들을 위해 육지면 재배, 뽕나무 재배 등을 강제했다. 한국에 진출한 일본의 대규모 농업회사들은 전국 각지에서 농지를 사들이거나 땅을 개간해 농장을 개설한 뒤, 한국인들에게 고율의 소작료를 부과했다. 자본이 적은 일본인들은 금융기관으로부터 대부를 받아 한국에 쉽게 진출할 수 있었다. 고리대를 활용해 고율의 이자를 수취하고, 더 나아가 돈을 갚지 못하는 한국 농민들의 농지를 탈취했다. 조선총독부는 재정의 확충을 위해 토지조사사업을 실시했고, 나아가 연초세, 주세, 인지세 등 각종 세금을 신설해 부과했다. 한국인들은 새로운 세금의 부과로 허덕이지 않을 수 없었다.

경제적인 어려움보다 더 견디기 힘든 것은 일상화된 모욕과 차별이었다. 한국인들은 자신들이 노예나 종과 같은 처지에 놓였음을 알게 되었다. 3·1운동은 바로 그와 같은 현실을 끝내기 위한 한국인들의 해방운동이었다.

독립운동이 본격화되다

3·1운동은 또한 이후 한국의 독립운동이 본격화되는 결정적 계기를 만들었다. 3·1운동 이후인 4월 11일에는 상하이에 대한민국 임시정부가 만들어져 이후 진행될 독립운동의 중심이 됐다. 파리강화회의, 워싱턴회의 등에 대표자를 보내 외교운동을 본격화했으며, 압록강과 두만강 이북 지역에서는 수많은 독립운동 단체가 만들어져 1920년대 무장투쟁을 활발히 전개했다.

그리고 그 결과가 바로 우리가 잘 알고 있는 봉오동전투와 청산리전투다. 암살, 파괴, 폭동을 목표로 한 아나키스트 단체인 의열단도 조직되어 1920년대 전반 국내외에서 의열투쟁을 활발히 전개해 총독부와 일본 정부를 긴장시켰다.

또한 1917년 러시아혁명 이후, 러시아 연해주에서 시작된 사회주의 운동은 상하이, 이르쿠츠크 등을 거쳐 국내로 파급되었다. 국내에서 사회주의 사상을 연구하는 사상단체, 청년단체가 만들어졌고, 이를 실행에 옮기기 위한 노동운동, 농민운동 단체도 우후죽순으로 생겨났다. 그리고 이를 발판 삼아 1925년에는 조선공산당이 비밀리에 조직된다.

3·1운동 이후, 일각에서는 자치운동을 모색하는 이들도 있었다. 아일랜드, 인도, 대만 등지에서 자치운동이 전개되는 것을 보고, 한국에서도 당분간 독립운동보다는 자치운동을 전개해 자치권이라도 획득하는 것이 현실적이라고 보는 이들이 등장한 것이다. 보다 친일적 성향이 강한 이들은 참정권운동을 전개했다. 다름 아닌 일본 본국 의회에 조선인 대표를 선출해 보내자는 운동이다.

그러나 이러한 자치운동이나 참정권운동은 결코 민족운동의 주류가 될 수 없었다. 대다수의 한국인들은 3·1운동 과정에서 이미 '독립'이라는 운동의 목표를 분명하게 설정했고, 또 그 목표를 이루기 위해 수많은 사람이 기꺼이 자신을 희생했다. 따라서 독립에서 한참 후퇴한 자치권이나 참정권 획득 같은 목표는 절대 환영받을 수 없었다.

무단통치에서 문화정치로

일본인들은 3·1운동을 '폭동'이나 '소요'라고 표현했다. 그리고 그것이 단순히 민족자결주의라는 말에 자극받아 일어난 것으로 보지 않았다. 일본 정부나 언론, 지식인들은 1910년대 조선을 통치한 데라우치 마사타케나 하세가와 요시미치 같은 무관총독이 무단통치를 폈기 때문에 그와 같은 폭동과 소요가 일어났다고 분석했다. 이에 따라 신임 사이토 마코토(齋藤實) 총독은 무단통치 대신 '문화정치'를 실시하겠다고 천명했다. 또 일본 정부의 하라 다카시(原敬) 수상은 조선을 차별해온 법과 제도를 개정해 일본인과 동등하게 대하겠다는 '내지연장주의'를 표방했다.

사이토 총독이 표방한 문화정치는 언론, 출판, 집회, 단체 조직의 자유를 제한된 범위에서나마 허용하는 것이었다. 이에 따라 한글 신문과 잡지들이 우후죽순으로 창간된다. 또 수많은 청년·사상·노동·농민·여성단체가 만들어진다.

그러나 총독부 경찰 당국은 언론과 출판에는 사전 검열을 단행했고, 집회는 사전 허가와 현장 입회를 통해 통제했다. 사이토 총독이 표방한 문화정치의 문화란 'culture'가 아니라 '문치교화(文治教化)'를 뜻했다. 따라서 1910년대 이래 총독 정치가 표방해온 조선인을 일본인으로 동화시킨다는 동화정책의 목표는 여전히 고수되었다. 달라진 점은 '총과 칼' 대신 '말과 글'로써 동화시킨다는 것이었다. 따라서 총독부는 교육 제도를 고치고, 학교 시설을 확충하고, 일본어와 일본 문화에 대한 교육을 강화해 한국인을 일본인으로 동화시키는 정책을 본격적으로 추진해나갔다.

또한 사이토 총독은 그동안 총독부가 한국인을 포섭하지 못해 3·1운동을 막지 못했다고 판단하고, 친일 세력과 밀정을 육성하기 시작한다. 총독부의 지원을 받는 친일 단체들이 속속 등장했고, 경찰에 포섭되어 기밀비를 받는 한국인 밀정들이 각계각층에서 활약하기 시작했다. 한편으로 총독부는 한국인의 독립운동에 대해서는 철저한 탄압을 계속했다. 그 결과 수많은 사람이 보안법, 정치범 처벌령, 출판법, 소요죄, 폭발물 단속법 위반 등으로 투옥됐다.

이와 같이 문화정치란 결국 무단통치에 비해 더 고도화되고 세련된 식민통치 정책에 불과했다. 정치범, 즉 독립운동이나 사회운동으로 감옥에 가는 이들은 매년 수백 명에 달했으며, 특히 1921년 워싱턴회의가 있던 해에는 1,600여 명에 달했다. 사회주의운동을 탄압하기 위해 치안유지법이 만들어진 1925년 이후에는 1,500명에서 2,000명에 달하는 이들이 정치범으로 투옥됐다.

한국 민족으로의 재탄생

3·1운동은 우리 역사를 통틀어서도 매우 드문 사건이다. 한국

근현대사에서 3·1운동만큼 수많은 한국인이 동참한 경우는 없었다. 따라서 이 경험은 우리들에게 커다란 영향을 미쳤다.

조선 시대는 기본적으로 신분제 사회였다. 양민과 천민을 구분한 양천제(良賤制) 이외의 신분제가 법제화된 것은 아니었지만, 관습화된 양반, 중인, 평민, 천민이라는 세분화된 신분제는 사회 운영의 모든 부분을 억압하는 원리였다. 1894년 갑오개혁으로 이와 같은 신분제가 폐지됐지만, 사람들의 의식 속에는 여전히 신분 의식이 강하게 남아 있었다.

그런 상황에서 3·1운동이 일어났다. 이를 기획한 민족대표는 모두 평민 출신이다. 양반 유생들은 뒤늦게 파리장서 등으로 이 운동에 동참했고, 농촌 사회에서 만세운동을 조직했지만, 전체적으로 운동을 주도하지는 못했다. 3·1운동의 전 과정을 보면, 종교인, 학생, 농민, 노동자, 상인 등 평민층이 주도했음을 알 수 있다. 역사의 주도층이 바뀐 것이다. 물론 중간 계층인 향리 가문이나 천민의 후예들도 이에 동참했다.

농촌에서의 만세운동 진행 과정을 보면, 양반 유생이 기획하고 평민인 농민이 앞장서서 운동을 전개한 경우가 많았다. 이러한 과정은 서로의 신분 의식을 크게 약화시켰다. 3·1운동 이후 등장한 한글 신문이나 잡지들은 신분 의식이나 낡은 관습을 타파하기 위한 신문화운동을 본격적으로 펼쳐나간다. 백정들은 형평운동을 통해 신분 해방운동도 전개한다. 이러한 흐름 속에서 신교육, 신식학교가 서서히 보급되면서 신분 의식은 점차 약화되어갔다.

3·1운동 과정에서 또 하나 눈에 띄는 것은 여성의 적극적인 참여다. 만세시위 과정에서 여학생들이 활발히 참여했고, 여러 지방에서 기생들도 적극적으로 동참했다. 지역에 따라서는 만세시위를 여학생들이 주도하거나 독자적으로 시위를 한 경우도 있었다(전주, 목포, 마산). 여성이 우리 역사의 전면에 등장한 것은 이때가 처음이었다. 비록 구속자의 1~2퍼센트 정도를 차지하는 데 그쳤지만, 이는 한국 사회에 커다란 울림을 주었다. 3·1운동 이후 여성 교육에 대한 시각도 크게 달라져 여성의 보통학교 진학률도 높아졌고, 회사나 공장 등에 취직하는 여성도 점차 늘어났다. 그러나 가부장적인 관습은 계속됐고, 여성들은 여전히 속박과 차별을 당하고 있었다. 이에 '여성해방운동'이 선구적인 여성들에 의해 시작됐다.

이와 같이 한국 사회는 3·1운동을 계기로 크게 변화한다. 이전까지의 신분, 성별에 의한 차별은 이제 낡은 유물이 되어 서서히 해체 과정에 들어갔고, 한국인들은 내부적인 평등을 전제로 한 근대 민족으로 서서히 거듭나게 된다.

대한민국 임시정부의 수립

마지막으로 3·1운동의 가장 큰 성과물은 바로 대한민국 임시정부의 수립이다. 3월 3일, 천도교 측이 만들어 배포한 『조선독립신문』(제2호)은 곧 '가정부', 즉 임시정부가 구성될 것을 알렸다. 천도교 측은 3·1운동의 시작부터 이미 임시정부를 염두에 두고 있었던 것으로 보인다. 이후 기독교 측에서도 임시정부 수립을 위해 사람들을 모으기 시작했고, 양측은 부분적으로 접점을 찾기도 했다.

3~4월 두 달 동안 곳곳에서 여러 형태의 임시정부 안이 제시됐는데, 조선민국, 신한민국, 한성정부가 바로 그것이다. 이 가운데 상하이 임시정부에 가장 먼저 전달된 것은 당시 형성 과정에 있던 「한성정부안」을 약간 변형한 「신한민국 정부안」이었고, 이를 토대로 임시정부 조직이 논의된다.

그리고 마침내 몇 차례 모임과 논의를 거쳐 임시의정원이 조직되고, 4월 11일 임시의정원 회의에서 「임시헌장」이 완성된다. 「임시헌장」의 제1조는 "대한민국은 민주공화제로 함"이다. 한국인들의 새로운 나라는 왕조국가가 아닌 공화제 국가이며, 대의민주주의를 핵심으로 하는 민주주의 국가라는 것을 선언한 것이다. 세계 최초로 '민주공화제'를 헌법에 천명한 것은 임시정부를 만든 이들이 그만큼 진보적이었음을 말해준다.

대한민국 임시정부의 수립으로 한국사는 이제 명실상부하게 군주나 귀족이 권력을 독점하는 '제국'에서, 국민 한 사람 한 사람에게 주권이 있는 '민국'의 시대로 넘어가게 된다. 1919년 3월의 함성은 역사의 거대한 전환을 이루어냈다. 지금으로부터 100년 전 봄날의 함성을 앞으로도 잊지 않고 계속 되새겨야 할 이유가 바로 여기에 있다.

감사의 말

올해는 3·1운동 및 대한민국 임시정부 수립 100주년이 되는 해입니다. 이를 기념하는 많은 행사가 열리고 있지요. 저 역시 한국 근현대사 전공자로서 2018년 초부터 이를 정리하는 책을 써볼 생각을 했습니다. 그러나 다른 일들이 계속 밀려와 한때 거의 포기했다가, 2018년 늦여름 다시 마음을 먹었습니다. 결국 원고는 해를 넘겨서야 겨우 완성하게 됐습니다. 관련 자료는 30년 전부터 간간이 보아왔지만, 이번에 다시 자료들을 집중적으로 살피면서 새로운 사실을 많이 알게 됐고, 그동안 잘못 알려진 사실도 많다는 것을 확인했습니다.

이 책을 집필하는 내내 새삼스레 느꼈던 감정은 3·1운동에 참여한 이들에 대한 존경심이었습니다. 이웃한 군이나 면에서 만세 운동을 벌였다가 사상자가 나고, 많은 사람이 구속되는 상황에서도 "우리도 만세운동을 해야 한다"라면서 사람들을 조직하고, 또 많은 사람이 이에 호응해 만세를 부르는 장면은 쉽게 이해가 되지 않았습니다. 이들은 검사나 판사의 "왜 이런 어리석은 일을 벌였는가?"라는 질문에, "어리석은 일이라고 생각하지 않는다. 비록 우리가 실패하더라도 뒷사람들이 반드시 독립의 꿈을 이루어줄 것으로 믿는다"라고 답했으며, 다른 이들이 희생되고 투옥되는 것을 보면서도, "나도 동참해야 한다"라는 공동체의식을 갖고 있었습니다. 아무리 어려운 상황에서도 희망을 품고 독립운동을 시작한다면, 언젠가 반드시 독립의 꿈이 이루어질 것이라는 신념을 갖고 있었던 것이지요.

서울에서 수백 킬로미터 기차를 타고 가서, 또 수십 킬로미터를 걸어가서 독립선언서를 전한 사람들, 장날의 만세시위에 쓰기 위해 어두운 골방에서 수백 장의 태극기를 그리고 또 그린 사람들, 격문을 등사하지 못해 먹지 몇 장을 놓고 골필로 눌러쓴 사람들, 장터까지 태극기와 선언서를 몰래 운반해온 사람들, 시위 현장에서 앞장서서 독립 만세를 부르고 시위 행렬을 이끈 사람들, 그리고 결국 군경의 총칼에 희생된 사람들. 그들은 1919년의 3~4월을 찬란한 봄으로 만든 영웅들입니다. 이 책은 오로지 그들을 위해서 쓴 책입니다. 다만 제 능력이 부족해 모자란 책이 된 것이 부끄러울 따름입니다.

이 책 『1919』를 쓰면서 제 머릿속에서 계속 떠나지 않은 문제의식은 이런 것들이었습니다. 1919년 3·1운동 당시 왜 전국적으로 100만 명이 넘는 많은 사람이 참여했을까? 3·1운동을 준비한 이들은 윌슨의 민족자결주의가 파리강화회의에서 실제로 채택될 거라고 생각했을까? 3·1운동에 참여한 이들은 정말 독립을 얻을 수 있으리라 기대했을까? 3·1운동은 과연 비폭력적인 운동이었을까? 지방에서 전개된 수많은 시위는 어떤 유형으로 나눌 수 있을까? 이 책 『1919』를 통해 저는 이러한 질문들에 답을 찾아보려 노력했습니다. 특히, 만세시위의 유형을 세 가지로 나누어 정리했는데, 이 부분은 향후 더 검토가 필요하다고 생각합니다.

또한 이 책에서는 3·1운동과 관련된 구체적인 사실들도 밝혀 보고자 노력했습니다. 특히 3·1운동의 준비 과정과 서울에서의 시위 전개 과정을 집중 검토했습니다. 이를 통해 3·1운동의 준비 과정에서 천도교와 기독교는 어떻게 합작에 성공할 수 있었는지, 「독립선언서」의 공약 3장을 과연 최남선이 쓴 것인지 아니면 한용운이 쓴 것인지, 민족대표 33인은 어떤 과정으로 선정됐고 언제 확정됐는지, 독립선언서는 지금까지 알려진 대로 정말 보성사판과 신문관판 두 종류였는지, 보성사에서 선언서를 인쇄할 때 종로서 형사 신철이 들이닥친 것이 사실인지, 선언서는 언제 인쇄됐으며 몇 부나 인쇄됐는지, 민족대표가 선언식 장소를 바꾼 이유는 무엇인지, 탑골공원에 모인 학생들의 규모와 선언서를 낭독한 사람은 누구인지, 시위에 참여한 이들이 어떤 생각을 가지고 있었는지 등의 의문점을 밝혀내려

했습니다. 여전히 확실하지 않은 부분이 남아 있지만, 그래도 상당히 많은 부분에서 답을 찾았다고 생각합니다. 새로운 사실들을 상당히 많이 밝혀냈기 때문에 일일이 주석을 붙였습니다. 물론 아직 밝히지 못한 부분 또한 많다는 점을 이 자리에서 고백하지 않을 수 없습니다.

이 책을 쓸 수 있었던 것은 선학과 동학 여러분의 수많은 연구 성과가 있었기 때문입니다. 이 자리를 빌려 감사의 인사를 드립니다. 마지막으로 이 책을 쓸 수 있도록 옆에서 채찍질하고 또 격려해 주신 주위의 모든 분들께도 깊은 감사의 말씀을 드립니다.

부록

부록1 「2·8독립선언서」 전문 (번역: 박찬승)

부록2 「3·1독립선언서」 전문 (번역: 박찬승)

부록3 3·1운동의 성격: 만세시위는 정말 평화적이었나?

부록4 3·1운동의 참가자 구성

부록5 3·1운동의 사망자 및 부상자 수

1919

「2·8독립선언서」 전문

조선청년독립단은 우리 이천만 민족을 대표해 정의와 자유의 승리를 얻은 세계 만국 앞에 독립을 이룰 것을 선언한다.

4,300년의 장구한 역사를 가진 우리 겨레는 실로 세계에서 오래된 민족의 하나다. 비록 때때로 중국의 정삭(正朔: 책력)을 받든 일은 있었으나, 이는 양국 왕실의 형식적 외교 관계에 불과할 뿐이었다. 조선은 항상 우리 민족의 조선이었고, 한 번도 통일된 국가를 잃고 이민족의 실질적 지배를 받은 적이 없다.

일본은 조선이 일본과 이와 입술의 관계가 있음을 자각해 1894년 청일전쟁의 결과로 한국의 독립을 앞장서서 승인했다. 그리고 미국, 영국, 프랑스, 독일 등 여러 나라도 독립을 승인할뿐더러 이를 보전하기로 약속했다. 한국은 그 은혜로운 뜻에 감사하며 제반 개혁과 국력을 충실하게 하는 방법을 고민하는 데 애썼다.

당시 러시아 세력이 남하해 동양의 평화와 한국의 안녕을 위협할 때 일본은 한국과 공수동맹을 체결하고 러일전쟁을 시작했다. 동양과 한국의 독립은 이 동맹의 핵심이라, 한국이 더욱 그 호의에 감사해 육해군의 작전상 원조는 없었으나, 주권의 위엄까지 희생해 가능한한 온갖 의무를 다해 동양의 평화와 한국 독립의 양대 목적을 추구했다.

급기야 전쟁이 종결되고 당시 미국 대통령 루스벨트의 중재로 강화회의가 개설될 때, 일본은 동맹국인 한국의 참가를 불허하고 러일 양국 대표자 임의로 일본의 한국에 대한 종주권을 의정했다. 일본은 우월한 병력을 가지고 한국의 독립을 보전한다는 옛 약속을 어긴 채 연약한 한국 황제와 그 정부를 위협하고 기만했다. '국력이 충실해져 족히 독립을 얻을 만한 시기까지'라는 조건으로 한국의 외교권을 빼앗아 일본의 보호국으로 만들었다. 한국으로 하여금 직접 세계 여러 나라와 외교를 맺을 길을 끊고, 이어서 '상당한 시기까지'라는 조건으로 군대까지 해산했다. 민간의 무기를 압수하고 일본 군대와 헌병경찰을 각지에 두루 배치했으며, 심지어 황궁의 경비까지 일본의 경찰을 쓰기에 이르렀다. 이와 같이 한국을 전혀 저항할 수 없게 만든 뒤에 총명하고 사리에 밝다는 이름이 있는 한국 황제를 퇴위시키고, 정신의 발달이 충분치 못한 황태자를 옹립한 뒤 일본의 주구들로 합병 내각을 조직해 비밀과 무력으로 합병조약을 체결했다. 이에 우리 민족은 건국 이래 반만년에 자기를 지도하고 원조한다는 우방의 군벌적 야심의 희생이 됐다. 실로 일본의 한국에 대한 사기와 폭력에서 나온 것이다. 이와 같은 사기 행각이 성공한 것은 세계 흥망사에 대서특필할 인류의 치욕이다.

보호조약을 체결한 때, 황제와 적신이 아닌 몇몇 대신은 온갖 반항의 수단을 다했고 발표 후에도 전 국민은 맨손으로 가능한 한 온갖 반항을 다했다. 사법 경찰권의 피탈과 군대 해산 때에도 역시 그러했고, 합병을 당해서는 수중에 작은 무기조차 없었음에도 가능한 온갖 저항운동을 다하다가 날카로운 일본의 무기에 희생이 된 자가 부지기수다. 이후 10년간 독립을 회복하려는 운동으로 희생된 자 역시 그 수가 십만이며, 악독한 헌병정치 아래 손발과 입과 혀의 압제를 받으면서도 독립운동을 그만둔 적이 없었다. 이것만 살펴봐도 한일합병이 조선 민족의 의사가 아님을 가히 알 것이다. 이와 같이 우리 민족은 일본의 군국주의적 야심의 사기 폭력 아래 민족의 의사에 반하는 운명을 당했다. 정의로 세계를 개조하는 이때에, 당연히 바로잡을 것을 세계에 요구할 권리가 있으며, 또 세계 개조의 주인 역할을 하는 미국와 영국은 보호와 합병을 앞장서 승인했기 때문에 이러한 구악(舊惡)을 갚을 의무가 있다.

또 합병 이래 일본의 조선 통치 정책을 보건대 합병 때의 선언에 반해 우리 민족의 행복과 이익을 무시하고 정복자가 피정복자에 대한 고대의 비인도적 정책을 답습했다. 우리의 참정권, 집회와 결사의 자유, 언론과 출판의 자유 등을 불허하며 심지어 종교와 기업의 자유까지도 적지 않게 억압했고, 행정, 사법, 경찰 등 모든 기관이 우리 민족의 사적인 권리를 침해했다. 공적인 일과 사적인 일 모두에 우리 민족과 일본인 사이에 우열의 차별을 두어 우리에게는 일본인에 비해 열등한 교육을 실시했다. 우리 민족으로 하여금 영원히 일본인의 심부름꾼이 되게 하며, 역사를 개조해 우리의 신성한 역사적 전통과 위엄을 파괴하고 능멸해 소수의 관리를 뺀 정부 모든 기관과 교통, 통신, 군사 등의 기관에 전부 혹은 대부분 일본인을 썼다. 우리 민족으로 하여금 영원히 국가생활에 지략과 경험을 얻을 기회를 갖지 못하게 한 것이다. 이와 같은 무단통치, 부정하고 불평등한 정치 아래에서는 우리의 생존과 발전을 향유하는 것이 불가능하다. 그뿐 아니라 원래 인구가 많은 조선에 무한으로 이민을 장려하고 보조해 토착하게 하니, 우리 민족은 해외에 떠도는 일을 면치 못하고 있다. 정부의 모든 기관은 물론 사설의 모든 기관에까지 일본인을 써서 조선의 부를 일본으로 유출하고, 상공업에도 일본인에게만 특수한 편익을 주어, 우리 민족으로 하여금 산업 발흥의 기회를 잃게 했다. 이와 같이 어느 방면으로 보아도 우리 민족과 일본과의 이해관계는 상호 배치하고, 그 피해를 받은 자는 우리 민족이다. 이에 우리는 생존의 권리를 위해 독립을 주장하는 것이다.

끝으로 동양 평화의 견지로 보건대, 위협이 되던 러시아는 이미 군국주의적 야심을 포기하고 정의와 자유를 기초로 한 신국가의 건설에 종사하는 중이다. 중화민국 또한 그러하다. 또한 차후 국제연맹이 실현되면 다시 군국주의적 침략을 감행할 강국이 없을 것이다. 그러할진대 한국을 합병한 가장 큰 이유가 소멸됐을뿐더러, 이로부터 우리 민족이 무수한 혁명전쟁을 일으킨다면 일본에 합병된 한국은 도리어 동양 평화를 교란하는 화의 근원이 될 것이다. 우리 민족은 정당한 방법으로 자유를 추구하겠지만, 만일 이로써 성공치 못하면 생존의 권리를 위해 온갖 자유행동을 취할 것이다. 최후의 한 사람까지 자유를 위한 뜨거운 피를 흘릴 것이니, 어찌 동양 평화의 화근이 아니겠는가? 우리 민족은 한 사람의 병사도 없으니 병력으로써 일본에 저항할 힘이 없다. 그러나 일본이 만일 우리의 정당한 요구에 응하지 않는다면, 우리 민족은 일본에 대해 영원히 혈전을 선포하리라.

우리 민족은 아득히 오래된 고상한 문화를 가졌고, 반만년 동안 국가생활의 경험도 가져왔다. 비록 다년간 전제정치 아래서의 해독과 불행이 우리의 지금을 가져왔다 할지라도, 정의와 자유를 기초로 한 민주주의의 선진국의 모범을 따라서 새로운 국가를 건설한 뒤에는 건국 이래 문화와 정의와 평화를 애호하는 우리 민족이 세계의 평화와 인류의 문화에 공헌할 수 있을 것을 믿는다. 이에 우리 민족은 일본이나 혹은 세계 각국이 우리에게 자결의 기회를 주기를 요구하며, 만일 그러지 않으면 우리 민족은 생존을 위한 자유의 행동을 취해 독립을 이룰 것을 선언한다.

서기 1919년 2월 8일

재일본동경조선청년독립단 대표

최팔용 윤창석 김도연 이종근 이광수 송계백

김철수 최근우 백관수 김상덕 서춘

결의문

1. 본단(本團)은 한일합병이 우리 민족의 자유의사에서 나오지 않았고, 우리의 생존과 발전을 위협할뿐더러, 동양의 평화를 교란하는 원인이 되기에 독립을 주장함.
2. 본단은 일본 의회 및 정부에 조선민족대회를 소집해 대회의 결의로 우리 민족의 운명을 결정할 기회를 주기를 요구함.
3. 본단은 만국평화회의에 민족자결주의를 우리 민족에게 적용하기를 요구함.

   위 목적을 달성하기 위해 일본에 주재한 각국 대사에게 본단의 의사를 각각의 정부로 전달하기를 요구하고 동시에 위원 3인을 만국평화회의에 파견함. 위의 위원들은 이미 파견된 우리 민족의 위원과 일치 행동을 취함.
4. 앞의 요구가 실패될 때에는 일본에 영원한 혈전을 선포함. 이로써 발생하는 참화는 우리 민족이 그 책임을 지지 않음.

「3·1독립선언서」 전문

우리는 지금 조선의 독립국임과 조선인의 자주민임을 선언한다. 이로써 세계만방에 알려 인류 평등의 대의를 분명히 밝히며, 자손만대에 알려 민족자존의 정당한 권리를 영유하게 하노라.

반만년 역사의 권위에 의거해 독립을 선언하는 것이며, 이천만 민중의 진실한 마음을 모아 널리 밝히는 것이며, 민족의 영원하고 자유로운 발전을 위해 주장하는 것이며, 인류의 양심에 기초한 세계 개조의 큰 기운에 순응하고 함께 나아가기 위해 제기하는 것이다. 이는 하늘의 명령이며, 시대의 대세이며, 모든 인류가 공존 공생할 수 있는 권리의 정당한 발동이니, 세상 어느 누구도 이를 저지하거나 억제하지 못할 것이다.

구시대의 유물인 침략주의와 강권주의에 희생이 되어 유사 이래 수천 년 만에 처음으로 다른 민족에 억눌려 고통을 당한 지 이제 10년이 됐다. 우리의 생존권이 침해된 것이 그 얼마이며, 정신상 발전에 장애가 된 것이 그 얼마이며, 민족적 존영이 훼손된 것이 그 얼마이며, 신예와 독창성으로써 세계문화의 큰 조류에 기여할 수 있는 기회를 잃은 것이 그 얼마인가.

슬프다. 그동안의 억울함을 드러내 널리 알리려면, 지금의 괴로움을 벗어나려면, 장래에 있을 위협을 제거하려면, 민족적 양심과 국가적 도의가 짓눌려 온 것을 다시 살려내 키우려면, 사람마다 인격의 정당한 발달을 이루려면, 가련한 아들딸들에게 부끄럽고 괴로운 유산을 물려주지 않으려면, 자자손손의 영구하고 완전한 행복을 누리게 하려면, 가장 급한 일은 민족의 독립을 확실하게 하는 것이다. 이천만 각자가 사람마다 마음속에 칼날을 품고, 인류 공통의 품성과 시대의 양심이 정의의 군대가 되고, 인도주의가 무기가 되어 지원하고 있는 오늘, 우리가 나아가 얻고자 하는데 어떤 힘인들 꺾지 못하겠는가. 물러가 계획을 세우니 무슨 뜻인들 펴지 못하겠는가.

병자수호조약(강화도조약 -필자) 이래 시시때때로 굳게 맺은 약속을 저버렸다 해서 일본이 신의 없다고 탓하지 않겠다. 그들의 학자는 강단에서, 정치가는 현실에서, 우리가 조상 대대로 물려받은 이 터전을 식민지로 여기고, 우리 문화민족을 미개한 사람들로 대했다. 한갓 정복자의 쾌감을 탐할 뿐, 우리의 오래된 사회 기초와 뛰어난 민족 심리를 무시한다 해서 일본의 생각이 좁다고 책망하지 않겠다. 스스로를 일깨우기에 급한 우리는 남을 원망할 겨를이 없다. 현재를 준비하기에 바쁜 우리는 오랜 과거를 징계하고 따질 겨를이 없다. 오늘날 우리의 소임은 다만 스스로의 건설이 있을 뿐이오, 결코 남을 파괴하는 데 있지 않다. 엄숙한 양심의 명령으로 우리의 새 운명을 개척할 뿐, 결코 낡은 원한과 일시적 감정으로 남을 시기하고 배척하지 않을 것이다. 낡은 사상과 세력에 얽매인 일본 정치가들의 공명심으로 만들어진 이 부자연스럽고 불합리한 그릇된 현실을 바로잡아, 자연스럽고 합리적인 올바른 바탕으로 돌아가게 할 것이다.

처음부터 민족적 요구에서 나오지 않은 양국 병합의 결과가, 분명 일시적인 위압과 차별적 불평과 통계 숫자상 허식(虛飾)의 아래에서 서로 이해가 엇갈리는 두 민족 사이에 영원히 화합할 수 없는 원한의 도랑을 더욱더 깊이 파고 있는 지금까지의 실상을 살펴보라. 용감하게 옛 잘못을 고쳐 잡고, 참된 이해와 동정에 바탕을 둔 우호적인 새 시대를 열어가는 것이 서로 화를 멀리하고 복을 불러들이는 가까운 길인 것을 알아야만 할 것이다. 또한 울분과 원한이 쌓이고 쌓인 이천만의 조선 사람을 위력으로 억압하려 함은 동양의 영원한 평화를 보장하는 일이 아닐뿐더러, 이로 인하여 동양 안위(安危)의 주축을 이루는 사억 중국인들이 일본에 갖는 두려움과 시기심, 의심을 갈수록 짙게 할 것이다. 그렇게 되면 동양 전체가 함께 쓰러져 망하는 비운을 초래할 것이 뻔하다. 오늘 우리 조선의 독립은 조선 사람으로 하여금 정당한 생존과 번영을 이루게 하는 일인 동시에, 일본으로 하여금 잘못된 길에서 벗어나 동양의 지지자로서의 중책을 맡게 하는 것이며, 중국으로 하여금 꿈에도 잊지 못하는 불안과 공포에서 탈출케 하는 것이다. 또한 동양 평화를 중요한 부분으로 삼는 세계 평화와 인류 행복에 있어서도 꼭 있어야 할 단계를 이루는 것이다. 따라서 이것이 어찌 감정상의 문제이겠는가.

아아, 새로운 세상이 우리 눈앞에 전개되고 있다. 위력의 시대가 가고 도의의 시대가 오고 있다. 과거 오랜 세월 동안 형성되어 온 인도적 정신이 바야흐로 새로운 문명의 서광을 인류의 역사에 비추기 시작했다. 새로운 봄이 이 세계에 와서 만물의 소생을 재촉하고 있다. 얼어붙은 얼음과 차가운 눈에 호흡을 멈춘 것이 지난날의 흐름이라면, 화창한 바람과 따스한 햇볕에 기운을 펼치는 것이 오늘날의 흐름이다. 하늘과 땅의 기운이 회복되는 때를 맞아, 세계의 흐름이 변하는 것을 깨달은 우리들은 아무 주저할 것도, 거리낄 것도 없다. 우리의 고유한 자유의 권리를 지켜서 삶의 즐거움을 마음껏 누릴 것이며, 우리가 가진 독창력을 마음껏 발휘해서 봄기운이 가득한 세계에 민족 문화의 정수를 결합시킬 것이다.

우리는 이에 분발해서 일어난다. 양심이 우리와 함께 있으며, 진리가 우리와 함께 나아가리라. 남녀노소 없이 음침한 옛집에서 힘차게 뛰어나와 삼라만상과 더불어 즐거운 부활을 이루리라. 천만년 조상들의 넋이 우리를 지켜주고, 전 세계의 움직임이 우리를 보호하니, 시작이 곧 성공이다. 다만 저 앞의 빛을 따라 전진할 따름이다.

공약 3장

하나, 오늘 우리의 이 거사는 정의와 인도, 생존과 번영을 찾는 민족의 요구이니, 오직 자유의 정신을 발휘하고 결코 배타적 감정으로 치닫지 말라.

하나, 최후의 한 사람, 최후의 한순간까지 민족의 정당한 의사를 쾌히 발표하라.

하나, 모든 행동에서 질서를 존중해, 우리의 주장과 태도를 떳떳하고 정당하게 하라.

조선 건국 4252년 3월 1일

조선민족대표

손병희 길선주 이필주 백용성 김완규 김병조
김창준 권동진 권병덕 나용환 나인협 양전백
양한묵 유여대 이갑성 이명룡 이승훈 이종훈
이종일 임예환 박준승 박희도 박동완 신홍식
신석구 오세창 오화영 정춘수 최성모 최 린
한용운 홍병기 홍기조

3·1운동의 성격:
만세시위는 정말 평화적이었나?

흔히 3·1운동의 성격을 두고 평화 시위라고 말한다. 그런데 이 말은 정말일까? 폭력이 있었던 경우는 없었을까? 본문에서도 살펴보았듯이, 3·1운동 이후 전국적으로 확산된 만세운동은 지역마다 그 성격이 조금씩 달랐다. 「3·1독립선언서」에서 규정하는 평화 시위의 원칙이 비교적 잘 지켜진 곳도 있었고, 반대로 무력 충돌이 거셌던 곳도 있었다. 여기서는 지역별 시위 양상의 통계를 살펴봄으로써 그 전체적인 성격을 파악해보고자 한다.

다음 〈표1〉에서 보면 당시 총독부 당국이 파악한 시위 848건 가운데 폭행이 있었던 시위는 332건(39.2퍼센트), 폭행이 없었던 시위는 516건(60.8퍼센트)이다. 폭행시위가 가장 많았던 곳은 경기도로

〈표1〉

	경기	충북	충남	전북	전남	경북	경남	황해	평남	평북	강원	함남	함북	총계
시위 개소	143	31	56	11	10	27	68	81	36	59	32	43	21	618
폭행시위	76	21	31	4	3	16	37	40	17	41	16	22	8	332
무폭행 시위	149	16	34	9	11	14	64	64	23	52	25	38	16	516
미연 방지	38	34	18	13	18	45	34	38	20	44	26	21	8	357
소요 인원	169,300	26,420	35,505	6,250	3,240	16,573	108,912	37,598	46,818	86,629	16,349	24,217	9,830	587,641
검거 인원	2,693	325	579	176	230	1,532	1,326	1,646	1,365	1,269	530	1,069	417	13,57
민간 사망	72	28	39	10	0	25	50	36	124	107	23	27	12	553
민간 부상	240	50	121	17	4	69	136	79	166	349	43	94	41	1,409
군대 사망	0	0	0	0	0	0	0	0	0	0	0	0	0	0
군대 부상	0	0	1	0	0	0	2	0	0	0	1	0	0	4
헌병 사망	2	0	0	0	0	0	0	0	0	0	0	0	0	6
헌병 부상	10	12	0	0	0	0	10	25	6	17	3	5	0	88
경찰 사망	2	0	0	0	0	0	0	0	0	0	0	0	0	2
경찰부상	12	8	7	0	0	13	6	5	2	1	1	4	5	64
기타 사망	0	0	0	0	0	0	1	0	0	0	0	0	0	1
기타 부상	3	0	4	0	0	3	3	3	2	2	6	4	0	30
관공서 민가 등 파괴	56 △10	18 △1	9 △3	6	0	18	21 △3	15	14	8 △3	16	5 △3	0	186 △23

자료: 조선헌병대사령부 · 조선총독부경무총감부, 『조선소요사건일람표』, 1919.4. 1~2쪽.

* △는 전차, 전선, 전주의 피해임. * 검거인원은 소요 당시의 것임. 4월 말까지 체포된 인원은 2만 6713명에 달함. * 이 표에서 언급되지 않은 경기 37, 충북 5, 충남 37, 전북 6, 전남 11, 경북 34, 경남 22, 황해 23, 평남 38, 평북 6, 강원 7, 함남 7, 함북 9 등 합계 242곳의 시위가 더 있다.

76건에 달하며, 경기도 전체 시위 225건의 33.8퍼센트에 달한다. 그러나 헌병이나 경찰관의 소재지 이외의 장소에서 일어난 소요로 후일 발견된 것, 그리고 50인 이내의 인원이 단순히 만세를 부른 것에 지나지 않은 시위를 한 곳 242곳을 더하면 시위 건수는 1,090건에 달한다. 이 가운데 폭행이 있었던 시위를 꼽으면 30.5퍼센트다.

2019년 2월에 공개한 국사편찬위원회의 삼일운동 데이터베이스에서는 시위의 양상을 만세, 집단항의, 폭행, 파손·파괴, 처단, 방화로 구분했다. 1919년 1년 동안 국내에서 전개된 시위 1,658건 가운데 폭행, 파손·파괴, 처단, 방화가 있었던 시위는 모두 259건으로 집계된다. 이 가운데 폭행이 있었던 시위는 175건, 파손·파괴가 있었던 시위는 142건, 처단(헌병이나 경찰을 살해한 경우) 5건, 방화 23건이다. 이를 모두 합하면 345건이 되지만, 중복되는 경우가 86건에 달하기 때문에 이른바 폭력 시위가 있었던 곳은 259건으로 집계된다. 이는 전체 1,658건의 15.5퍼센트에 해당한다. 이는 위에서 본 헌병경찰 당국의 통계에서 폭행이 있었던 시위인 30.5퍼센트와 상당한 차이가 있다. 경찰 당국의 통계에는 규모가 작은 평화 시위가 많이 누락됐기 때문인 것으로 보인다.

그러면 폭력은 구체적으로 어떻게 나타나게 됐을까. 폭력은 시위 주동자의 연행 시에 이를 막기 위해 몸싸움을 하는 경우, 연행자들의 석방을 요구하거나 시위대에 사상자가 났을 때 이에 항의하며 시위대들이 주재소나 분견소를 포위하고 항의하다가 투석하는 경우, 그 결과로 건물의 유리창이나 건물 일부가 파손되는 경우, 면사무소의 장부나 기물 기타 재산을 파손하거나 소각하는 경우, 면사무소·주재소·분견소 등 관공서 건물에 방화하는 경우 등이다. 이처럼 폭력이 행사된 경우는 대부분 연행자의 석방을 요구하거나, 사상자 발생에 항의하면서 일어난 경우가 많았다. 물론 예외적인 경우도 있었다. 처음부터 관공서를 점거한 뒤 일본인들의 퇴거를 요구한 사례들이다. 그것은 1910년 이후 일제의 통치정책에 대해 반감을 갖고 일어난 일종의 민란으로서, 일제 치하에서는 도저히 살 수 없다는 의사 표시이기도 했다. 그러나 이러한 사례가 그렇게 많은 것은 아니다.

정리하면, 3·1운동기의 이른바 '폭력'이 행사된 시위는 1) 연행자들의 석방을 요구하는 시위, 2) 사상자의 발생에 항의하는 시위, 3) 일본인들(관공리, 헌병, 경찰)의 퇴거를 요구하는 시위에서 주로 나타났다고 볼 수 있다. 그러나 더 중요한 것은 전체 시위 가운데 70퍼센트에서 85퍼센트 정도의 시위는 폭력과는 관계없는 문자 그대로 평화적인 시위였다는 사실이다. 따라서 '3·1운동의 특징은 비폭력 운동'이라는 말은 결코 틀린 말이 아니다.

3·1운동의 참가자 구성

3·1운동에는 어떤 이들이 참여했을까. 조선총독부 관방 서무부 조사과에서는 3·1운동을 총정리한 『조선의 독립사상 및 운동』이라는 책자를 1924년 내부 자료로 발간했는데, 이 가운데 피검자를 다양한 각도에서 분석한 표가 있다. 여기서 피검자는 1만 9525명으로 나타나는데, 이 숫자는 1919년 3월 1일부터 12월 말까지 검사에 송치된 인물로 보인다. 1919년 3~4월에 만세시위 관련자로 체포된 이들은 모두 2만 6713명으로 나온다. 조선헌병대사령부와 조선총독부경무총감부가 1919년 4월에 작성한 『조선소요사건일람표』에도 그 수는 같다.

물론 이 시기 이후에도 체포된 이는 더 있었을 것이다. 이를 감안해 2만 7000여 명이 체포됐다고 가정하면, 이 가운데 8,000명 정도는 즉결로 넘어가 대부분 태형을 받았고, 나머지 1만 9525명이 검사에게 송치되어 조사를 받은 것으로 보인다.

〈표2〉 직업별로 본 피검자

직업	남	녀	계	%	직업	남	녀	계	%
교사	355	64	419	2.1	공업	421	9	430	2.2
학생	1,782	154	1,939	9.9	토목건축업	15	–	15	0.1
관공리 회사원	341	4	345	1.8	상업, 창고업	1375	4	1379	7.1
의사, 의생	81	–	81	0.4	이발, 숙박, 요식업	296	4	300	1.5
종교인	471	18	489	2.5	일용노동자 및 종(婢僕)	739	5	744	3.8
공무자 유업, 대서업	408	73	481	2.5	노동자	254	–	254	1.3
농업	10,823	41	10,864	55.6	무직	1,053	75	1,128	5.8
어업	50	–	50	0.3	기타	573	20	593	3.0
광업	17	–	18	0.1	합계	19,054	471	19,525	100.0

* 조선총독부 관방 서무부 조사과, 『朝鮮の獨立思想及運動』, 1924, 105~106쪽.

〈표3〉 종교별로 본 피검자

종교별	남	녀	계	백분비
천도교	2,268	15	2283	11.7%
시천교	14	–	14	0.1%
불교	220	–	220	1.1%
유교	346	–	346	1.8%
기독교 감리파	518	42	560	2.9%
기독교 장로파	2,254	232	2,486	12.7%
기독교 조합교회	7	–	7	0.0%
기독교 기타	286	34	320	1.6%
천주교	54	1	55	0.3%
기타	21	–	21	0.1%
무교	9,255	49	9,304	47.7%
미상	3,809	98	3,907	20.0%
합계	19,054	471	19,525	100%

* 조선총독부 관방 서무부 조사과, 『朝鮮の獨立思想及運動』, 1924, 107쪽.

직업별로 피검자를 정리한 〈표2〉를 보면, 피검자 1만 9525명 가운데 농민(농업, 목축, 잠업 포함)이 1만 864명으로 55.6퍼센트를 차지한다. 다음으로 학생이 1,939명으로 9.9퍼센트를 차지하고, 다음으로 상인이 7.1퍼센트, 일용노동자가 3.8퍼센트를 차지했다. 학생이나 상인층이 당시 전체 인구에서 차지하는 비중이 이보다 작았음을 고려할 때, 이들이 가장 적극적으로 시위운동에 참여했음을 알 수 있다. 또 도시와 농촌의 일용노동자들의 참여도 활발했다고 볼 수 있다.

〈표2〉에서 종교인은 489명으로 2.5퍼센트를 차지하는데, 피검자 1만 9525명을 종교별로 살펴보면 앞의 〈표3〉과 같다. 여기에 따르면, 종교가 없는 이가 47.7퍼센트로 가장 많고, 기독교 장로파가 12.7퍼센트, 천도교가 11.7퍼센트로 그 뒤를 이었다. 기독교 감리파는 2.9퍼센트에 그쳤다. 피검자 중에 기독교 장로파가 많았던 것은 운동이 활발했던 평안도와 함경도, 경기 서남부 지역이 장로파의 선교구역이었기 때문인 것으로 보인다. 감리파는 중부지방, 즉 경기도 북부와 강원도, 충청남북도가 선교구역이었는데, 경기도와 충청남북도는 시위가 활발한 지역이었음에도 피검자가 많지 않았다. 교세가 아직 강하지 못했기 때문이 아닌가 한다.

〈표4〉 교육 정도로 본 피검자

교육 정도별	남	녀	계	백분비
고등교육을 받은 자	81	1	82	0.4%
중등교육을 받은 자	697	77	774	4.0%
보통교육을 받은 자	2846	156	3002	15.4%
가정 및 서당에 배운 자	3751	3	3754	19.2%
문자를 읽고 쓰는 정도	1220	46	1266	6.5%
교육을 받지 못한 자	6031	94	6125	31.4%
미상	4428	94	4522	23.2%
합계	19,054	471	19,525	100.0%

* 조선총독부 관방 서무부 조사과, 『朝鮮の獨立思想及運動』, 1924, 108쪽.

〈표5〉 연령별로 본 피검자

연령별	남	녀	계	백분비
18세 미만	980	97	1,077	5.5%
20세 미만	1,403	100	1,503	7.7%
25세 미만	3,880	114	3,994	20.5%
30세 미만	3,272	38	3,310	17.0%
40세 미만	4,479	46	4,525	23.2%
50세 미만	2,492	28	2,520	12.9%
60세 미만	1,407	27	1,434	7.3%
70세 미만	541	6	547	2.8%
70세 이상	87	2	89	0.5%
미상	513	13	526	2.7%
합계	19,054	471	19,525	100.0%

이번에는 피검자들의 교육 정도를 살펴보자. 〈표4〉에서 보면, 피검자 1만 9525명 가운데 교육을 전혀 받지 못한 사람이 31.4퍼센트로 가장 많았고, 가정 및 서당에서 배운 사람이 19.2퍼센트, 보통교육을 받은 사람이 15.4퍼센트로 그 뒤를 이었다. 학교가 제대로 개설되지 않아 전체적으로 아직 교육 수준이 낮은 상황이었기 때문에, 피검자 가운데에서도 문맹이나 서당 정도의 교육을 받거나, 보통학교를 다닌 사람이 가장 많은 것은 당연한 일이다. 위의 피검자 가운데 일본 유학 경험이 있는 사람은 남자 80명, 여자 5명으로 모

두 85명이며, 중국 유학 경험자는 남자 2명, 기타 외국 유학 경험이 있는 사람은 남자 2명이다.

마지막으로 피검자의 연령과 성별을 살펴보자. 앞의 〈표5〉의 연령별 피검자를 보면 20대가 37.5퍼센트로 가장 많고, 다음으로 30대가 23.2퍼센트, 10대가 13.2퍼센트, 40대가 12.9퍼센트를 기록했다. 10대도 상당히 많은 것을 알 수 있다. 여기에는 중등학교 학생층도 포함되어 있겠지만, 보통학교 졸업이나 서당에서 공부한 이들이 더 많았을 것이다. 피검자 가운데 10대와 20대를 합하면 50.7퍼센트에 달해, 이들이 바로 3·1운동의 주력군이었음을 확인할 수 있다.

또 남녀 비율로 보면, 여성은 1만 9525명 가운데 471명으로 2.4퍼센트였다. 그러나 이 통계만으로 여성들의 시위 참가가 저조했다고 판단해서는 안 된다. 당시에는 감옥의 여사(女舍)가 현저하게 부족해, 여성 시위자의 경우에는 대부분 경찰서 수준에서 석방했다. 이 점을 고려하면 시위에 참가하고, 체포된 여성들의 수는 기록된 것보다 훨씬 많았을 것이다.

3·1운동의 사망자 및 부상자 수

3·1운동 당시의 사망자와 부상자 수는 얼마나 될까? 일반적으로 3·1운동 관련 사망자의 범주에는 현장에서 사망한 사람, 부상 후 얼마 지나지 않아 사망한 사람, 부상 1년 이후에 그 후유증으로 사망한 사람, 수감 중이나 출옥 후에 고문 후유증으로 사망한 사람 등을 포함해 생각할 수 있다. 그러나 1919년 당시에 만들어진 통계에는 부상 1년 이후 사망자나 옥사한 이들의 통계는 들어갈 수 없었다. 즉, 당시의 통계 자료에는 현장 사망자나 부상 직후 사망한 이들만 집계된 것이다.

그러나 이러한 통계에도 여러 버전이 존재한다. 일제 헌병경찰 당국의 통계, 대한민국 임시정부 관련자의 통계, 선교사들의 통계 등이 그것이다. 최근에 국사편찬위원회는 일본 경찰 측 자료를 다시 검토했는데, 일본 경찰 당국의 집계에서 사망자의 상당수가 누락된 것을 발견했다고 한다. 당시 헌병분견소나 순사주재소에서는 사망자 숫자를 가능한 한 줄여서 보고했고, 또 집계 과정에서도 상당수가 누락된 것으로 보인다. 국사편찬위원회는 현재 남아 있는 자료를 모두 참고해 최소 사망자수와 최대 사망자수를 다시 추계했다. 이상과 같은 통계 자료들을 정리하면 아래 〈표6〉과 같다.

〈표6〉 3·1운동기 사망자, 부상자, 피검자 수

저자	대한민국 임시정부	박은식	김병조	정한경	조선헌병 대사령부	F.H. Smith	국사편찬 위원회
자료명	한일관계 사료집	한국독립 운동 지혈사	한국독립 운동사략	The Case of Korea	조선 소요사건 일람표	Sidney 목사에게 보낸 편지	삼일운동 데이터 베이스
사망자	7,492	7,509	6,670	7,645	553	631	725~934
부상자	15,146	15,761	14,610	45,562	1,409	1,415	
피검자	53,099	46,948	52,770	49,811	26,713	28,943	

* 이정은, 『일본제국주의는 3·1운동을 어떻게 탄압했나』, 독립기념관, 2018, 135쪽과 국사편찬위원회 삼일운동 데이터베이스 참조.

자료 :
대한민국임시정부, 「한일관계사료집」(1919.9.23.) 『대한민국임시정부자료집』7, 국사편찬위원회, 2005.
박은식, 『한국독립운동지혈사』, 1920.
김병조, 『한국독립운동사략』 상, 아세아문화사, 1977
Henry Chung, 『The Case of Korea』, George Allen & Unwin, Ltd, 1921
조선헌병대사령부 및 조선총독부 경무총감부편, 『조선소요사건일람표』, 朝憲警 제107호, 「朝鮮騷擾事件一覽表に關

する件」
F. H. Smith가 Sydney L. Gulick 목사에게 보낸 편지 (1920.1.10.) 독립기념관 소장 자료
국사편찬위원회 삼일운동데이터베이스 (http://db.history.go.kr/samil/home/main/main.do)

위의 표를 보면 임시정부에서 펴낸 자료나 박은식, 김병조처럼 임시정부에 관계했던 이들이 펴낸 자료에 나타난 사망자 수는 최소 6,600명, 최대 7,500명에 달한다. 이 가운데 가장 많이 인용되는 자료가 박은식의 『한국독립운동지혈사』다. 이 때문에 한국사 개설서나 교과서에서 3·1운동 관련 사망자를 7,509명이라고 쓴 경우가 많다. 그러나 이 숫자는 다소 지나치다. 3·1운동 당시 전국의 2,509개 면 가운데 40.4퍼센트에 해당하는 1,013개 면에서 시위가 발생했다(이송순, 「농촌지역에서 3·1운동의 확산과 공간적 특성」 『백년만의 귀환, 3·1운동 시위의 기록』, 국사편찬위원회 및 동아일보사 주최 학술회의 2019.2.27. 자료집, 90쪽.). 만일 7,500여 명이 사망했다면, 1개 면에서 평균 7명 정도가 사망한 셈이다. 그러나 당시의 여러 기록을 살펴보면, 그렇게 판단하기 어렵다.

현재로서는 국사편찬위원회의 데이터베이스에 나오는 규모, 즉 최소 725명에서 최대 934명 정도가 현장 사망자수에 근접한 것으로 보인다. 그러나 이 숫자는 어디까지나 시위 현장에서 사망한 경우고, 부상 후 사망하거나 옥사한 경우 등은 포함하지 않은 것이다. 이들까지 포함하면 당연히 그 규모는 크게 늘어날 것이다. 예를 들어 경기도 안성군 양성면·원곡면 시위의 경우, 경찰 당국은 361명

을 검거하는 과정에서 1명이 사망하고 3명이 부상했다고 기록했다(不逞團關係雜件 朝鮮人ノ部 在內地 伍, 特別檢擧班ノ行動ニ關スル件報告(通牒)).

그러나 현지 주민들을 조사해 작성한 기록에 따르면, 현장에서 사망한 이가 3명, 안성경찰서에서 고문으로 사망한 이가 5명, 서대문감옥에서 옥사한 이가 9명, 부상 후 후유증으로 사망한 이가 7명이었다. 관련 사망자가 24명에 달하는 것이다(윤우, 『원곡-양성의 3·1 독립운동』, 1986, 25쪽: 이정은, 『3·1독립운동의 지방시위에 관한 연구』, 국학자료원, 2009, 326쪽에서 재인용.).

양성면·원곡면의 시위는 매우 격렬해서 경찰이 관련자를 체포한 뒤 가혹한 고문을 가해, 그 후유증으로 사망한 경우가 많았던 것으로 보인다. 다른 지역의 경우에도 발포가 있었던 시위에서는 부상자가 다수 발생할 수밖에 없었고, 이 부상으로 인해 사망한 이들이 상당히 많았을 것이다. 따라서 이러한 경우까지 모두 포함한다면 전체 사망자의 숫자는 상당히 늘어날 수밖에 없다. 다소 무리하게 추정해본다면, 약 1,000명 내지 2,000명 정도를 3·1운동 관련 사망자로 볼 수 있을 것 같다.

1장 | 희망의 씨앗을 마련하다

1 山本四郎編, 『寺内正毅日記』, 京都女子大, 1980. 1910년 8월 22일의 일기.

2 岩瀨健太郎, 『朝鮮併合拾年史』, 儒文社, 1922, 221~224쪽.

3 『조선총독부통계연보』 1916년판, 630쪽.

4 박찬승 외 번역, 『조선총독부30년사』(상), 민속원, 2018, 61~62쪽.

5 『대판조일신문』 1919년 6월 24일 「문관인가 무관인가 -조선통치 방침」. (윤소영편역, 『일본신문 한국독립운동기사집』 1, 독립기념관, 2009, 301쪽)

6 위과 같음.

7 『대판조일신문』 1919년 6월 26일 「문관인가 무관인가 -조선통치 방침」. (윤소영편역, 『일본신문 한국독립운동기사집』 1, 독립기념관, 2009, 304쪽)

8 프랭크 볼드윈, 「윌슨, 민족자결주의, 3·1운동」 『3·1운동50주년 기념논집』,

동아일보사, 1969, 521쪽.

9 박현숙, 「윌슨의 민족자결주의와 세계평화」 『미국사연구』 33, 2011, 154쪽.

10 프랭크 볼드윈, 앞의 글, 521~522쪽; 전상숙, 「파리강화회의와 약소민족의 독립문제」 『한국근현대사연구』 2009년 가을호, 50집, 23쪽.

11 박현숙, 앞의 글, 168쪽.

12 전상숙, 앞의 글, 26~27쪽.

13 홍선표, 「뉴욕 소약국민 동맹회의와 재미한인의 독립운동」 『동북아역사논총』 58호, 2017, 303쪽.

14 같은 글, 290~291쪽.

15 같은 글, 309~321쪽.

16 현상윤, 「3·1운동 발발의 개략」 『기당현상윤전집』 4, 사상편, 나남, 2008, 290~291쪽.

17 市川正明編, 『3·1독립운동』 2, 「권동진 신문조서」(경성고등법원 예심), 68쪽.

2장 | 상하이와 도쿄에서 만세운동을 준비하다

1 「여운형조서」 2, 『한국공산주의운동사 자료편』 1, 293쪽; 「여운형조서3」 『한국공산주의운동사 자료편』 1, 396~397쪽.

2 정병준, 「3·1운동이 기폭제-여운형이 크레인에게 보낸 편지 및 청원서」 『역사비평』 119, 2017 여름호, 225~231쪽.

3 「여운형조서3」 『한국공산주의운동사 자료편』 1, 398쪽; 이만규, 『여운형투쟁사』, 1946, 22쪽; 여운홍, 『몽양 여운형』, 1967, 24쪽.

4 정병준, 앞의 글, 244~245쪽.

5 같은 글, 234쪽.

6 「新韓青年黨代表致美國大統領威逸遜書」, 『新韓青年』 창간호(1919.12.1),

133~136쪽. (정병준, 앞의 글, 246쪽에서 재인용)

7 정병준, 앞의 글, 247쪽.

8 같은 글, 247~248쪽.

9 「여운형조서2」『한국공산주의운동사 자료편』 1, 293쪽; 〈조선민족운동연감〉 『조선독립운동』 2, 187쪽; 『한국독립운동지혈사』 9쪽. 그러나 장덕수는 1월 말 이미 상하이를 떠나 도쿄를 향했다고 하므로 2월 1일 회의에 참여한 것 같지는 않다. 만일 참여했다면 회의 날짜는 그보다 훨씬 일렀을 수 있다.

10 「여운형조서1」『한국공산주의운동사 자료편』 1, 276쪽; 「여운형조서2」『한국공산주의운동사 자료편』 1, 293쪽.

11 크레인은 조선이 독립을 실현하기 위해서는 "조선인이 일본의 현재 정치에 대하여 복종하지 않는다는 사실을 세간에 표현하는 것이 좋을 것"이라고 했고, 이를 여운형 등은 국내에서 불복의 의사를 표현하는 시위운동을 하는 것이 필요하다고 생각했던 것이며, 이를 국내의 지도층에게 전달하고자 했던 것이다 (市川正明編, 『3·1獨立運動』 1, 150쪽).

12 반병률, 「대한국민의회의 성립과 조직」『한국학보』 46, 1987, 143~145쪽. 이 회의는 독립운동 방략의 수립, 그리고 대한국민의회의 조직 등의 현안을 논의하는 데 그 목적이 있었다.

13 같은 글, 146쪽. 여운형은 블라디보스토크행에 대해 "평화회의에 사절을 파견한 일의 결과에 대해 상의하고, 만일 평화회의에 파견된 대표가 성공한다면, 혹은 실패한다면 그 후에 어떻게 할 것인가를 상의하는 것이 필요했기 때문" 이라고 말하며, "한편으로는 자금모집을 위한 것이었다. 대표자 파견을 위해서는 5만 원의 자금이 필요한데, 3만 원은 김규식의 파리행 비용으로, 2만 원은 잡지를 발행해 조선의 사정을 각국에 선전하고 그 오랜 역사를 알리기 위해서였다. 이 가운데 일부는 신석우가 보조하고, 장덕수는 조선에, 나는 블라디보스토크에 자금을 모으러 간 것이다"라고 진술한다(「여운형 조서」 2, 『한국공산주의운동사 자료편』 1, 322쪽).

14 「여운형조서」 2, 『한국공산주의운동사 자료편』 2, 322쪽.

15 朝鮮總督府 警務總監部 高等警察課, 1919.4.13. 「獨立運動에 관한 不穩文書 發見의 건」『大正8年乃至同10年 朝鮮騷擾事件關係書類』 共7冊

其7.

16 위와 같음.

17 조소앙, 「자전」(1943.4.), 『소앙선생문집』 하, 157쪽.

18 김도연, 『나의 인생백서』, 강우출판사, 1967, 71쪽.

19 박찬승, 『한국근대정치사상사연구』, 역사비평사, 1992, 118~122쪽.

20 「조선청년독립단 2 · 8선언 약사」 『경향신문』 1954.2.26.(이 글은 『동아일보』 1958년 2월 8, 9일에 전재됐는데, 필자를 백관수로 추정했다.); 김도연, 『나의 인생백서 : 상산회고록』, 출판동지회, 1967, 68쪽.

21 신용하, 『한국민족독립운동사연구』, 을유문화사, 1985, 223~224쪽.

22 이 회의에 참석한 대표는 민찬호 목사다. 『신한민보』 1919년 1월 16일.

23 신용하, 앞의 책, 224~225쪽.

24 『한민족독립운동사자료집』 13(三一運動 III), 일기장 (증 제1호).

25 「중앙총회장의 안착, 시국문제를 의논」 『신한민보』 1918.12.26.

26 「논설: 우리의 평화회에 대한 여론이 통일한가?」 『신한민보』 1919.1.16.

27 전영택, 「동경유학생의 독립운동」 『신천지』 제1권 제3호,

28 강덕상 편, 『현대사자료』, みすず書房, 1966, 20쪽.

29 內務省 警保局, 「朝鮮人概況」, 第二. 1918.5.31.

30 소환된 12명은 최근우, 김포희, 황봉진, 이달, 서춘, 김철수, 윤창석, 백남규, 이종근, 김상덕, 최○식, 한태원 등이다. 강덕상 편, 『현대사자료』, みすず書房, 1966, 18쪽.

31 강덕상 편, 『현대사자료』, みすず書房, 1966, 21쪽.

32 「조선청년독립단 2 · 8선언 약사」 『경향신문』 1954.2.26.

33 강덕상 편, 『현대사자료』, みすず書房, 1966, 21쪽.

34 「조선청년독립단 2 · 8선언 약사」 『경향신문』 1954.2.26.

35 강덕상 편, 『현대사자료』, みすず書房, 1966, 21쪽.

36 「조선청년독립단 2 · 8선언 약사」 『경향신문』 1954.2.26.

37 강덕상 편, 『현대사자료』, みすず書房, 1966, 22쪽.

38 日本內務省警保局保安課, 「朝鮮人概況(第三)」, 1920년 6월 30일, 朴慶植 編, 『在日朝鮮人關係資料集成』 제1권, 東京, 三一書房, 1975, 99~100쪽.

39 같은 책, 100쪽.

40 위와 같음.

41 같은 책, 100~101쪽.

42 같은 책, 101쪽.

43 「조선청년독립단 2·8선언 약사」『경향신문』 1954.2.26. 윤재근, 『근촌 백관수: 봄기운은 어찌 이리 더딘가』, 동아일보사, 1996, 64~67쪽. 김도연, 『나의 인생백서: 상산회고록』, 출판동지회, 1967, 70쪽; 「현대사의 현장, 2 · 8운동」 중 최승만의 인터뷰, 『한국일보』 1983.2.6. 이에 대해서는 송지예, 「'민족자결'의 수용과 2·8독립운동」 『한국동양정치사상사연구』 11권 1호, 2012, 189쪽.

44 이에 대한 분석은 송지예, 앞의 글을 참조할 것.

3장 | 서울의 움직임, 민족대표와 학생단

1 현상윤, 『기당 현상윤전집』, 나남, 2008, 280~281쪽.

2 「권동진 신문조서」(경성지방법원 예심) 市川正明編(이하 편자 생략), 『3·1독립운동』 1, 고려서림, 1998, 229쪽.

3 「오세창 신문조서」(경성지방법원 예심) 『한민족독립운동사자료집』11.

4 「권동진 신문조서」(경성지방법원 예심) 『3·1독립운동』 1, 고려서림, 1998, 229쪽.

5 「최린 신문조서」(경성지방법원 예심) 『3·1독립운동』 1, 214쪽.

6 최린, 「자서전」 『여암문집』 상, 여암선생문집편찬위원회, 1971, 182쪽.

7 현상윤, 「3·1운동 발발의 개략」 『기당 현상윤전집』 4, 281쪽.

8 최린, 「자서전」 『여암문집』 상, 183쪽.

9 현상윤, 「3·1운동 발발의 개략」 『기당 현상윤전집』 4, 282쪽.

10 현상윤, 「3·1운동 발발의 개략」 『기당 현상윤전집』 4, 282~283쪽.

11 「송계백 신문조서」『한민족독립운동사자료집』 11 (3·1운동 I), 228쪽.

12 조선총독부 관방 서무부 조사과, 『朝鮮獨立の思想及行動』, 1924, 43쪽.

13 최린, 「자서전」『여암문집』 상, 182~183쪽.

14 조선총독부 관방 서무부 조사과, 『朝鮮獨立の思想及行動』, 1924, 43~44쪽.

15 현상윤, 「3·1운동 발발의 개략」『기당 현상윤전집』 4, 283~284쪽.

16 「손병희 신문조서」『3·1독립운동』 2, 48쪽. 손병희의 진술에 의하면, 송병준은 3월 1일 이른 아침 독립운동의 눈치를 채고, 손병희에게 박형채라는 사람을 보내 독립운동에서 탈퇴하라고 종용하고 그러지 않으면 앞으로 좋지 않을 것이라고 전해왔다고 한다.

17 『의암손병희선생전기』, 328~329쪽.

18 현상윤, 「3·1운동 발발의 개략」『기당 현상윤전집4』, 283~284쪽.

19 「이승훈 경찰신문조서」『3·1독립운동』 1, 73쪽.

20 현상윤, 「3·1운동 발발의 개략」『기당 현상윤전집』 4, 283~284쪽; 최린, 「자서전」『여암문집』(상), 186쪽.

21 현상윤, 「3·1운동 발발의 개략」『기당 현상윤전집』 4, 284쪽. 그런데 이승훈의 경찰과 검찰 신문 기록에 의하면 2월 17일 이승훈이 서울에 올라와 송진우를 만났을 때, 송진우는 한규설 등 원로와의 교섭이 아직 진행 중인 것처럼 말했다고 한다. 그리고 다음 날 최남선이 와서는 아무래도 원로와의 교섭은 잘 안 될 것 같다고 말했고, 그다음 날에는 원로와의 교섭은 무산됐다고 말했다고 한다. 이를 미루어 보면, 이즈음에 다시 원로와의 교섭이 있었던 것 같고, 최종적으로 무산된 것은 2월 17, 18일 무렵으로 보인다(「이승훈 검사신문조서」『3·1독립운동1』, 145쪽).

22 「이승훈 신문조서」(경성지방법원 예심) 『3·1독립운동』 1, 291쪽.

23 한편 최남선은 바로 최린을 찾아가 기독교 측과의 합작에 대한 의사를 타진을 한 것으로 보인다. 최린은 반대할 이유가 없었다. 최린, 「자서전」『여암문집』(상), 186쪽.

24 「김도태 신문조서」(고등법원 예심) 『한민족독립운동사자료집』 12 (3·1운동 2).

25 현상윤, 「3·1운동 발발의 개략」『기당 현상윤전집』 4, 284쪽.

26 「이인환 신문조서」(제3회) 『한민족독립운동사자료집』 12. 이인환은 이승훈의 또 다른 이름이다.

27 현상윤, 「3·1운동 발발의 개략」 『기당 현상윤전집』 4 , 284~285쪽.

28 「양전백 신문조서」(지방법원 예심) 『3·1독립운동』, 1 318쪽.

29 「이승훈진술청취서」 『3·1독립운동』 1, 149~150쪽.

30 김양선, 「3·1운동과 기독교계」 『3·1운동50주년기념논집』, 동아일보사, 1969에 실린 김지환 증언(1960년 1월 26일, 자택).

31 김양선, 앞의 글, 241쪽.

32 「이승훈진술청취서」 『3·1독립운동』 1, 151쪽.

33 현상윤, 「사모친 독립의 비원…」 『기당현상윤전집』 4, 212쪽.

34 김양선, 앞의 글, 241~242쪽.

35 「이인환 신문조서」(고등법원 예심 제3회) 『한민족독립운동사자료집』 12 ; 「이승훈 경찰신문조서」 『3·1독립운동』1, 72쪽.

36 김양선, 앞의 글, 246~247쪽; 「이승훈 경찰신문조서」 『3·1독립운동』 1, 72쪽.

37 김창수·김승일, 『해석 손정도의 생애와 사상연구』, 넥서스, 1999, 127~128쪽.

38 「이승훈 경찰신문조서」 『3·1독립운동』 1, 72~73쪽.

39 「이승훈 신문조서」(경성지방법원 예심) 『3·1독립운동』1, 291쪽.

40 「이승훈 경찰신문조서」 『3·1독립운동』 1, 73쪽.

41 「오화영 신문조서」(고등법원 예심) 『3·1독립운동』 2, 207쪽.

42 「이승훈 신문조서」(경성지방법원 예심) 『3·1독립운동』 1, 291쪽.

43 김양선, 앞의 글, 248쪽.

44 「이승훈 신문조서」(경성지방법원 예심) 『3·1독립운동』 1, 292쪽.

45 「예심종결결정서」(고등법원), 독립운동사편찬위원회(이하 편자 생략), 『독립운동사자료집』 5, 원호처, 1972, 18쪽.

46 「이갑성 신문조서」(경성지방법원 예심 제4회) 『한민족독립운동사』 11.

47 신용하, 앞의 책, 243쪽.

48 「이승훈 신문조서」(경성지방법원 예심) 『3·1독립운동』 1, 292쪽.

49 김양선, 앞의 글, 250쪽.

50 위와 같음.

51 「이승훈 신문조서」(경성지방법원 예심) 『3·1독립운동』 1, 292쪽.

52 「이승훈 신문조서」(고등법원 예심) 『3·1독립운동』 2, 125쪽; 「예심종결결정서」(고등법원) 『독립운동사』 5, 19쪽.

53 「이승훈 신문조서」(경성지방법원 예심) 『3·1독립운동』 1, 293쪽.

54 「최린 신문조서」「함태영신문조서」(고등법원 예심 제2회) 『한민족독립운동사자료집』 12.

55 「박희도 신문조서」(경성지방법원 예심) 『3·1독립운동』 1, 302쪽.

56 김양선, 앞의 글, 251쪽. 이 글에서는 모인 날짜를 22일로 기록하고 있으나, 이승훈, 함태영, 박희도의 신문조서 등에 의하면 23일이 확실하다. 「이승훈신문조서」(경성지방법원예심) 『3·1독립운동』 1, 292쪽; 「함태영 신문조서」(고등법원 예심, 제2회) 『한민족독립운동사자료집』 12. 「박희도 신문조서」(고등법원 예심, 제2회) 『3·1독립운동』 2, 150쪽.

57 「함태영 신문조서」(고등법원 예심 제1회) 『한민족독립운동사자료집』 12.

58 김양선, 앞의 글, 252쪽.

59 「이승훈 신문조서」(경성지방법원 예심) 『3·1독립운동』 1, 293쪽. 이승훈은 당시 요주의 대상자였기 때문에 보안 유지를 위해 함태영을 내세운 것으로 보인다. 또 이승훈은 1864년생으로 당시 나이 55세였고, 최린은 1878년으로 당시 41세였다. 함태영은 1872년생으로 47세였기 때문에, 이승훈은 최린과 함께 일을 상의할 사람으로 함태영이 적당하다고 본 것 같다.

60 「이승훈 경찰신문조서」(제2회) 『3·1독립운동』 1, 75쪽.

61 최린은 함태영이 협의를 위해 여러 차례 자기 쪽으로 왔었다고 진술했다. 「최린신문조서」(경성지방법원 예심) 『3·1독립운동』 1, 218쪽.

62 「48인에 대한 예심종결 결정문」 『독립운동사 자료집』 5, 19쪽.

63 25일에 날짜를 정했다는 설도 있다. 김양선, 앞의 글, 254쪽.

64 「함태영 신문조서」(고등법원 예심 제1회) 『한민족독립운동사자료집』 12쪽.

65 「최린 신문조서」(경성지방법원 예심) 『3·1독립운동』 1, 218쪽.

66 「김원벽 신문조서」(제2회)(경성지법 예심) 『한민족독립운동사자료집』 11, 109쪽.

67 조선헌병대사령부, 조선총독부 경무총감부, 「조선3·1독립소요사건-개황·사

상 및 운동」『독립운동사자료집』 6(3·1운동), 독립운동사편찬위원회, 1973, 867~868쪽.

68 「김원벽 신문조서」(제2회)(경성지법 예심)『한민족독립운동사자료집』 11, 109쪽.

69 경향신문 1950.2.26. 강기덕, 「3·1절을 앞두고 떠오르는 피의 기록」(1).

70 「박희도 신문조서」(경성지방법원 예심 제1회)『3·1독립운동』 1, 299쪽.

71 「김형기 등 경성지방법원의 예심종결 결정서」『독립운동사자료집』 5, 69쪽. 김원벽에 의하면, 이갑성의 집에는 『런던타임스』가 있었고, 기사에 조선인 한 사람이 파리에 가 있다고 쓰여 있었다고 한다. 「김원벽 신문조서」(제2회)(경성지법 예심)『한민족독립운동사자료집』 11, 110쪽.

72 「김형기 등 경성지방법원의 예심종결 결정서」『독립운동사자료집』 5, 69쪽.

73 김원벽은 주익이 만든 선언문 초안에 대해 이렇게 진술했다. "주익이 한번 선언서를 나에게 가지고 왔었는데 그 취지는, 일본은 중국 또는 러시아와 싸워 조선의 정치에 관계했고, 경찰권 혹은 행정권, 외교권 등을 순차적으로 일본의 손으로 거두어들여 마침내 합병을 했으나, 그 합병은 영국이 아일랜드 기타를 합병하여 제국을 건설하고, 또는 오스트리아가 헝가리와 합병하여 한 나라를 만든 것과는 그 취지를 달리한다. 일본은 조선을 식민지로 보고, 조선의 발전이라 하더라도 단순히 그것은 일본인의 발전을 의미하고 합병의 취지에 의하면, 일·선인이 동화하여 동일한 권리 또는 이익을 조선인에게 준다고 되어 있으나, 실제는 그렇지 않고, 관리의 임명은 하급 관리에 한하고, 교육에 대해서는 전문학교의 명의로 6~7개교를 설치했지만, 일본인에게 허용한 최고의 학문이라 할 수 있는 육법 강의를 하지 않고, 산업과 관련하여 이익을 받는 사람은 일본인에게만 많고, 조선인은 적다. 동양의 평화도 보존할 수 없다. 따라서 조선은 독립하여 일본과 제휴하고 동양의 평화에 대해 유색인종 단결의 결과를 맺기 위해 민족자결주의에 입각해 이에 독립을 선언한다라는 취지였다." 「김원벽 신문조서」(경성지방법원 예심)『한민족독립운동사자료집』 11.

74 「김원벽 신문조서」(제2회)(경성지법 예심)『한민족독립운동사자료집』 11. 114쪽. 통고한 날짜는 24일 혹은 25일로 보인다.

75 「김형기 등 학생단의 예심종결결정서」『독립운동사자료집』 5, 69~70쪽 (신용하, 앞의 책, 253쪽에서 재인용.)

76 「김원벽 신문조서」(제2회)(경성지법 예심) 『한민족독립운동사자료집』 11, 115쪽.

77 「김형기 등 학생단의 예심종결결정서」 『독립운동사자료집』 5, 70쪽. 이용설의 회고에 의하면, 이날 학생단은 독자적으로 제2회의 시위운동을 5차례로 나누어 실행하고, 그 책임을 담당할 학생 대표도 5개조로 나누되, 1차로 3월 5일 10시에 서울역 앞 광장에 모여서 시위를 행한다고 결정했다고 한다(이용설, 「나의 3·1학생운동 체험」 『새벽』 1956년 신년호, 29쪽(신용하, 앞의 책, 254쪽)).

78 「김원벽 신문조서」(제1회)(경성지법 예심) 『한민족독립운동사자료집』 11. 115쪽.

79 「김형기 등 학생단의 예심종결결정서」 『독립운동사자료집』 5, 70쪽.

80 「김형기 등 학생단의 예심종결결정서」 『독립운동사자료집』 5, 70~71쪽.

81 「이규송 신문조서」 (경성지방법원 예심), 『한민족독립운동사자료집』 16, 155쪽.

82 조선군 헌병대사령관의 일본 육군대신에의 보고 (3월 1일 오후 6시35분발) 『한국민족운동사료』(3·1운동편 1), 국회도서관, 1977, 2쪽.

83 이갑성의 증언으로 김양선, 앞의 글, 254쪽.

84 「김완규 경찰신문조서」 『3·1독립운동』 1, 61쪽. 권병덕에 의하면, 김상규의 집은 손병희의 첩의 집이었다고 한다. 「권병덕 신문조서」(경성지방법원 예심) 『3·1독립운동』1, 254쪽.

85 「손병희 신문조서」 (경성지방법원 예심) 『한민족독립운동사자료집』 11.

86 「오세창 검사신문조서」 『3·1독립운동』 1, 126쪽.

87 「권동진 신문조서」(경성지방법원 예심) 『3·1독립운동』 1, 229쪽.

88 「오세창 신문조서」(고등법원예심, 제2회) 『3·1독립운동』 2, 79쪽.

89 「권병덕 신문조서」(경성지방법원 예심) 『3·1독립운동』 1, 254쪽.

90 「이갑성 신문조서」(경성지방법원 예심) 『3·1독립운동』 1, 334~335쪽.

91 「김명수신문조서」; 「예심결정에 대한 의견서」 『한민족독립운동사자료집』 16.; 『3·1독립운동』 1, 337쪽.; 「이갑성 신문조서」(경성지방법원 예심) 『3·1독립운동』 1, 337쪽.

92 「신홍식 신문조서」(경성지방법원 예심) 『3·1독립운동』 1, 314쪽.

93 김양선, 앞의 글, 255쪽.

94 같은 글, 256쪽. ; 「김지환신문조서」(고등법원) 『한민족독립운동사자료집』 12.

95 「김창준 검사신문조서」 『3 · 1독립운동』 1, 178쪽.

96 「함태영 신문조서」(고등법원 예심 제1회) 『한민족독립운동사자료집』 12.

97 「한용운 신문조서」(경성지방법원 예심) 『3 · 1독립운동』 1, 388~389쪽.

98 「한용운 신문조서」(경성지방법원 예심) 『3 · 1독립운동』 1, 389쪽.

99 「백용성 신문조서」(경성지방법원 예심) 『3 · 1독립운동』 1, 397쪽.

100 「함태영 신문조서」(경성지방법원 예심, 제3회) 『한민족독립운동사자료집』 11.

101 위와 같음.

102 「최린 신문조서」(고등법원 예심) 『3 · 1독립운동』 2, 64쪽.

4장 | 독립선언서, 독립과 자주를 세계에 선포하다

1 「최린 신문조서」(경성지방법원 예심) 『3 · 1독립운동』 1, 214~216쪽.

2 「손병희 검사신문조서」 『3 · 1독립운동』1, 87~88쪽; 조용만, 「독립선언서의 성립경위」 『3 · 1운동50주년 기념논집』, 동아일보사, 1969, 217쪽.

3 「최남선 신문조서」(「복심법원 공판시말서」) 『3 · 1독립운동』 2, 267쪽.

4 당시 신문 보도에 의하면, 최남선은 공판정에서 재판장이 "여러 차례 최린과 협의한 후 선언서, 의견서, 청원서를 지었는가"라는 질문에 "그렇다"라고 답했다고 한다. 『동아일보』 1920년 7월 16일.

5 「최린 신문조서」(경성지방법원 예심) 『3 · 1독립운동』1 , 217쪽.

6 「최린 신문조서」(경성지방법원 예심) 『3 · 1독립운동』 1, 215쪽.

7 최린, 「자서전」 『如菴文集』上, 如菴崔麟先生文集編纂委員會, 1971, 193쪽. 최근 박걸순 교수는 이 문제를 자세히 검토한 논문에서 역시 공약 3장은 2 · 8독립선언을 참고해 최남선이 지은 것으로 보인다고 결론내렸다(박걸순, 「3 · 1독립선언서 공약3장 기초자에 대한 재론」 『한국근현대사연구』 46, 2008).

8 「한용운 신문조서」(경성지방법원 예심) 『3·1독립운동』 1, 389쪽.
9 「오세창 경찰신문조서」 『3·1독립운동』 1, 49쪽.
10 「48인에 대한 경성복심법원 판결문」, 『독립운동사 자료집』 제5집 (3·1운동 재판기록), 43쪽.
11 김도태·김지환·유봉영·정광조, 「3·1운동 회고좌담회」 『大潮』 2호, 대조사, 1946.6, 85쪽.
12 현상윤, 「사모친 독립의 비원, 죽엄으로 정의의 항거, 기억도 생생 31년 전 壯擧」 『기당 현상윤전집』 4, 216~217쪽. 김도태는 일본인 부인의 씨가 후지사와(藤澤)라고 기억했다. 김도태, 「피의 항전, 3·1운동 회고」(1) 『경향신문』 1954.2.26.
13 「彙報」 『대한학회월보』 제5호, 1908.6.25.
14 「太韓學會發起會 會錄」 『대한학회월보』 제1호, 1908.2.25.
15 「彙報」 『대한흥학보』 제9호, 1910.1.20.
16 「京城名物男女 新春誌上大會」 『별건곤』 제4호, 1927년 2월, 107쪽.
17 「朝鮮語辭典과 朝鮮人」 『별건곤』 제24호, 1929.12. 157쪽.
18 「임규 신문조서」(지방법원 예심 2회) 『한민족독립운동사자료집』 11.
19 「임규 신문조서」(고등법원 예심) 『한민족독립운동사자료집』 12.
20 「최린 신문조서」(경성지방법원 예심) 『한민족독립운동사자료집』 11.
21 「이승훈 신문조서」(경성지방법원예심, 제4회) 『한민족독립운동사자료집』 12.
22 「박희도 신문조서」(경성지방법원예심, 제3회) 『한민족독립운동사자료집』 11.
23 위와 같음.
24 「백남훈 신문조서」(동경지방재판소 예심판사) 『한민족독립운동사자료집』 11.
25 「이종일 신문조서」(경성지방법원예심) 『3·1독립운동』 1, 256~257쪽.
26 「이종일 검사신문조서」 『3·1독립운동』 1, 131쪽; 「이종일 신문조서」(경성지방법원 예심) 『3·1독립운동』 1, 257쪽.
27 「이종일 신문조서」(경성지방법원 예심) 『3·1독립운동』 1, 257~259쪽.
28 「이종일 경찰신문조서」 『3·1독립운동』 1, 56쪽.
29 오용섭, 「'3·1독립선언서'의 서지적 연구」 『서지학연구』 71, 2017, 204~205쪽.

30 「이종일 경찰신문조서」, 『3·1독립운동』 1 , 54쪽; 「장효근 신문조서」(경성지법 예심), 『한민족독립운동사자료집』 16 ; 「김홍규 신문조서」(고등법원 예심), 『한민족독립운동사자료집』 12.

31 『장효근일기』 1919년 2월 27일 자. 『한국사논총』 1, 성신여자사범대학 국사교육학회, 1976, 156쪽.

32 「이종일 신문조서」(경성지방법원 예심), 『한민족독립운동사자료집』 11.

33 최린, 「자서전」 『여암문집』 상, 196쪽.

34 「이종일 신문조서」(경성고등법원 예심, 제2회) 『3·1독립운동』 2, 91쪽.

35 「이종일 신문조서」(경성지방법원 예심, 제2회) 『한민족독립운동사자료집』 11.

36 「김홍규 신문조서」(경성복심법원), 『3·1독립운동』 2, 258쪽.

37 「최남선 신문조서(제3회)」(경성지방법원 예심) 『한민족독립운동사자료집』 11.

38 김도형, 「31운동관련 독립선언서류 해제」(다음 사이트에 보성사판과 신문관판의 사진이 있으며, 그 차이에 대한 자세한 설명이 있다. http://theme.archives.go.kr/next/nationalArchives/subPage/nationalArchives11.do (2019.1.8.)

39 「인종익 신문조서」(청주경찰서) 『한민족독립운동사자료집』 13.

40 주옥경, 「독립선언 반세기의 회고」 『신인간』 1969년 3월호.

41 의암손병희선생전기편찬위원회, 『의암손병희선생전기』, 의암손병희선생기념사업회, 1967, 347~348쪽. 신철 이야기가 나오는 부분은 박현서(훗날 한양대 사학과 교수)가 천도교 관계자들의 증언을 들어 집필한 것이라 한다.

42 순사 신승희 사망진단서에 의하면, 5월 16일 밤 9시에 화동의 그의 집에서 아편을 먹고 자살했다고 되어 있다.

43 『매일신보』 1919년 5월 22일 「고등형사가 천도교로부터 5,000원을 수뢰, 죄가 발각되어 자살했다」.

44 『국역 윤치호 영문 일기』 6, 1919년(기미년) 5월 17일.

45 『국역 윤치호 영문 일기』 7, 1920년(경신년) 1월 6일.

46 「피고인 신승희 조서」 『한민족독립운동사자료집』 9 (3·1운동과 국권회복단).

47 김도태·김지환·유봉영·정광조, 「3·1운동 회고좌담회」 『大潮』 1, 대조사, 1946.6, 89쪽.

48 의암손병희선생전기편찬위원회, 『의암손병희선생전기』, 의암손병희선생기념

사업회, 1967, 348쪽.

49 「이종일 검사신문조서」『3·1독립운동』 1, 132쪽; 「이종일 신문조서」(경성지방법원 예심) 『3·1독립운동』 1, 257쪽.

50 「이종일 신문조서」(경성지방법원예심) 『3·1독립운동』 1, 258쪽.

51 「이종일 신문조서」(경성지방법원예심 제2회) 『3·1독립운동』 2, 91~95쪽 및 개인별 신문기록, 판결문 등 참조.

52 「48인에 대한 경성복심법원 판결문」, 같은 책, 43쪽; 신용하, 앞의 책, 268~269쪽.

53 「강기덕 신문조서 (제3회) (경성지법예심)」, 『한민족독립운동사자료집』 11.

5장 | 마침내 울려 퍼진 3월의 만세 소리

1 「최린 신문조서」(경성지법), 『한민족독립운동사자료집』 11, 24쪽.

2 「권병덕 신문조서」(경성고등법원 예심, 11월 4일), 『3·1독립운동』 1 , 87~88쪽.

3 「이갑성 검사신문조서」 『3·1독립운동』 1, 175쪽; 동아일보 1950.2.26. 강기덕, 「3·1절을 앞두고 떠오르는 피의 기록」(1).

4 최린, 「자서전」 『한국사상』 4, 1962 (『如菴文集』上, 如菴崔麟先生文集編纂委員會, 1971, 200~202쪽).

5 「이갑성 검사신문조서」, 『3·1독립운동』 1, 175쪽.

6 「신홍식 검사신문조서」, 『3·1독립운동』 1, 163쪽.

7 「손병희 신문조서」(경성지법 예심), 『3·1독립운동』 1 , 209쪽.

8 동아일보 1950.2.28. 강기덕, 「3·1절을 앞두고 떠오르는 피의 기록」(2)

9 「권동진 신문조서」(경성지법 예심), 『3·1독립운동』 1, 230쪽.

10 최린, 「자서전」 『한국사상』4, 1962 (『如菴文集』上, 如菴崔麟先生文集編纂委員會, 1971, 200~202쪽).

11 「양전백 경찰신문조서」(3월 1일, 경무총감부), 市川正明編, 『3·1독립운동』1, 87쪽; 「오화영 신문조서」(경성고등법원 예심, 11월 15일) 市川正明編, 『3·1독립운동』2 , 210쪽; 「한용운 경찰신문조서」(3월 1일, 경무총감부), 市川正明編, 『3·1독립운동』1 , 109쪽.

12 최린, 「자서전」『如菴文集』上, 如菴崔麟先生文集編纂委員會, 1971, 201~202쪽.

13 유경현 기자, 「민족의 함성 -3·1운동 단면 8章-」②, 『동아일보』1969.2.22.

14 「독립운동사에 잘못 있다-그날의 비화를 말하는 이규갑옹」, 『경향신문』 1969.3.1.

15 박경목, 「3 · 1운동기 서대문형무소 수감자와 민족대표」, 『의암 손병희선생 공훈선양 학술회의 자료집』, 2019.3.26, 86~87쪽.

16 「김원벽 신문조서」(제2회) (경성지방법원 예심) 『한민족독립운동사자료집』11, 115쪽.

17 「김대익 신문조서」(경성지방법원 예심), 『한민족독립운동사자료집』15, 93쪽.

18 「이형원 신문조서」(경성지방법원 예심), 『한민족독립운동사자료집』15, 233쪽.

19 「김영조 신문조서」(경성지방법원 예심), 『한민족독립운동사자료집』16, 202~203쪽.

20 파고다공원은 4,000~5,000명이 들어가기에는 공간이 너무 좁고, 경찰에 의해 바로 주목받았을 것이다. 따라서 이 숫자는 부풀려진 숫자라고 할 수밖에 없다.

21 『동아일보』1956.3.1. 유진혁씨 수기(상) 「내가 겪은 기미만세」. 유진혁은 당시 세브란스의전 학생으로 파고다공원 현장에 있었다.

22 연희전문의 학생이었던 이병주는 3월 1일 파고다공원에서 선언서를 낭독하는 대표자로 김원벽을 뽑은 일이 있다고 경성지법 예심에서 말했다. 그러나 김원벽은 당일 파고다공원에 가지 않았으며, 누가 낭독했는지 알 수 없으나 일본 유학생이 낭독했다고 들었다고 진술했다. 「김원벽신문조서」(제2회) (경성지방법원 예심) 『한민족독립운동사자료집』11, 197쪽. 일부에서는 한위건이 선언서를 낭독했다고 주장하지만, 김영철이라는 경성의전 학생에 따르면, 한위건이 3월 1일 파고다공원에 가자고 해서 따랐더니, 누군가가 나와서 선언서를 낭독했다고 한다. 이를 보면 낭독자가 한위건이 아닌 것이 분명하다. 「김영철

신문조서」(경무총감부) 『한민족독립운동사자료집』 5.

23 「유극로 신문조서」(경성지방법원 예심), 『한민족독립운동사자료집』 16, 177쪽.

24 「박쾌인 신문조서」(경성지방법원 예심), 『한민족독립운동사자료집』 16, 238쪽.

25 「고재완 신문조서」(경성지방법원 예심), 『한민족독립운동사자료집』 17, 167쪽.

26 『동아일보』 1956.3.1. 유진혁씨 수기(상) 「내가 겪은 기미만세」.

27 위와 같음.

28 『동아일보』 1990.3.1. 「3·1독립선언서 파고다 첫 낭독, 항일투사 정재용 비망록 발견」.

29 『동아일보』 1956.3.1. 「정재용, 三一節을 맞이하여 (上)」.

30 「김창준 신문조서」 『한민족독립운동사자료집』 12, 66쪽; 「오화영 신문조서」(3) 『한민족독립운동사자료집』 11, 157쪽.

31 『동아일보』 1956.3.2. 「정재용, 三一節을 맞이하여 (下)」.

32 「김영철신문조서」(경무총감부 제2회) 『한민족독립운동사자료집』 5.

33 「최린 등 48인의 예심종결 결정문」 『독립운동사자료집』 5, 19쪽.

34 최린, 「자서전」 『如菴文集』上, 如菴崔麟先生文集編纂委員會, 1971, 194~195쪽. 천도교측에서 정한 운동의 3원칙은 '비폭력, 대중화, 일원화'였다. 신용하, 『한국민족독립운동사연구』, 을유문화사, 1985, 232쪽.

35 「최린 등 48인의 예심종결 결정문」 『독립운동사자료집』 5, 22쪽.

36 『독립신문』 1896년 9월 1일 화요일 제1권 제64호.

37 『독립신문』 1896년 9월 17일 목요일 제1권 제71호.

38 윤병석 역편, 『안중근전기전집』(국가보훈처, 1999), 「국역 〈근세역사〉」, 436쪽, 440쪽. 그러나 이 책에 실린 다른 안중근 전기에서는 단순히 '만세' 혹은 '대한 만세' '조선 만세'라고 외쳤다고 기록되어 있다. 이 책이 국내에 미친 영향에 대해서는 다음의 자료를 참조. 不逞團關係雜件 朝鮮人ノ部 在内地 十四, 문서제목不逞事件ニ依ツテ得タル朝鮮人ノ側面觀 발신자 朝鮮總督府警務總長明石元二郎, 발신일1911년 07월 07일(국사편찬위원회 데이터베이스의 〈국외항일운동자료-일본외무성기록〉).

39 「김형기 등 학생단의 예심종결결정서」 『독립운동사자료집』 5, 74쪽.

40 이상 시위대의 행진에 대해서는 「김형기 등 학생단의 예심종결결정서」 『독립

운동사자료집』 5, 72~73쪽.

41 『동아일보』 1956.3.2. 유진혁의 수기 「내가 겪은 기미만세」(하).

42 『동아일보』 1956.3.2. 유진혁의 수기 「내가 겪은 기미만세」(하).

43 『경향신문』 1950.2.28. 강기덕, 「3·1절을 앞두고 떠오르는 피의 기록」(2).

44 『매일신보』 1919.3.3. 사진 「國葬式에 參列할 長谷川總督」.

45 조선총독부 경무국이 총독 등에게 보낸 보고서, (1919년 3월 1일 高警제5410호) 『독립신문』에 관한 건, 『한국민족운동사료』 3, (3·1운동편 3), 1쪽.

46 조선총독부관방서무부조사과, 『朝鮮の獨立思想及運動』, 72쪽.

47 「김형기 등 학생단의 예심종결결정서」 『독립운동사자료집』 5, 73~74쪽. 박승영 신문조서 (경성지방법원 예심), 『한민족독립운동사자료집』 16, 200쪽.

48 조선헌병대사령부, 조선총독부 경무총감부, 「조선3·1독립소요사건-개황·사상 및 운동」 『독립운동사자료집』 6(3·1운동), 독립운동사편찬위원회, 1973, 898~899쪽.

49 高警5439호(1919년 3월 2일) 「독립운동에 관한 건」(경성 3월 2일 오후 4시반의 정황), 『한국민족운동사료』 3, (3·1운동편 3), 7~8쪽.

50 조선총독이 육군대신에게 보낸 전보 (3월 4일 오후 7시 31분) 『한국민족운동사료』 1, (3·1운동편 1), 7쪽.

51 高警5725호(1919년 3월 4일) 「독립운동에 관한 건」(제5호)(3월 4일 오후 8시까지의 정황), 『한국민족운동사료』 3, (3·1운동편 3), 11쪽.

52 조선군사령부가 육군대신에게 보낸 전보 (3월 5일) 『한국민족운동사료』 1, (3·1운동편 1), 10쪽.

53 「김형기 등 학생단의 예심종결결정서」 『독립운동사자료집』 5, 74쪽.

54 정신여학교 학생 김경순은 위와 같은 이유로 5일에 필시 독립운동이 있을 것으로 예상했다고 한다. 「김경순 신문조서」(경성지방법원 예심), 『한민족독립운동사자료집』 17, 122쪽.

55 『매일신보』 1919.3.5. 「남대문역의 대혼잡」; 3.6. 「의연 혼잡한 남문역」.

56 「한호연 신문조서」 (경성지법 검사국), 『한민족독립운동사자료집』 14, 88쪽.

57 「진용규 신문조서」 (경성지법 검사국), 『한민족독립운동사자료집』 14, 91쪽.

58 「서광진 신문조서」 (경성지법 예심), 『한민족독립운동사자료집』 15, 84쪽.

59 「김대우 신문조서」(경성지법 예심), 『한민족독립운동사자료집』 15, 97쪽.

60 「이양직 신문조서」(경성지법 예심), 『한민족독립운동사자료집』 15, 137쪽.

61 「최사열 신문조서」(경성지법 예심), 『한민족독립운동사자료집』 15, 115쪽.

62 「민찬호 신문조서」(경성지법 예심), 『한민족독립운동사자료집』 15, 160쪽.

63 「김형기 등 학생단의 예심종결결정서」 『독립운동사자료집』 5, 74쪽; 「채순병 신문조서」(경성지방법원 예심), 『한민족독립운동사자료집』 17, 19쪽.

64 「김응관 신문조서」(경성지법 예심), 『한민족독립운동사자료집』 17, 71쪽.

65 「이관석 신문조서」(경성지법 예심), 『한민족독립운동사자료집』 17, 67쪽.

66 高警5884호(1919년 3월 5일) 독립운동에 관한 건(제6호) 『한국민족운동사료』 3, (3·1운동편 3), 13쪽.

67 「김용관 신문조서」(경성지법 예심), 『한민족독립운동사자료집』 16, 295쪽.

68 高警5884호(1919년 3월 5일) 독립운동에 관한 건(제6호) 『한국민족운동사료』 3, (3·1운동편 3), 13쪽; 密受 제102호-23, 3월 6일 제5호, 조선군 사령관이 육군대신에게 보낸 전보, 『한국민족운동사료』 1, (3·1운동편 1), 10쪽.

69 「최사열 신문조서」(경성지법 예심), 『한민족독립운동사자료집』 15, 114쪽.

70 「최사열 신문조서」(경성지법 예심), 『한민족독립운동사자료집』 15, 114~115쪽.

71 「이양직 신문조서」(경성지법 예심), 『한민족독립운동사자료집』 15, 137쪽.

72 「김형기 등 학생단의 예심종결결정서」 『독립운동사자료집』 5, 74쪽.

73 「홍순복 신문조서」(경성지법 예심), 『한민족독립운동사자료집』 16, 263쪽.

74 그는 1918년 12월 31일 귀향해 서울 간동(諫洞)과 일본에서 귀향한 다른 유학생 7명과 함께 북청 사람 전명우가 운영하는 하숙집에 기거하고 있었다. 이들 가운데 양주흡, 이춘균, 김유인 등은 3·1운동에 참여했다.

75 「고재완 신문조서」(경성지방법원 예심), 『한민족독립운동사자료집』 17, 167~168쪽.

76 「신특실 외 공판시말서」(제7회의 1) 고재완 신문, 『한민족독립운동사자료집』 18, 234~235쪽.

77 「신특실 외 공판시말서」(제7회의 1) 고재완 신문, 『한민족독립운동사자료집』 18, 235쪽.

78 「공판시말서」(제3회의2, 경성지방법원) 『한민족독립운동사자료집』 18.

79 高警5884호(1919년 3월 5일) 독립운동에 관한 건(제6호) 『한국민족운동사료』 3, (3·1운동편 3), 13쪽.

80 「김형기 외 예심종결 결정문」(경성지방법원) 『독립운동사자료집』 5, 58~68쪽.

81 「노예달 신문조서」(경성지방법원 예심), 『한민족독립운동사자료집』 17, 133쪽.

82 「김경순 신문조서」(경성지방법원 예심), 『한민족독립운동사자료집』 17, 122쪽.

83 「유점선 신문조서」(경성지방법원 예심), 『한민족독립운동사자료집』 17, 130~131쪽.

84 조선총독부관방서무부조사과, 『朝鮮の獨立思想及運動』, 1924, 74~75쪽.

85 「김경순 신문조서」(경성지방법원 예심), 『한민족독립운동사자료집』 17, 122쪽.

86 「최흥종 신문조서」(경성지방법원 예심), 『한민족독립운동사자료집』 17, 184~185쪽.

87 高警5971호(1919년 3월 6일) 독립운동에 관한 건(제7보) 『한국민족운동사료』 3, (3·1운동편 3), 16쪽.

88 高警6335호(1919년 3월 9일) 독립운동에 관한 건(제10보) 『한국민족운동사료』 3, (3·1운동편 3), 23쪽.

89 高警6506호(1919년 3월 10일) 독립운동에 관한 건(제11보) 『한국민족운동사료』 3, (3·1운동편 3), 29쪽.

90 高警6705호(1919년 3월 11일) 독립운동에 관한 건(제12보) 『한국민족운동사료』 3, (3·1운동편 3), 38~39쪽.

91 高警6763호(1919년 3월 12일) 독립운동에 관한 건(제13보) 『한국민족운동사료』 3, (3·1운동편 3), 44쪽.

92 「유준근 외 판결문」(경성지방법원) 『독립운동사자료집』 5, 130쪽.

93 高警7957호(1919년 3월 20일) 독립운동에 관한 건(제21보) 『한국민족운동사료』 3, (3·1운동편 3), 99쪽.

94 「김공우 등 판결문」(경성지방법원) 『독립운동사자료집』 5, 223쪽.

95 정지현은 일명 정백(鄭栢)으로 훗날 유명한 공산주의자가 된 인물이다. 정지현은 1919년 21세 때 휘문고보를 졸업하고, 이후 기독교 교회 서기로 잠시 근무한 뒤, 잡지 기자가 되어 27세 때 중국으로 건너가 상하이대학에 입학한 뒤, 30세 때 귀국했다고 한다. 그는 본래 민족주의자였으나, 25세 무렵에 공산주

의에 공명하게 됐다고 한다. 「김성남, 정지현 외 판결문」(1934.12.24.)

96 「김공우 등 경성지방법원 판결문」 『독립운동사자료집』 5, 223쪽.

97 高警8310호(1919년 3월 23일) 독립운동에 관한 건(제21보) 『한국민족운동사료』 3, (3·1운동편 3), 99쪽.

98 高警8468호(1919년 3월 24일) 독립운동에 관한 건(제25보) 『한국민족운동사료』 3, (3·1운동편 3), 119쪽.

99 高警8758호(1919년 3월 25일) 독립운동에 관한 건(제26보) 『한국민족운동사료』 3, (3·1운동편 3), 122쪽.

100 高警8874호(1919년 3월 26일) 독립운동에 관한 건(제27보) 『한국민족운동사료』 3, (3·1운동편 3), 125쪽.

101 高警8946호(1919년 3월 27일) 독립운동에 관한 건(제28보) 『한국민족운동사료』 3, (3·1운동편 3), 129~130쪽.

102 朝參密제357호(1919.3.28.) 소요사건에 관한 속보(제54보) 『한국민족운동사료』 3, (3·1운동편 3), 135쪽.

103 高警9146호(1919년 3월 28일) 독립운동에 관한 건(제29보) 『한국민족운동사료』 3, (3·1운동편 3), 133~134쪽.

104 高警9351호(1919년 3월 29일) 독립운동에 관한 건(제30보) 『한국민족운동사료』 3, (3·1운동편 3), 136쪽.

105 「이종원 등 복심법원 판결문」 『독립운동사자료집』 5, 191~197쪽.

106 「김교승 등 경성지법 판결문」 『독립운동사자료집』 5, 204쪽.

107 「이규민 등 경성지법 판결문」 『독립운동사자료집』 5, 198쪽.

108 「박한주 신문조서」, 「황인수 신문조서」, 「낭완근 신문조서」 (경성지법 검사국), 『한민족독립운동사자료집』 27.

109 「김교승 등 경성지법 판결문」 『독립운동사자료집』 5, 204쪽.

110 같은 글, 205쪽.

6장 | 전국으로 확산된 만세의 함성

1 독립운동사편찬위원회편, 『독립운동사』 2(삼일운동편, 상), 360쪽.

2 독립운동사편찬위원회편, 『독립운동사자료집』 5 (삼일운동 재판기록), 785쪽.

3 『독립운동사』 2(삼일운동편, 상), 362쪽.

4 같은 책, 363쪽; 『朝鮮騷擾事件關係書類 』 7册 其1, 1919-03-02, 密 第102號 其5/朝特 第4號/第25號 [電報 : 園部道長官의 請求로 平壤에 보병 출동], 宇都宮太郎(朝鮮駐箚軍司令官).

5 『騷擾事件ニ關スル道長官報告綴』 七册ノ內二, 朝鮮總督府 內秘補126;平南機密第118號, 朝鮮人ノ不穩行動ニ關スル件, 工藤英一(평안남도장관), 1919-03-02.

6 『독립운동사』 2 (삼일운동편, 상), 370~372쪽.

7 『독립운동사』 3 (삼일운동편, 하), 348쪽.

8 같은 책, 349쪽.

9 같은 책, 350쪽.

10 같은 책, 350~351쪽; 朝鮮騷擾事件關係書類 共7册 其7, 高 第6335號 獨立運動에 관한 건(제10보)朝鮮總督府 警務總監部 高等警察課, 1919-03-09.

11 「이만집 외 75인의 판결문」(대구지방법원), 「이만집 외 39인의 판결문」(대구복심법원),

12 『독립운동사』 3 (삼일운동편, 하), 355쪽.

13 『독립운동사』 2 (삼일운동편, 상), 721~722쪽.

14 김용문, 「3·1운동의 회고」 단천편. 『신인간』 1969년 4월호, 72~74쪽.

15 『독립운동사』 2 (삼일운동편, 상), 723쪽.

16 「김성호 등 경성복심법원 판결문」.

17 『독립운동사』 2 (삼일운동편, 상), 724쪽.

18 김진호 외, 『국내 3·1운동 Ⅱ-남부』, (한국독립운동의 역사 20), 독립기념관, 2009, 23~24쪽.

19 이정은, 『유관순-불꽃같은 삶, 영원한 빛』, 독립기념관, 2004, 337~341쪽.

20 같은 책, 341~345쪽.

21 이정은, 『일본제국주의는 3·1운동을 어떻게 탄압했나』, 독립기념관, 2019, 67쪽.

22 大正八年 騷擾事件ニ關スル道長官報告綴 七册ノ內四, 朝鮮總督府 內秘補 367;忠南秘第253號, 地方騷擾ニ關スル件, 桑原八司(충청남도장관), 1919-04-02.

23 「조인원 외 10명 판결문」(경성복심법원); 「김교선 외 5명 판결문」(경성복심법원).

24 이상 서술은 『독립운동사』 2 (삼일운동편, 상), 381~383쪽.

25 같은 책, 411쪽; 국회도서관 편, 『한국민족운동사료』 3, 14쪽.

26 Exhibit 5 — DECDARATIONS REGARDING ATROCITIES, 재한선교사보고자료 The Korean Situation, 1919-03-07.

27 「임원걸 등 14명 고등법원 판결문」.

28 『독립운동사』 2 (삼일운동편, 상), 412~418쪽.

29 W. L. Swallen, Personal Report for the Year 1919, 재한선교사보고자료 [Presbyterian Church Documents: Presbyterian Church, USA Board of Foreign Missions. Korea, Independence Movement, selected correspondence, 1919-1920 (Reel No.72-3)- MF]의 [March 1st Independence Movement, 1919~1920 (3)]에 들어 있음.

30 『독립운동사』 2(삼일운동편 상).

31 「박경득 등 경성복심법원 판결문」.

32 『독립운동사자료집』 5집 (삼일운동재판기록), 26쪽.

33 『독립운동사』 3 (삼일운동편, 하), 405~406쪽.

34 같은 책, 407쪽.

35 같은 책, 408쪽.

36 같은 책, 410~411쪽.

37 이정은, 『3·1독립운동의 지방시위에 관한 연구』, 국학자료원, 2009, 320~321쪽.

38 같은 책, 321~322쪽.

39 같은 책, 322~323쪽.

40 『독립운동사』 2 (삼일운동편, 상), 176쪽.

41 不逞團關係雜件 朝鮮人ノ部 在內地 伍, 騷密第745號, 特別檢擧班ノ行動ニ關スル件報告(通牒), 1919-04-23.

42 이정은, 앞의 책, 2009, 324~326쪽.

43 같은 책, 335~336쪽.

44 『독립운동사』 2 (삼일운동편, 상), 167쪽.

45 위와 같음.

46 같은 책, 168쪽.

47 朝鮮總督府 內秘補 180;平南機密第118號, 「朝鮮人ノ不穩行動ニ關スル件報告」, 工藤英一(평안남도장관).

48 The Commission on Relations with the Orient of the Federal Council of the Churches of Christ in America, The Korean Situation, Exhibit 5 — DECDARATIONS REGARDING ATROCITIES (1919-03) (재한선교사 보고자료로, 국사편찬위원회 소장)

49 국회도서관 편, 『한국민족운동사료』 2, 243~244쪽 ; 密 第102號 其458/朝副 第941號/軍事密 第60號/軍步 第28號 「朝鮮騷擾事件의 死傷數 件報告」(1919.9.29.) 宇都宮太郎(朝鮮駐箚軍司令官).

7장 | 대한민국의 탄생

1 독립운동사편찬위원회, 『독립운동사』 제4권(임시정부사), 원호처, 1969, 61쪽.

2 「홍성운 소행조서」, 『한민족독립운동사자료집』 10.

3 김정명, 『조선독립운동』 Ⅱ, 128~130쪽. (고정휴, 『이승만과 한국독립운동』, 연

세대학교출판부, 2004, 28쪽).

4 이광수, 「나의 고백」『이광수전집』 7, 삼중당, 1970, 255쪽.

5 고정휴, 앞의 책, 41쪽.

6 재판 과정에서 안상덕이 진술한 바에 의하면, 양측은 국민대회 개최의 완급을 놓고 의견이 맞지 않아 논의를 중지했다고 한다. 구체적으로 한쪽은 4월 8일 임시정부 수립 및 선포를 주장했고, 다른 한쪽은 너무 성급하다고 반대했다는 것이다. 안상덕은 홍진의 쪽은 점진주의였고, 홍면희 쪽은 급진주의였다고 설명하지만, 사실은 반대였을 가능성이 있다. 홍면희는 당시 한남수를 상하이에 보내 임시정부 수립 사실을 확인하고, 만일 이미 임정이 수립됐으면 국민대회를 중지하려 했었기 때문이다. 반면에 홍진의는 상하이에서 아직 임정이 수립되지 않았다는 것을 알고 있었기 때문에, 속히 국민대회를 열어 임정을 수립하고 이를 상하이에 알릴 필요가 있었을 것이다.

7 「重要한 不逞鮮人의 略歷 送付의 件」(일본 외무성 기록).

8 이현주, 「3·1운동 직후 '국민대회'와 임시정부 수립운동」, 『한국근현대사연구』 6집, 1997, 142~147쪽.

9 한시준, 『의회정치의 기틀을 마련한 홍진』, 탐구당, 2006, 25~37쪽.

10 이는 이규갑이 김사국을 포섭할 때 현순의 편지를 보여준 것에서 알 수 있다.

11 고정휴, 『이승만과 한국독립운동』, 연세대학교출판부, 2004, 69쪽.

12 국사편찬위원회편, 『한민족독립운동사자료집』 19, 1994, 「공판시말서」 중 김사국 진술.

13 이현주, 앞의 글, 115쪽.

14 국사편찬위원회편, 『한민족독립운동사자료집』 19, 1994, 안상덕 진술 참조.

15 그동안의 연구들은 모두 이를 양력 3월 17일로 이해했다.

16 국사편찬위원회편, 『한민족독립운동사자료집』 19, 1994, 이헌교 진술 참조.

17 한남수는 훗날 체포 뒤 재판과정에서 자신이 한성임시정부의 재무부 차장으로 되어 있는 것은 자신이 부재중에 결정된 일이라고 진술한다. 즉, 4월 8일 자신이 상하이로 출발한 이후에 결정된 사안이라는 것이다. 국사편찬위원회편, 『한민족독립운동사자료집』 19, 1994, 한남수의 진술 참조.

18 이규갑, 「한성임시정부 수립의 전말」 『신동아』 1969년 4월호, 176쪽.

19 「김사국 등 예심종결 결정」(경성지방법원) 『한민족독립운동사자료집』 5, 79~82쪽.

20 이규갑, 앞의 글, 176쪽.

21 윤대원, 『상해시기 대한민국임시정부 연구』, 서울대학교 출판부, 2006, 30~32쪽.

22 박찬승, 「3·1운동기 지하신문의 발간경위와 기사내용」, 『동아시아문화연구』 44집, 2008, 253~254쪽.

23 이하의 내용은 국회도서관 편, 『한국민족운동사료』 3·1운동편 3권, 246~250쪽; 독립운동사편찬위원회, 『독립운동사』 제4권(임시정부사), 원호처, 1969, 146~149쪽.

24 고정휴, 「3·1운동과 천도교단의 임시정부 구상」 『한국사학보』 3·4, 고려사학회, 1998, 228쪽.

25 같은 글, 230쪽. 이 글에 의하면, 박이근은 다른 자료에는 박이은(朴理垠)으로 나온다고 한다.

26 당시 경찰은 등사판과 종이를 지원한 이 모가 원고도 썼을 것이라고 보고, 천도교 도사실 편집원 이관(李瓘)을 체포해 조사했다. 그러나 그는 한학을 전공한 나이 60세의 인물로, 원고를 쓸 만한 능력은 없어서 혐의를 벗는다. 다만 그는 주익 등 학생단이 만들었던 선언문을 수정해준 혐의로 체포되어 재판에 회부된다. 이관은 윤익선·이종린·이종일 등과 교류가 있었을 것이고, 따라서 허익환 등을 배후에서 지원했을 가능성은 있다.

27 김희곤, 『대한민국임시정부 I — 상해시기』(한국독립운동의 역사 23), 독립기념관 한국독립운동사연구소, 2009, 49~57쪽.

28 같은 책 59쪽.

29 같은 책, 60쪽.

30 독립운동사편찬위원회, 『독립운동사』 제4권(임시정부사), 161쪽.

31 김희곤, 앞의 책, 65~66쪽.

32 임시의정원법에 대해서는 독립운동사편찬위원회, 『독립운동사』 제4권(임시정부사), 원호처, 1969, 164~169쪽.

33 윤대원, 2006, 『상해시기 대한민국임시정부 연구』, 서울대학교출판부, 42쪽.

34 같은 책, 42~43쪽.

35 김희곤, 앞의 책, 92~93쪽.

36 반병률, 1988, 「대한국민의회와 상해임시정부의 통합정부 수립운동」, 『한국민족운동사연구』 2, 107~109쪽.

37 고정휴, 2004, 『이승만과 한국독립운동』, 연세대학교출판부, 88~89쪽.

38 같은 책, 90쪽.

39 독립운동사편찬위원회, 1969, 『독립운동사』 제4권, 219쪽.

40 독립운동사편찬위원회, 1969, 『독립운동사』 제4권, 238쪽.

41 김희곤, 앞의 책, 95~98쪽.

42 신우철, 「중국의 제헌운동이 상해 임시정부 헌법제정에 미친 영향」, 『법사학연구』 29호, 2004, 18~19쪽.

43 堀川哲男 지음, 왕재열 편역, 『손문과 중국혁명』, 역민사, 1983, 67~73쪽.

44 같은 책, 216쪽.

45 이영록, 2010, 「한국에서의 '민주공화국'의 개념사 -특히 '공화'개념을 중심으로-」, 『법사학연구』 제142호, 58쪽.

46 『대한매일신보』 1910년 3월 3일 논설 「이십세기 신국민」(속) 참조.

47 조성환이 안창호에 보낸 편지(1912.1.2.) 『도산안창호자료집』(2) (독립기념관 한국독립운동사연구소, 1991), 73~74쪽.

48 김기승, 2003, 『조소앙이 꿈꾼 세계』, 지영사, 195쪽.

49 조동걸, 1989, 『한국민족주의의 성립과 독립운동사연구』, 지식산업사, 321~323쪽.

50 나공민, 「사상의 귀추와 운동의 방향」, 『개벽』 45호, 개벽사, 1924. 3, 41~42쪽.

51 「손병희 신문조서」(경성지방법원 예심) 『3·1독립운동』 1, 212쪽.

52 『조선독립신문』 제2호, 1919년 3월 3일 자(국사편찬위원회 편, 『한민족독립운동사자료집』 5, 1988, 2쪽).

53 신용하, 『일제강점기 한국민족사』(상), 서울대출판부, 2001, 316쪽.

54 원영의, 「정체개론」, 『대한협회회보』 3호, 1908, 27쪽; 유영렬, 「한국에 있어서 근대적 정체론의 변화과정」, 『국사관논총』 103호, 2003.

55 작자 미상, 「국가의 주동력」, 『대한유학생회학보』 2호, 1907, 5쪽(이영록, 앞의 글 참조).

56 선우순, 「국가론의 개요」(속), 『서북학회월보』 12호, 1909, 10쪽(이영록, 앞의 글 참조).

57 「한인된 자 사람마다 의무와 권리를 알면 금일 치욕을 면키 쉬울 일」, 『국민보』 1914년 2월 7일.

58 이은우, 『임시정부와 이시영』, 범우사, 1997, 128쪽. 신익희의 회고록을 보면, 신익희는 당시 임시헌장의 기초자가 이시영, 신익희, 조소앙 세 사람이었다고 한다.(신창현저, 『해공 신익희』, 해공신익희선생기념회, 1992, 65쪽).

59 김기승, 『조소앙이 꿈꾼 세계』, 지영사, 2003, 210쪽.

60 같은 책, 241~242쪽.

61 『독립신문』 1920년 1월 8일.

1919
대한민국의 첫 번째 봄

초판 1쇄 발행 2019년 4월 8일
초판 3쇄 발행 2021년 11월 10일

지은이 박찬승
펴낸이 김선식

경영총괄 김은영
기획편집 김대한 **크로스교정** 조세현 **디자인** 황정민 **책임마케터** 최혜령
콘텐츠사업4팀장 김대한 **콘텐츠사업4팀** 황정민, 임소연, 박혜원, 옥다애
마케팅본부장 이주화 **마케팅1팀** 최혜령, 박지수, 오서영
미디어홍보본부장 정명찬 **홍보팀** 안지혜, 김민정, 이소영, 김은지, 박재연, 오수미, 이예주
뉴미디어팀 허지호, 임유나, 송희진 **리드카펫팀** 김선욱, 염아라, 김혜원, 이수인, 석찬미, 백지은
저작권팀 한승빈, 김재원
경영관리본부 하미선, 박상민, 윤이경, 이소희, 김소영, 이우철, 김혜진, 김재경, 오지영, 최완규, 이지우

펴낸곳 다산북스 **출판등록** 2005년 12월 23일 제313-2005-00277호
주소 경기도 파주시 회동길 490 다산북스 파주사옥 3층
전화 02-704-1724
팩스 02-703-2219 **이메일** dasanbooks@dasanbooks.com
홈페이지 www.dasanbooks.com **블로그** blog.naver.com/dasan_books
종이 IPP **출력 · 제본** 갑우문화사

ISBN 979-11-306-2137-1 (03910)